£1.50

Tables de multi

CW01637355

×1

1 × 1 = 1
1 × 2 = 2
1 × 3 = 3
1 × 4 = 4
1 × 5 = 5
1 × 6 = 6
1 × 7 = 7
1 × 8 = 8
1 × 9 = 9
1 × 10 = 10

×2

2 × 1 = 2
2 × 2 = 4
2 × 3 = 6
2 × 4 = 8
2 × 5 = 10
2 × 6 = 12
2 × 7 = 14
2 × 8 = 16
2 × 9 = 18
2 × 10 = 20

×3

3 × 1 = 3
3 × 2 = 6
3 × 3 = 9
3 × 4 = 12
3 × 5 = 15
3 × 6 = 18
3 × 7 = 21
3 × 8 = 24
3 × 9 = 27
3 × 10 = 30

×4

4 × 1 = 4
4 × 2 = 8
4 × 3 = 12
4 × 4 = 16
4 × 5 = 20
4 × 6 = 24
4 × 7 = 28
4 × 8 = 32
4 × 9 = 36
4 × 10 = 40

×5

5 × 1 = 5
5 × 2 = 10
5 × 3 = 15
5 × 4 = 20
5 × 5 = 25
5 × 6 = 30
5 × 7 = 35
5 × 8 = 40
5 × 9 = 45
5 × 10 = 50

×6

6 × 1 = 6
6 × 2 = 12
6 × 3 = 18
6 × 4 = 24
6 × 5 = 30
6 × 6 = 36
6 × 7 = 42
6 × 8 = 48
6 × 9 = 54
6 × 10 = 60

×7

7 × 1 = 7
7 × 2 = 14
7 × 3 = 21
7 × 4 = 28
7 × 5 = 35
7 × 6 = 42
7 × 7 = 49
7 × 8 = 56
7 × 9 = 63
7 × 10 = 70

×8

8 × 1 = 8
8 × 2 = 16
8 × 3 = 24
8 × 4 = 32
8 × 5 = 40
8 × 6 = 48
8 × 7 = 56
8 × 8 = 64
8 × 9 = 72
8 × 10 = 80

×9

9 × 1 = 9
9 × 2 = 18
9 × 3 = 27
9 × 4 = 36
9 × 5 = 45
9 × 6 = 54
9 × 7 = 63
9 × 8 = 72
9 × 9 = 81
9 × 10 = 90

Illustration : Laurent Audouin

L'année du CM1

Direction d'ouvrage

Alain Charles

Cet ouvrage a été rédigé par une équipe de professeurs des écoles.

Français

Françoise Blanchis
Thierry Zaba
Illustrations : Christophe Caron

Maths

Michelle Michalski
Illustrations : Philippe Bucamp

Histoire, Géographie, Instruction civique et morale, Histoire des arts

Françoise Blanchis
Michel Wormser
Illustrations : Denise Chabot, Hélène Fuggetta, Frédérique Vayssières

Sciences

Ariel Benito

Anglais

Véronique Anderson
Marie-Reine Bernard
Illustrations : Frédérique Vayssières

éco responsable
Bordas
www.annees-de.fr

Mode d'emploi

Le livre

Toutes les notions de la classe de CM1 (cycle des approfondissements), discipline par discipline. Chaque matière est identifiée par une couleur. Chaque thème est présenté sur une double page en trois étapes.

Les objectifs de la leçon

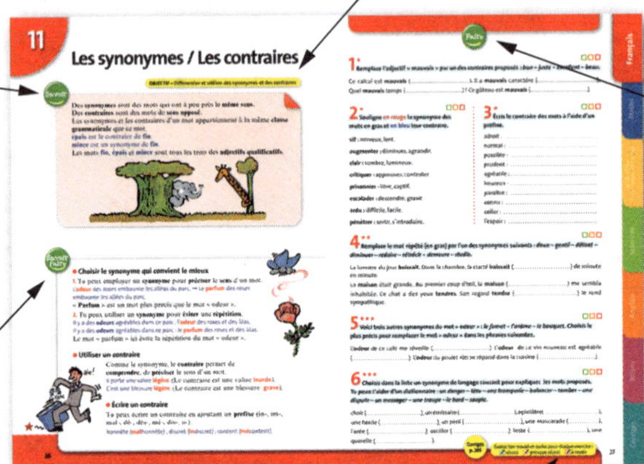

Savoir — **Les notions essentielles** de la leçon à apprendre et à mémoriser

Faire — **Des exercices variés** et progressifs pour s'entraîner. Ils sont tous corrigés.

Savoir faire — **Des méthodes concrètes** pour mettre en œuvre les connaissances acquises

Un système d'autoévaluation

En plus : pour chaque matière, des bilans

Le site de révisions www.annees-de.fr

Inscrivez-vous gratuitement et accédez à des contenus interactifs inédits !

Réservé aux lecteurs *inscription gratuite*

Accessible à tous *sans inscription*

Des activités en anglais

Des exercices interactifs supplémentaires en français et en maths

Des dictées enregistrées

Un espace parents avec de nombreux conseils

Des fiches de conseil et de méthode à lire et à télécharger

Pour chaque classe, un grand quiz pour réviser tout le programme en s'amusant !

En partenariat avec PARASCHOOL Solutions éducatives *soutien scolaire en ligne*

© Bordas/SEJER, Paris, avril 2009 – ISBN 978-2-04-731373-2

Sommaire

Français

Lecture Rédaction

Vocabulaire

Grammaire

Conjugaison

Orthographe

1

Lire un récit

OBJECTIF • Identifier les différents éléments d'un récit ; comprendre la chronologie des événements

Savoir

Pour comprendre un récit, il faut bien identifier les **personnages**, le **moment** et le **lieu** de l'histoire ainsi que la **chronologie**.

Une belle peur

Élisabeth traversa le jardin en courant, gravit l'escalier et glissa merveilleusement sur les patins de feutre jusqu'à sa chambre. Il y faisait plus sombre que dehors. Elle tourna le commutateur[1]. Une lumière vive l'éblouit. Elle allait s'avancer vers l'armoire quand son cœur se crispa et ses jambes fléchirent. Muette d'horreur, elle considérait fixement le mur, en face d'elle. Dans ce désert de plâtre, une énorme araignée noire s'étalait comme une tache d'encre aux prolongements filiformes[2]. Les poils même de ses pattes se détachaient avec une netteté affreuse sur le fond blanc. Accroupie sur ses huit membres pliés, elle était prête à trotter, à bondir. Élisabeth sentit sur sa peau la galopade légère du monstre. Un frisson la chatouilla dans la région des reins. Elle poussa une clameur[3] folle…

Henri Troyat, *Les Eygletières*, Flammarion, 1965.

1. **le commutateur :** l'interrupteur.
2. **filiformes :** minces comme un fil.
3. **une clameur :** un cri.

Savoir faire

Dégager les éléments principaux

1. **Identifie** les personnages : Élisabeth, l'araignée.
2. **Repère** le moment et le lieu de l'histoire : pendant la journée ; dans une chambre.
3. **Définis** le sujet de l'histoire (l'action principale) : la rencontre entre une fillette et une énorme araignée.

Trouver la progression dans le récit

Les différentes actions d'un récit permettent à celui-ci d'évoluer de façon **logique**.

<u>Élisabeth traverse le jardin,</u> **1**	<u>elle monte l'escalier,</u> **2**
<u>elle glisse sur des patins jusqu'à sa chambre,</u> **3**	<u>elle allume la lumière…</u> **4**

1 ★

Lis ce récit, puis coche le titre qui correspond le mieux au texte.

C'était une nuit sans lune. Élise et Aurèle marchaient avec prudence le long du fleuve, une lampe électrique à la main. Soudain, au loin, un chien aboya. Tout près, un bruit furtif les fit sursauter. Intrigués, les enfants se dirigèrent vers un buisson. Là, ils découvrirent, tremblant de peur et de froid, Filou, leur chatte disparue. Aurèle se précipita vers elle et l'observa attentivement : elle portait un collier étrange. Que s'était-il passé depuis sa disparition ?

- ❑ Promenade au clair de lune
- ❑ À la recherche de Filou
- ❑ Deux enfants égarés

2 ★★

Réponds aux questions.

a. Quels sont les personnages de ce récit ?

....

b. Où et quand se passe cette histoire ?

....

3 ★★

Réponds aux questions suivantes.

Voici des moments de l'histoire écrits à l'aide de verbes à l'infinitif.

a. Numérote-les dans l'ordre où ils se sont déroulés.

❑ se précipiter ❑ découvrir ❑ marcher ❑ aboyer ❑ se diriger ❑ observer.

b. Grâce à quoi les enfants retrouvent-ils leur chatte ?

❑ son collier ❑ l'aboiement du chien ❑ un léger bruit dans le buisson

c. Qu'est-ce qui intrigue les enfants à la fin de l'aventure ?

....

4 ★★★

Voici une suite de ce récit. Indique, entre les parenthèses, ce que remplace chaque pronom souligné.

Aurèle la (..........................) souleva avec précaution. Les yeux fixes, elle (..........................) ne bougeait pas. Alors, il (..........................) la (..........................) caressa tendrement.

Élise s'approcha. Elle (..........................) examina le collier. Celui-ci (..........................) portait une inscription à demi effacée. Elle (..........................) essaya vainement de la (..........................) déchiffrer.

Corrigés p. 204

Évalue ton travail et coche pour chaque exercice : ☑ réussi ☑ presque réussi ☑ à revoir

2

Écrire la suite d'un récit

OBJECTIF • Écrire une suite en reprenant les éléments principaux d'un récit

Savoir

Dans une suite de récit, plusieurs éléments sont conservés :
- les **personnages**, le **moment**, le **lieu** et l'**action** ;
- les **temps** et les **personnes** de conjugaison.

Des **éléments nouveaux** doivent être introduits pour permettre à l'histoire d'évoluer puis de se terminer.

Exemple : Une suite du texte « Une belle peur » (p. 6).

Élisabeth, malgré son cri désespéré, ne bougea pas. La vue de l'araignée, qu'elle trouvait gigantesque, la paralysait. La bête continua à monter sur le bras crispé puis s'arrêta brusquement. De longues minutes passèrent ainsi.
Soudain, l'arrivée de Gaspard, le chat de la maison, mit fin à cette terrible attente. Il bondit, toutes griffes dehors, vers l'araignée qui se sauva sous l'armoire. Un long soupir de soulagement s'échappa alors des lèvres d'Élisabeth. Elle était sauvée !

On reprend l'**action** (elle poussa une clameur…).

On emploie les **mêmes temps** (passé simple, imparfait).

On garde les **personnages** (mêmes personnes de conjugaison).

On introduit deux **événements** nouveaux.

On **termine** l'histoire.

Savoir faire

Ménager le suspense dans un récit

1. **Écris des phrases** contenant des verbes d'action.
La bête continua à monter… ; Il bondit…

2. **Utilise des mots « forts »** qui augmentent le suspense.
Son cri désespéré ; cette terrible attente…

3. **Choisis des mots de liaison** pour faire progresser le récit.
alors, puis, ensuite, finalement, soudain…

Éviter les répétitions par l'emploi de pronoms ou de synonymes

L'emploi de pronoms ou de synonymes permet d'éviter les répétitions.

Elisabeth → elle
L'araignée → la bête
Gaspard → le chat de la maison, il

Faire

1 ★

Lis ce texte puis réponds à la question.

On était au début du printemps. Ce jour-là, comme d'habitude, j'avais poussé le portillon de mon jardin pour aller respirer l'air des pins. J'étais seul quand la chose arriva.
D'abord, dans les fougères sèches un bruissement furtif et rapide. Je m'arrête net, songeant à une vipère... Non, j'ai beau regarder, pas de vipère. Et de nouveau les fougères tressaillent...

Maurice Genevoix, *Routes de l'aventure*, Presses de la Cité, 1980.

Souligne le titre qui conviendrait le mieux à cette histoire.

Promenade printanière — Rencontre avec une vipère — Mystère dans les fougères — Dangereuse promenade — Une inquiétante vipère

2 ★★

Réponds aux questions suivantes par des phrases précises et correctes.

a. À quel moment de l'année se passe l'histoire ? ....

b. Où se déroule l'action du récit ? ....

c. Quel est le personnage principal ? ....

d. Quel élément inquiète le narrateur ? ....

....

3 ★★★

Lis cette suite imaginée de l'histoire ci-dessus.

Je m'éloigne alors songeant à quelque animal dangereux. Mais effrayé je me retourne souvent pour surveiller les broussailles vertes. Quel monstre s'y cache donc ? Soudain, les longues feuilles recommencent à s'agiter. Cette fois-ci, terrifié, je m'apprête à fuir à toutes jambes... quand j'entends un bruit étrange. Poussé par la curiosité, je me dirige alors vers le mystérieux feuillage. Je me saisis d'une lourde branche, écarte fermement les tiges suspectes et découvre...

a. Relève toutes les expressions qui désignent « les fougères » :

....

b. Relève cinq mots « forts » qui maintiennent le suspense :

dangereux, ...

4 ★★★

Écris, sur ton cahier, une suite en imaginant ce que l'enfant découvre dans les fougères (un lièvre caché, une couvée d'oisillons, son chien qui le suit, un chaton apeuré...).

Corrigés p. 204

Évalue ton travail et coche pour chaque exercice : ☑ réussi ☑ presque réussi ☑ à revoir

3

Lire un texte descriptif

OBJECTIF • Repérer les éléments descriptifs dans un texte

Savoir

Un **texte descriptif** contient des éléments qui permettent de représenter par écrit ce que l'on voit.

Dans le train

Il y avait trois personnes qui, comme moi, se trouvaient dans le train depuis le départ de la ligne. La première, une dame aux traits ravagés, ni jeune, ni jolie, [...], portait un pardessus de coupe masculine et un chapeau de feutre ; elle causait avec un homme d'une quarantaine d'années qui parlait sans cesse, très soigné de sa mise et entièrement vêtu de neuf. Enfin, la troisième personne, un homme de taille moyenne, aux gestes saccadés[1] et qui semblait vouloir se tenir à l'écart des autres, avait un visage jeune encore avec des cheveux prématurément blanchis[2] et des yeux particulièrement brillants continuellement en mouvement ; ses vêtements portaient la marque du bon tailleur, mais étaient assez usagés. Ce personnage avait encore un trait particulier : il faisait entendre, de temps à autre, des bruits étranges, ressemblant à une quinte de toux[3] ou à un éclat de rire brusquement interrompu.

Léon Tolstoï, *La Sonate à Kreutzer,* Gallimard, 1974.

1. **saccadés :** brusques et répétés.
2. **prématurément blanchis :** blancs malgré son jeune âge.
3. **quinte de toux :** une toux répétée plusieurs fois de suite.

Savoir faire

• Étudier un texte descriptif

1. **Situe** l'histoire : elle se passe dans un train.
2. **Repère** les éléments principaux : les personnages, les objets.
3. **Relève** les détails permettant de les identifier.

Le groupe nominal « des cheveux prématurément blanchis » donne des précisions sur le troisième personnage du texte.

• Lire une longue phrase

Il faut marquer un **temps d'arrêt** à chaque signe de ponctuation (, ; :) pour reprendre son **souffle** et bien comprendre le **sens** de la phrase.

La première, / une dame aux traits ravagés, / ni jeune, / ni jolie, / portait un pardessus de coupe masculine...

Faire

1 ★ Combien y a-t-il de personnages décrits dans le texte « Dans le train » ? Réponds par une phrase.

....

2 ★ Qui sont ces personnages ? (Coche la case qui convient.)

❑ 1 homme et 2 femmes. ❑ 2 hommes et 1 femme. ❑ 3 femmes.

3 ★★ Relie chaque détail au personnage correspondant.

un pardessus •	
un chapeau •	• la femme
bavard •	
vêtu de neuf •	• le premier homme présenté dans le texte
des yeux brillants •	
des traits ravagés •	
très soigné •	• le deuxième homme présenté dans le texte
une taille moyenne •	

4 ★★ Retrouve les noms du texte auxquels se rapportent les adjectifs suivants.

Ex. : étranges → bruits.

blanchis → ....

usagés → ....

masculine → ....

particulier → ....

saccadés → ....

ni jeune, ni jolie → ....

5 ★★★ Réponds à ces questions.

a. De combien de phrases le texte de la page de gauche est-il composé ? ....

b. Indique par des traits obliques (/) les endroits où tu peux reprendre ton souffle dans les phrases ci-dessous. Lis ensuite ces phrases à voix haute.

• Il y avait trois personnes qui, comme moi, se trouvaient dans le train depuis le départ de la ligne.

• Ce personnage avait encore un trait particulier : il faisait entendre, de temps à autre, des bruits étranges, ressemblant à une quinte de toux ou à un éclat de rire.

• Enfin, la troisième personne, un homme de taille moyenne, aux gestes saccadés et qui semblait vouloir se tenir à l'écart des autres, avait un visage jeune encore avec des cheveux prématurément blanchis et des yeux particulièrement brillants continuellement en mouvement ; ses vêtements portaient la marque du bon tailleur, mais étaient assez usagés.

Corrigés p. 204

Évalue ton travail et coche pour chaque exercice : ☑ réussi ☑ presque réussi ☑ à revoir

4

Décrire un personnage

OBJECTIF • Dresser un portrait en utilisant un vocabulaire riche, précis et varié

Savoir

Les deux aspects d'un portrait

Le portrait d'une personne ou d'un animal comporte deux aspects : l'aspect physique et l'aspect moral.

- **L'aspect physique** : son allure générale, son visage, ses vêtements…
- **L'aspect moral** : son caractère, ses goûts, ses manies…

… un homme de taille moyenne…
↑
portrait physique

… qui semblait vouloir se tenir à l'écart des autres…
↑
portrait moral (personne discrète)

Les traits particuliers

Les traits particuliers sont des **éléments précis** ou des **détails** qui permettent de reconnaître le personnage.

Des cheveux prématurément blanchis…
↑
aspect physique inhabituel

… il faisait entendre des bruits étranges…
↑
manie particulière

Savoir faire

Éviter les verbes d'usage courant

Évite le plus possible l'emploi des verbes **être** et **avoir** en choisissant des verbes mieux adaptés à la situation.

Il **avait** un chapeau. → Il **portait** un chapeau.

Utiliser des adjectifs précis

Emploie des adjectifs qualificatifs précis pour mieux décrire l'aspect physique ou moral.

des traits **ravagés** (plutôt que **vieillis**) ;
des gestes **saccadés** (plutôt que **brusques et répétés**).

Faire

1 ★ Relie chaque élément à l'aspect qui lui correspond.

jeune et jolie •	• aspect physique •	• nez aplati
vêtements usagés •		• air têtu
bavard •	• aspect moral •	• visage ridé
regard intelligent •		• taille moyenne

2 ★★ Souligne les passages qui apportent des précisions sur les mots en gras.

Ex. : Il se coiffe d'un chapeau noir usé par le temps.

Il porte une **veste** trop grande pour lui. Son **visage** est beau mais marqué par une profonde cicatrice. Ses **yeux**, de couleur marron, ont la forme d'une amande. Une **barbe** grise encadre ses **joues** creusées par le temps.

3 ★★ Réécris chaque phrase en employant le verbe qui peut remplacer *avoir* ou *être*. Utilise les verbes : *porter – encadrer – s'habiller – paraître.*

Thibaut a un chapeau noir. → ....

Il a des vêtements clairs. → ....

Ses cheveux sont autour de son visage. → ....

Il est fatigué. → ....

4 ★★ Entoure l'adjectif entre parenthèses qui convient le mieux pour remplacer l'adjectif souligné.

Elle a des petites mains.
(étroites – minces – fines)

Il porte une petite moustache.
(étroite – légère – menue)

Sara a un grand cœur.
(immense – long – généreux)

Ce boxeur a de grandes épaules.
(hautes – épaisses – larges)

Il a une belle allure.
(sérieuse – distinguée – sympathique)

Victor a un beau costume.
(joli – agréable – élégant)

5 ★★★ En t'aidant des rubriques *Savoir* et *Savoir faire*, fais le portrait d'une personne connue ou imaginaire.

Titre → ....

....

....

....

Corrigés p. 204

Évalue ton travail et coche pour chaque exercice : ☑ réussi ☑ presque réussi ☑ à revoir

5

Les temps du récit

OBJECTIF • Distinguer dans un récit les temps de la narration et de la description

Savoir

Pour faire une bonne lecture d'un **récit**, il est nécessaire de bien connaître l'usage de l'**imparfait** et du **passé simple**.

> Il **approchait**, lent, avec un son sourd, bien martelé, répercuté par les planchers anciens. Il **entra**, au bout d'un temps qui nous parut interminable, dans le chemin éclairé.
> Il **était** presque blanc, gigantesque : le plus grand nocturne que j'aie vu, un grand-duc plus haut qu'un chien de chasse. Il **marchait** emphatiquement[1], en soulevant ses pieds noyés de plumes, ses pieds durs d'oiseau qui **rendaient** le son d'un pas humain. Le haut de ses ailes lui **dessinait** des épaules d'homme, et deux petites cornes de plumes, qu'il **couchait** ou **relevait**, **tremblaient** comme des graminées[2] au souffle d'air de la lucarne.
> Il **s'arrêta**, **se rengorgea**[3] tête en arrière, et toute la plume de son visage magnifique **enfla** autour d'un bec fin et de deux lacs d'or où se baigna la lune. Il **fit** volte-face, **montra** son dos tavelé[4] de blanc et de jaune très clair. […] Il **devina** sans doute notre présence, car il […] **gagna** la lucarne, **ouvrit** à demi des ailes d'ange, **fit** entendre une sorte de roucoulement de neige et d'argent.
>
> Colette, *La Maison de Claudine*, © Librairie Arthème Fayard 2004.

1. **emphatiquement :** majestueusement.
2. **graminées :** des plantes comme le blé, l'orge, l'avoine.
3. **se rengorgea :** fit le fier.
4. **tavelé :** tacheté.

Savoir faire

Comprendre l'emploi de l'imparfait et du passé simple dans un récit

• L'**imparfait** (verbes **en bleu**) est utilisé pour **décrire** un personnage, un paysage ou pour évoquer des actions qui durent dans le temps.
Exemple : Dans le 2e paragraphe, l'auteur **décrit** l'oiseau de nuit. Les verbes sont à l'**imparfait**.

• Le **passé simple** (verbes **en rouge**) est employé pour des actions **soudaines**, **limitées** dans le temps, qui souvent **se succèdent**. C'est le temps de la **narration.**
Exemple : Dans le 3e paragraphe, l'oiseau **agit** : il s'arrête, se rengorge, enfle…Les actions sont **soudaines**, elles **se succèdent** et sont **limitées dans le temps.**

Faire

1 ★ ☐☐☐
Lis le texte suivant et réponds aux questions.

C'était une claire journée d'octobre. Le temps, encore doux de la veille, devenait plus frais. Un léger vent d'est soulevait du sol les feuilles déjà jaunies. Les pommes continuaient à tomber et dessinaient sur la pelouse des figures bizarres. Sophie mit ses bottes, se dirigea vers l'abri de jardin et suspendit à son bras le grand panier d'osier. Elle ramassa les pommes une à une et en emplit son panier. Elle retourna vers la cuisine.

a. Retrouve les deux parties de ce texte :
La partie descriptive : de ....
à ....
La partie narrative : de ....
à ....

b. Relève les verbes conjugués de la partie descriptive. À quel temps sont-ils employés ?
....
....

c. Relève les verbes conjugués de la partie narrative. À quel temps sont-ils employés ?
....
....
....

2 ★★ ☐☐☐
Dans le texte ci-dessous, il y a des parties descriptives et des parties narratives. Barre les verbes entre parenthèses qui ne conviennent pas. Relis ton texte.

C'était une nuit sans lune. Corentin (**guettait, guetta**) l'horizon depuis déjà longtemps. Des mouettes rieuses et des goélands (**survolaient, survolèrent**) la plage désertée. Le vent (**soufflait, souffla**) en rafales et le mauvais temps (**menaçait, menaça**). Soudain, il (**apercevait, aperçut**) une voile près du phare de Bétué. Celui-ci l' (**éclairait, éclaira**) un instant puis l'océan (**redevenait, redevint**) sombre. Brusquement, un cri perçant (**retentissait, retentit**) dans l'obscurité. Les oiseaux de mer (**s'envolaient, s'envolèrent**) aussitôt. Corentin (**se saisissait, se saisit**) alors des jumelles et (**découvrait, découvrit**) stupéfait au loin la coque éventrée d'un voilier.

3 ★★★ ☐☐☐
Recopie le texte suivant en utilisant l'imparfait et le passé simple. Sépare par un trait (/) la partie descriptive et la partie narrative. Relis ton texte.

C' (**être**) une nuit noire. Dans le parc, on ne (**distinguer**) rien. À la lueur d'une lampe torche, Florian et sa sœur (**marcher**) lentement et (**observer**) les buissons qui les (**entourer**). Soudain, leur petit chien Athos (**aboyer**) très fort et (**se diriger**) du côté droit. Les deux enfants (**se précipiter**) vers Athos et (**voir**) un renardeau blessé. Ils le (**prendre**) et le (**transporter**) jusqu'à la maison du gardien.

....
....
....
....
....

Corrigés p. 204

Évalue ton travail et coche pour chaque exercice : ☑ réussi ☑ presque réussi ☑ à revoir

6

Écrire un événement vécu

OBJECTIF • Rédiger un récit de vie

Savoir

Un événement vécu (une histoire réelle), comprend :
- le **lieu** et le **moment** où se déroule l'événement ;
- les **personnages** ;
- les différentes actions de l'histoire.

Drôle d'oiseau

Ce matin, pendant la dictée, **un oiseau** est entré **dans la classe** en passant par une fenêtre entrouverte. **Il** a survolé le bureau pour se poser ensuite sur le rebord du tableau. *En premier*, **les élèves**, **surpris**, se sont exclamés bruyamment *puis*, sur les recommandations de **la maîtresse**, ils se sont tus, tout **heureux**, en observant **la boule de plumes** qui venait d'interrompre la dictée.
Certains élèves murmuraient qu'ils voulaient **l'**attraper pour le garder dans la classe, d'autres cherchaient déjà à lui donner un nom. *Bientôt* l'enseignante ordonna qu'on ouvre toutes les fenêtres. *Aussitôt* **le moineau** s'envola à tire-d'aile vers sa liberté … laissant les élèves, **déçus**, à leur dictée !

Savoir faire

Raconter un fait réel de façon vivante

- **Fais évoluer l'histoire**

Pour lier les différentes étapes de ton histoire, utilise **des mots de liaison précis** qui permettent l'**évolution logique** de ton récit : *en premier, puis, bientôt, aussitôt.*

- **Exprime les sentiments des personnages**

Lorsque tu racontes un événement vécu (ou que tu aurais pu vivre), tu dois expliquer les faits mais aussi **exprimer les sentiments** des différents personnages : **surpris**, **heureux**, **déçus**.

- **Évite les répétitions par l'emploi de synonymes et de pronoms**

Tu dois éviter de **répéter** plusieurs fois le même mot pour désigner les personnages. Pour cela utilise des **synonymes** ou des **pronoms**.
Par exemple, pour éviter de répéter le mot **oiseau**, on a employé **la boule de plumes** et **le moineau** . On a aussi utilisé les pronoms **il** (**Il** a survolé le bureau…) et **l'** (ils voulaient **l**'attraper…).

1 ★

Les phrases ci-dessous constituent les étapes d'un récit écrit dans le désordre. Numérote-les dans l'ordre de l'histoire en t'aidant des mots de liaison en italique.

☐ *Dès le début du film*, je serrai les lèvres et crispai mes mains.
☐ *Mais bientôt* je ris aux éclats en découvrant les grains de maïs à mes pieds !
☐ *En arrivant*, nous avons acheté deux cornets de pop-corn.
☐ *Aussitôt*, je hurlai de peur en me levant brusquement.
☐ *Hier soir*, je suis allée au cinéma avec mon jeune frère Tom voir un film à suspense.
☐ *Soudain*, Tom fit tomber brutalement son cornet sur mes genoux.

2 ★★

Remplace « le chat » par un des synonymes ou pronoms suivants : *la boule de poils – le chaton – le fauve – le chasseur – il – celui-ci.*

Inconscient, un merle se pose sur le muret du jardin. Un jeune chat, tapi dans l'herbe, l'observe. *Le chat* (..........................) s'approche lentement de sa proie. Silencieux, *le chat* (..........................) rampe sur la pelouse. Mais le cri d'un enfant fait brusquement s'envoler l'oiseau laissant *le chat* (..........................) tout penaud.

3 ★★

Choisis le mot qui convient pour exprimer un sentiment : *inquiet – fatigué – surpris – attentif – intrigué – courageux – furieux.*

a. ...., l'élève écoute la nouvelle leçon.
b. ...., l'enfant ouvre le vieux coffre de son grand-père.
c. ...., le passant plongea dans la rivière pour aider le nageur imprudent.
d. .... par l'étrange bruit, il sursauta.
e. ...., mon père claqua la porte et sortit en hurlant.
f. ...., il téléphone aux urgences.
g. ...., le chien se coucha sur l'épais tapis et s'endormit aussitôt.

4 ★★★

Imagine une suite à cette histoire en reprenant les mêmes personnages, en évitant les répétitions, et en exprimant les sentiments éprouvés.

Dans la cour de récréation, Julie et Alex jouent au ballon. Soudain Alex lance la balle si fort qu'elle se coince entre deux branches d'un tilleul. Julie essaie de la déloger en lançant sa chaussure qui, malheureusement, reste bloquée, tenant compagnie à la balle ! Julie est furieuse ! À cet instant, Alex...

....

....

....

....

Corrigés p. 204

Évalue ton travail et coche pour chaque exercice : ☑ réussi ☑ presque réussi ☑ à revoir

7

Lire un texte documentaire

OBJECTIF • Repérer des informations dans un texte documentaire

Savoir

Pour bien comprendre un **texte documentaire**, il faut repérer les différentes **informations** qu'il contient.

Les secrets du légume

Les légumes sont des plantes potagères dont tu consommes différentes parties : les feuilles (choux, épinards), la racine (carottes, radis), le bulbe (ail, oignon) et même les graines (petits pois).
À l'origine, les légumes, qu'on appelait les gousses, désignaient surtout les pois, les lentilles et les haricots, dont les graines sont justement enfermées dans une gousse. Les fèves et les pois furent les premiers légumes consommés par nos ancêtres préhistoriques.
De la préhistoire au XIXe siècle[1], les végétaux constitueront l'essentiel de l'alimentation humaine. Vaches et poules sont alors des biens précieux pour les œufs et le lait. Il faudra attendre les années 1800 pour que le bétail et la volaille soient élevés pour leur viande, celle-ci étant réservée jusque-là aux classes riches.
L'origine de plante potagère et de potager vient du « pot » où l'on cuisait jadis la soupe faite avec les légumes du jardin.

Belle Planète n° 14, CDDP de l'Essonne.

1. **XIXe siècle :** le 19e siècle (de 1801 à 1900).

Savoir faire

• Comprendre un vocabulaire spécifique

Un texte documentaire est rédigé avec un **vocabulaire précis** (scientifique, historique…) dont on comprend le **sens** en utilisant un dictionnaire, une encyclopédie…

Un bulbe ; des gousses ; une fève…

• Étudier la composition du texte

Le texte documentaire se divise en parties distinctes appelées **paragraphes** qui correspondent à des **informations différentes**.
Le premier paragraphe du texte ci-dessus indique quelles sont les *parties consommables* de différents légumes : feuilles, racines, bulbes.

Faire

1 ★

Qu'apprend-on en lisant le texte « Les secrets du légume » ? Coche la ou les bonnes réponses.

❑ Comment cultiver des légumes dans son jardin.
❑ L'histoire de la culture des légumes.
❑ La partie du légume que l'on mange.
❑ Les différentes recettes pour cuisiner les légumes.

2 ★★

Dans un dictionnaire, recherche la définition des mots suivants.

Un bulbe : ....

Des gousses : ....

Des fèves : ....

3 ★★

Écris VRAI ou FAUX.

a. Jusqu'au XIXe siècle, les hommes consommaient surtout des végétaux. ....
b. On ne connaît pas l'origine du mot potager. ....
c. On consomme la racine de certains légumes. ....
d. Les premiers légumes s'appelaient «des graines». ....
e. On consomme le bulbe de l'oignon. ....
f. Avant 1800, on élevait les poules et les vaches pour leur viande. ....
g. Les fèves et les pois furent les premiers légumes consommés. ....

4 ★★★

Réponds aux questions.

a. Indique le nombre de paragraphes du texte « Les secrets du légume » en entourant la bonne réponse.

2 paragraphes   3 paragraphes   4 paragraphes

b. Pour chaque paragraphe, écris les premiers et les derniers mots.
Ex. : 1er paragraphe : « Les légumes »... « (petits pois). »
2e paragraphe : ....

....

....

5 ★★★

Écris le numéro du paragraphe qui correspond aux informations suivantes.

Ex. : Parties consommables du légume → 1.

a. Origine du mot potager → ....
b. Importance du bétail et de la volaille → ....
c. Premiers légumes consommés → ....
d. Premier nom donné aux légumes → ....

Corrigés p. 204

Évalue ton travail et coche pour chaque exercice : ☑ réussi ☑ presque réussi ☑ à revoir

8

Améliorer un texte

OBJECTIF • Enrichir un texte en employant des mots précis et en amplifiant les phrases

Savoir

Pour **améliorer** un **texte**, le rendre plus vivant, plus riche, plus agréable à lire, il existe différents procédés :

- choisir un vocabulaire **plus élaboré** et **mieux adapté**,
- ajouter des mots qui donnent des **précisions supplémentaires,**
- **mettre en valeur** certains mots que l'on juge importants.

Savoir faire

Enrichir un texte

1. Remplace les verbes **courants** (avoir, voir…) et la tournure « **Il y a** » par des **verbes précis**.

Elle **a** une longue chevelure blonde. → Une chevelure blonde **encadre** son visage.
On **voit** un chemin devant la grille. → Un chemin **mène** à la grille.
Il y a des coquelicots dans le jardin. → Des coquelicots **poussent** dans le jardin.

2. Emploie un vocabulaire **plus riche**.

De **gros** nuages **noirs** sont dans le ciel.
→ De **lourds** nuages **obscurcissent** le ciel.

3. Enrichis et équilibre les phrases avec des **adjectifs qualificatifs** et des **compléments**.

Des oiseaux migrateurs survolent la forêt. → **Au loin**, des oiseaux migrateurs survolent la forêt **noyée de brumes matinales**.

4. Choisis des mots **justes**.

L'enfant est réveillé par le **bruit** d'une portière de voiture. → L'enfant est réveillé par le **claquement** d'une portière de voiture.

5. Place des mots importants en début de phrase ou entre deux virgules.

Inquiet, l'enfant s'approcha de la fenêtre. → L'enfant, **inquiet**, s'approcha de la fenêtre.

Faire

Français Maths Hist.-Géo. Inst. civique et morale Sciences Anglais Bilans Corrigés

1 ★
Relie chaque phrase au verbe qui peut remplacer le verbe *être*.

Le château est sur la colline •	• parsemer
Un vase blanc est sur la table •	• dominer
Une voie ferrée est à côté du fleuve •	• orner
Les feuilles mortes sont sur la pelouse •	• longer

2 ★★
Mets en valeur les adjectifs soulignés comme dans l'exemple :

Ex. : Une pluie fine et continue tombe à verse.
→ Fine et continue, la pluie tombe à verse.

Un jeune cheval fougueux galopait dans la prairie.

→ ....

Le tigre agile et silencieux guettait sa proie.

→ ....

3 ★★
Recopie les expressions en remplaçant *bruit* par le mot juste : *le grincement – le vrombissement – le crépitement – le vacarme.*

le bruit d'un moteur : ....

le bruit d'une porte rouillée : ....

le bruit d'un feu de bois : ....

un très grand bruit : ....

4 ★★
Remplace l'expression « Il y a » par les mots qui conviennent : *broutent – décorent – se dressent – sont posés.* Recopie les phrases.

Il y a des peupliers près du lavoir. *Il y a* deux bols sur le guéridon. *Il y a* des vaches dans le pré. *Il y a* quelques anciens tableaux sur le mur.

....

....

....

5 ★★★
Sur une feuille, recopie ce texte en ajoutant un adjectif qualificatif aux noms en gras. Choisis parmi la liste suivante : *ensoleillé – désert – premier – multicolore – fort – éphémère – affamé – vieux – habile – patient – fin – léger.* Fais les accords nécessaires.

C'est une **matinée** de juillet. Sur la **plage**, les **parasols** apparaissent. Des **vagues** se brisent sur les rochers. Quelques enfants jouent au ballon tandis que d'autres construisent des **châteaux**. Des **goélands** survolent attentivement le sable. Au loin, sur la jetée du **port**, un **pêcheur** prépare son matériel. Des **voiliers** s'éloignent tranquillement vers le large.

Corrigés p. 204

Évalue ton travail et coche pour chaque exercice : ☑ réussi ☑ presque réussi ☑ à revoir

9 Le dictionnaire

OBJECTIF • Comprendre et utiliser avec aisance un dictionnaire

Savoir

• Qu'est-ce qu'un dictionnaire ? À quoi sert-il ?

• Le dictionnaire est un recueil de mots classés par **ordre alphabétique**. Il renseigne sur la **définition** précise d'un mot en donnant un **exemple**, son **orthographe**, sa **nature**, sa **classe** (nom, verbe, adjectif, ...), son **genre** (féminin, masculin), ses différents **sens** éventuels.

L'**étymologie** (l'origine)

Des **connaissances** précises

Le **niveau de langue** (familier)

Les **différents sens** du mot

Les **expressions** avec le mot

> **HIRONDELLE** n.f. (lat. *hirundo*). **1.** Oiseau passereau à dos noir, à ventre blanc et à queue échancrée, qui capture les insectes au vol. (Les hirondelles migrent des régions tempérées vers les tropiques en automne et reviennent en mars-avril. Cri : l'hirondelle gazouille ou trisse ; genre *Hirundo*, famille des hirundinidés.) **2.** *Fam.*, anc. Agent de police cycliste. **3.** *Fam.*, vieilli. Resquilleur dans les théâtres, les cocktails, etc. **4.** *Hirondelle de mer* : sterne. – *Hirondelle des marais* : glaréole. **5.** *Nid d'hirondelle* : nid de la salangane, que cet oiseau fabrique en régurgitant du jabot une substance gélatineuse provenant des algues absorbées, constituant un mets très apprécié des Chinois.

Le Petit Larousse, 2000.

Savoir faire

• Comprendre les abréviations

Dans la plupart des dictionnaires, tu trouves des **abréviations**. Il faut connaître leur **signification** pour les utiliser correctement.

Fam. : signifie « dans le langage familier ». Lat. : signifie « en latin ».

• Utiliser un dictionnaire encyclopédique (dictionnaire contenant des connaissances approfondies sur les mots)

Certains dictionnaires te fournissent des **informations** complémentaires sur un mot. Ils t'apportent des connaissances et te permettent de comprendre des **expressions** anciennes ou spécifiques.

Dans l'article ci-dessus, on apprend que l'hirondelle **gazouille** ou **trisse**, qu'elle **migre** des régions tempérées vers les tropiques en automne, qu'elle appartient à la famille des hirundinidés.

L'expression « **hirondelle des mers** » est le nom usuel que l'on donne à la **sterne** (oiseau aux pieds palmés, cousin des mouettes, vivant le long des côtes.)

1 ★ Recherche la signification des abréviations du dictionnaire.

syn. : ....
contr. : ....
litt. : ....
pl. : ....
fig. : ....
prép. : ....
adv. : ....
adj. : ....
inv. : ....
pron. : ....

2 ★★ Réponds à ces questions sur l'extrait de dictionnaire concernant le mot « hirondelle ».

a. Quelle expression désigne la glaréole (oiseau aux longues pattes vivant dans les marais) ?
....

b. Que mangent les Chinois ? ....

c. De quoi se nourrissent les hirondelles ? ....

d. Quels sont les deux sens familiers du mot « hirondelle » ? ....

3 ★★★ Observe cet extrait de dictionnaire puis réponds aux questions.

indifférent **adj.** 1. *La destinée de ces peuplades m'est indifférente*, elle ne m'intéresse pas. *Que tu partes ou que tu restes, cela m'est indifférent*, cela m'est égal. 2. Qui n'est ému par rien ni personne.

indigène **adj.** Qui est né dans le pays dont on parle. → **autochtone.** *Cet étranger trouve que la population indigène est très accueillante.* — **N.** *Les indigènes d'Australie.*

indigent **n. m.**, **indigente** **n. f.** Personne très pauvre. *Elle organise une collecte pour les indigents.*

▸ **indignation** **n. f.** Colère contre une chose révoltante. *Yves est rempli d'indignation devant ceux qui maltraitent les animaux.*

indigner **v.** (conjug. 1) Révolter. *Ces massacres d'animaux nous ont indignés.* → **scandaliser.** — *Elle s'est indignée devant sa malhonnêteté.*

indigeste **adj.** Difficile à digérer. → **lourd.** *Cette cuisine à l'huile est très indigeste.* || contr. **digeste** ||

indigne **adj.** 1. *Cet homme est indigne de notre confiance*, il ne la mérite pas. || contr. **digne** || 2. *Ce travail lui paraissait indigne de lui*, il le trouvait méprisable. 3. *Ils ont commis un acte indigne*, révoltant, odieux.

indigo **adj. inv.** Bleu foncé. ➳ planche Couleurs p. 235. *Des vestes indigo.*

a. Cite un synonyme d'« indigner » : .... d'« indigène » : ....

b. Quels sont les contraires d'« indigne » ? .... d'« indigeste » ? ....

c. Quels sont les deux natures du mot « indigène » ? ....

d. Retrouve un nom de la famille d'« indigne » : ....

e. Qu'est-ce qu'une personne « indigente » ? ....

f. Complète avec le mot « indigo » : des draps ....

Corrigés p. 204

Évalue ton travail et coche pour chaque exercice : ☑ réussi ☑ presque réussi ☑ à revoir

10 Sensations, jugements, et actions

OBJECTIF • Savoir utiliser le vocabulaire qui correspond aux sensations et aux jugements

Savoir

● Les sensations

Une **sensation** c'est une **impression** que l'on ressent par l'intermédiaire des **sens** (la vue, l'ouïe, l'odorat, le toucher, le goût). Les sensations sont **immédiates** et liées au **corps**.

Clara éprouve une **sensation de faim** en **sentant** les odeurs de cuisine.

→ La **sensation** de faim de Clara provient de ce que Clara **sent** (**l'odorat**).

Quelques sensations que l'on peut ressentir : l'inquiétude, le calme, le dégoût, l'envie, la surprise, l'étonnement, la tranquillité, la soif, le désir, la fatigue, le désespoir, le froid,…

● Les jugements

Un **jugement**, c'est une **opinion** que l'on a sur les choses, les personnes qui nous entourent. Les jugements sont liés à ce que l'on **pense** : ils dépendent de l'éducation, de la morale… Ils peuvent donc se modifier.

Une personne a fait tomber un vase qui s'est brisé.

→ On peut juger la personne **responsable** et l'accuser de l'avoir fait exprès, ...

→ Au contraire, on peut juger la personne **non responsable** et lui trouver des excuses : le vase était trop lourd pour elle, ...

Savoir faire

● Lier les jugements et les actions qui en résultent

Un jugement peut être suivi d'une action **positive** ou **négative**.

● **Les actions positives qui résultent d'un jugement** : remercier, respecter, encourager, accepter, faire confiance, se remettre en question, patienter, aider, accompagner,…

Je juge qu'une personne est trop jeune pour faire un travail : je **l'aide**. (action positive)

● **Les actions négatives qui résultent d'un jugement** : reprocher, accuser, menacer, soupçonner, injurier, mépriser, se moquer,…

Je juge qu'une personne est trop jeune pour faire un travail : je me **moque** d'elle. (action négative)

Faire

1 ★ Écris les mots qui conviennent : *d'épuisement – d'ennui – d'inquiétude – de sécurité.*

Le documentaire était long et inintéressant : les élèves éprouvaient une sensation ....

Mon père a une sensation .... après sa longue marche en forêt.

En fermant les volets et les verrous de la porte, il éprouve une sensation ....

Une sensation .... l'envahit quand il entendit le grondement du tonnerre et qu'il sentit l'odeur du feu.

2 ★★ Classe les actions suivantes comme il convient.

exclure – coopérer – participer – jalouser – secourir – s'entraider – dénigrer – réconforter – mépriser – ignorer – abandonner – participer – dépanner – accepter.

Actions positives : ....

Actions négatives : ....

3 ★★★ Complète le tableau avec les mots suivants. Tu peux t'aider d'un dictionnaire.

Mots liés aux odeurs : délicat, infect, fétide, léger, nauséabond.
Mots liés aux bruits : chuchoter, crier, murmurer, gémir, hurler.
Mots liés aux goûts : fade, amer, succulent, délicieux, savoureux.
Mots liés au toucher : lisse, rugueux, doux, râpeux, soyeux.
Mots liés à la vue : magnifique, laid, admirable, ravissant, hideux.

sensations agréables	sensations désagréables
....	....
....	....
....	....
....	....

4 ★★★ Réponds aux questions.

a. Complète les phrases avec les mots proposés : ***rancunier – tolérant – impartial – indulgent – méprisant.*** **Aide-toi d'un dictionnaire.**

b. Écris dans les cases (P) jugement positif ou (N) jugement négatif.

- ❑ Je comprends que les autres n'aient pas les mêmes opinions que moi : je suis ....
- ❑ J'écoute mes amis sans prendre parti : je suis ....
- ❑ Je trouve facilement des excuses aux faiblesses des autres : je suis ....
- ❑ Je n'oublie pas facilement et désire me venger : je suis ....
- ❑ Je ricane facilement devant les faiblesses des autres : je suis ....

Corrigés p. 204

Évalue ton travail et coche pour chaque exercice : ☑ réussi ☑ presque réussi ☑ à revoir

11

Les synonymes / Les contraires

OBJECTIF • Différencier et utiliser des synonymes et des contraires

Savoir

Des **synonymes** sont des mots qui ont à peu près le **même sens**.
Des **contraires** sont des mots de **sens opposé**.
Les synonymes et les contraires d'un mot appartiennent à la même **classe grammaticale** que ce mot.
épais est le contraire de **fin**.
mince est un synonyme de **fin**.
Les mots **fin**, **épais** et **mince** sont tous les trois des **adjectifs qualificatifs**.

Savoir faire

Choisir le synonyme qui convient le mieux

1. Tu peux employer un **synonyme** pour **préciser** le **sens** d'un mot.
L'**odeur** des roses embaume les allées du parc. → Le **parfum** des roses embaume les allées du parc.
« **Parfum** » est un mot plus précis que le mot « odeur ».

2. Tu peux utiliser un **synonyme** pour **éviter** une **répétition**.
Il y a des **odeurs** agréables dans ce parc : l'**odeur** des roses et des lilas.
Il y a des **odeurs** agréables dans ce parc : le **parfum** des roses et des lilas.
Le mot « parfum » ici évite la répétition du mot « odeur ».

Utiliser un contraire

Comme le synonyme, le **contraire** permet de **comprendre**, de **préciser** le sens d'un mot.
Il porte une valise **légère**. (Le contraire est une valise **lourde**).
C'est une blessure **légère**. (Le contraire est une blessure **grave**).

Écrire un contraire

Tu peux écrire un contraire en ajoutant un **préfixe** (in-, im-, mal-, dé-, dés-, mé-, dis-, a-).
honnête (**mal**honnête) ; discret (**in**discret) ; content (**mé**content).

Faire

1 ★

Remplace l'adjectif « mauvais » par un des contraires proposés : ***bon – juste – excellent – beau.***

Ce calcul est **mauvais** (..). Il a **mauvais** caractère (..). Quel **mauvais** temps (..) ! Ce gâteau est **mauvais** (..).

2 ★

Souligne en rouge le synonyme des mots en gras et en bleu leur contraire.

vif : nerveux, lent.

augmenter : diminuer, agrandir.

clair : sombre, lumineux.

critiquer : approuver, contester.

prisonnier : libre, captif.

escalader : descendre, gravir.

ardu : difficile, facile.

pénétrer : sortir, s'introduire.

3 ★

Écris le contraire des mots à l'aide d'un préfixe.

adroit : ....

normal : ....

possible : ....

prudent : ....

agréable : ....

heureux : ....

paraître : ....

connu : ....

coller : ....

l'espoir : ....

4 ★★

Remplace le mot répété (en gras) par l'un des synonymes suivants : ***doux – gentil – délicat – diminuer – réduire – rétrécir – demeure – studio.***

La lumière du jour **baissait**. Dans la chambre, la clarté **baissait** (..) de minute en minute.

La **maison** était grande. Au premier coup d'œil, la **maison** (..) me sembla inhabitée. Ce chat a des yeux **tendres**. Son regard **tendre** (..) le rend sympathique.

5 ★★★

Voici trois autres synonymes du mot « odeur » : ***le fumet – l'arôme – le bouquet.*** **Choisis le plus précis pour remplacer le mot « odeur » dans les phrases suivantes.**

L'**odeur** de ce café me réveille (..). L'**odeur** de ce vin nouveau est agréable (..). L'**odeur** du poulet rôti se répand dans la cuisine (..).

6 ★★★

Choisis dans la liste un synonyme de langage courant pour expliquer les mots proposés. Tu peux t'aider d'un dictionnaire : ***un danger – têtu – une tromperie – balancer – tomber – une dispute – un messager – une troupe – le bord – souple.***

choir (..), un émissaire (..), opiniâtre(..), une horde (..), un péril (..), une mascarade (..), l'orée (..), osciller (..), leste (..), une querelle (..).

Corrigés p. 205

Évalue ton travail et coche pour chaque exercice : ☑ réussi ☑ presque réussi ☑ à revoir

12

Le sens des mots

OBJECTIF • Comprendre le sens d'un mot

Savoir

On peut comprendre le **sens d'un mot** à l'aide :
- des **indices** (repères) fournis par les **autres mots** de la phrase (le **contexte**).
- du **domaine général** auquel ce mot appartient (les insectes, les arbres fruitiers,....)
- du **niveau de langue** de ce mot (familier, courant, soutenu).

Savoir faire

Utiliser le contexte pour comprendre le sens d'un mot

Les anciens bateaux sont échoués sur la **grève** de l'autre côté du port.
En raison de la **grève** des postiers, il n'y a pas eu de distribution de courrier aujourd'hui.

- Dans la première phrase les mots bateaux, échouer, port permettent de comprendre le sens de « **grève** » : **plage**, **rivage**…
- Le sens de « **grève** » dans la seconde phrase signifie : **arrêt de travail**, **absence**,…

Définir un mot connu en utilisant un terme générique

- Un terme générique permet de **regrouper des mots** et d'en donner le **sens général**.

Le terme générique **figures géométriques** permet de regrouper le carré, le rectangle, le cercle, l'angle…
- Un terme générique permet d'**expliquer le sens d'un mot**.

Le hanneton est un **insecte**. (Le terme générique, c'est « **insecte** ».)

Identifier les niveaux de langue et passer d'un niveau à l'autre

- Les mots que tu utilises appartiennent à différents niveaux de langue : le **langage courant**, le **langage familier**, le **langage soutenu (recherché)**.

L'enfant **s'est cassé la figure** brusquement (langage **familier**).
L'enfant **est tombé** brusquement (langage **courant**).
L'enfant **a chuté** (ou **a chu**) brusquement (langage **soutenu**).

1 ★ Indique le sens de « frais, fraîche » dans les phrases suivantes, en utilisant le contexte.

Frais, fraîche : adjectif qualificatif. **Sens 1** : qui est légèrement froid. **Sens 2** : qui vient d'être produit, récolté. **Sens 3** : qui existe depuis peu (récent). **Sens 4** : qui a gardé son éclat, sa force.

Nous achetons toujours du poisson frais au marché (**sens** ....). L'eau de la mer est vraiment fraîche pour la saison (**sens** ....). Ma grand-mère a toujours le teint frais (**sens** ....). J'ai reçu des nouvelles fraîches de mon cousin (**sens** ....).

2 ★ Voici quatre sens du verbe prendre : *acheter – attraper – utiliser – recevoir*. Écris entre les parenthèses le sens qui convient.

Tom prend un compas pour tracer un cercle (............................). Nous prenons de l'essence (............................). Le gardien de but prend le ballon (............................). J'ai pris un coup de pied (............................).

3 ★ Retrouve les termes génériques de chaque liste de mots.

a. La fourmi, la guêpe, la sauterelle, la mouche, le papillon, le grillon : ....

b. Le gardon, la truite, la tanche, le brochet, la perche, la carpe : ....

c. Le crocodile, la tortue, la couleuvre, l'alligator, le lézard, l'iguane : ....

4 ★★ Dans les phrases suivantes, souligne parmi les mots entre parenthèses le terme générique.

Un (poids lourd, véhicule, car) est accidenté sur une aire d'autoroute. Ce (fauteuil, siège, tabouret) est très ancien. J'entends distinctement (le bruit, le tintement, le tic-tac) du réveil. (L'odeur, le fumet, le parfum) de ce rôti est très agréable. Chaque matin, je mange (du blé, du maïs, des céréales).

5 ★★ Relie comme il convient les mots du langage familier aux mots du langage courant.

le boulot •	• la voiture	piger •	• parler
le pif •	• le travail	cavaler •	• comprendre
la bagnole •	• le nez	causer •	• crier
le môme •	• la peur	piailler •	• se dépêcher
la trouille •	• l'enfant	se grouiller •	• courir

6 ★★★ Choisis le synonyme de langage courant qui convient : *faux – provisoire – absurde – bizarre – difficile – gras – adroit – molle – juste – imprévue*. Tu peux t'aider d'un dictionnaire.

Un emploi **précaire** (............................), une décision **équitable** (............................), un décor **factice** (............................), une rencontre **inopinée** (............................), une réponse **inepte** (............................), une attitude **indolente** (............................), une œuvre d'art **insolite** (............................), un problème **ardu** (............................), un mouvement **preste** (............................), un visage **adipeux** (............................).

Corrigés p. 205

Évalue ton travail et coche pour chaque exercice : ☑ réussi ☑ presque réussi ☑ à revoir

13 Familles de mots / Préfixes, suffixes

OBJECTIF • Construire, regrouper et comprendre des mots de la même famille

Savoir

• La construction de mots de la même famille

• L'ensemble des mots construits à partir d'un même **radical** (partie de chaque mot composé des mêmes lettres) auquel on ajoute un **préfixe** et/ou un **suffixe** constitue une famille de mots.

radical « **larg** » → **larg**eur (suffixe) ; é**larg**ir (préfixe, suffixe) ; é**larg**issement (préfixe, suffixe)

• Tous les mots d'une famille expriment la même **idée générale**. Ici, l'idée de **largeur**.

Savoir faire

• Regrouper les mots selon le sens de leur préfixe, de leur suffixe

• **Les préfixes** **dé-**, **mal-**, **in-**, **im-**, **dis-**, **dés-** te permettent de former **des contraires**.

patient → **im**patient ; direct → **in**direct ; espoir → **dés**espoir ; heureux → **mal**heureux.

• **Le suffixe** donne un sens particulier à un mot.

Tu trouves par exemple le suffixe **-phone** qui signifie « voix » dans télé**phone**, magnéto**phone**, micro**phone**.

• Utiliser la construction d'un mot pour le comprendre

Pour t'aider à comprendre le sens d'un **mot inconnu**, tu peux être amené à utiliser tes **connaissances** sur la **construction** des mots (sens des préfixes, des suffixes, des radicaux).

herbivore : radical **herbe** ; suffixe **vore** (qui se nourrit de)

Un herbivore est un animal **qui se nourrit d'herbe**.

Faire

1 ★

Dans les deux familles de mots, souligne le radical, entoure en rouge les préfixes et en bleu les suffixes.

a. Froid, froideur, refroidir, refroidissement, froidement, froide.
b. Long, longueur, longer, allonger, prolongation, longuement.

2 ★

Barre l'intrus dans chaque famille.

a. Couteau, coutelas, coutume, coutellerie, coutelier.
b. Ami, amical, amitié, amiral, amicalement.
c. Nourrice, nourriture, nougat, nourrisson, nourricier.
d. Dent, dentition, dentaire, édenter, denteler, dentelle.

3 ★★

Complète le tableau à l'aide des mots de la même famille.

verbe	nom	adjectif qualificatif
Ex. : attendrir	tendresse	tendre
appauvrir	....	....
....	inquiétude	....
....	....	patient

4 ★★

Écris le préfixe qui convient pour former le contraire.

......obéir ; ......possible ; ......paraître ; ......charger ; ......visible ; ......honnête ; ......utile ; ......précis ; ......organisé.

5 ★★★

Retrouve la définition des mots ayant pour préfixe « géo » (qui signifie « la terre ») :
la géographie – la géologie – un géomètre – la géométrie – la géothermie.

C'est la chaleur interne de la terre : ....
Science qui étudie les matériaux (roches, ...) et les transformations de la Terre : ....
Science qui étudie la description de la surface de la Terre (relief, végétation...) : ....
Discipline mathématique qui étudie l'espace et les formes : ....
Spécialiste qui effectue des mesures sur des terrains : ....

6 ★★★

Retrouve les mots qui ont pour préfixe « bio » (qui signifie « la vie »). Tu peux t'aider d'un dictionnaire.

Carburant fabriqué à partir de végétaux : un **bio** ....
Histoire écrite sur la vie d'une personne : une **bio** ....
Science qui étudie la vie, la reproduction des espèces : **bio** ....

7 ★★★

Sur une feuille, fais correspondre les mots ayant pour suffixe « phobe» (craindre) , « phile » (aimer), ou « logue » (qui étudie) aux définitions proposées.

*un biblio**phile** – un cardio**logue** – un agora**phobe** – un claustro**phobe** – un ciné**phile** – un ophtalmo**logue**.*
Personne qui aime les livres rares et précieux ; individu qui a peur de la foule, des espaces ; c'est un amateur de films ; personne qui craint les endroits fermés ; médecin spécialiste du cœur ; médecin spécialiste des yeux.

Corrigés p. 205

Évalue ton travail et coche pour chaque exercice : ☑ réussi ☑ presque réussi ☑ à revoir

14

Types et formes de phrases

OBJECTIF • Comprendre les variations de la phrase

Savoir

Les types de phrases

• **La phrase déclarative** permet d'énoncer un **fait**, de donner un **avis** ; elle commence par une majuscule et se termine par un point.
Le facteur posa son vélo contre le mur du garage**.**

• **La phrase interrogative** permet de **poser une question** ; elle commence par une majuscule et se termine par un point d'interrogation (?).
En quelle année Armstrong a-t-il marché sur la Lune **?**

• **La phrase injonctive** exprime un conseil, un ordre ; elle est construite avec un verbe à l'impératif.
Versez le chocolat chaud sur la pâte.

Forme affirmative et forme négative

Chaque type de phrase peut être écrit à la **forme affirmative** ou à la **forme négative**.

• À la **forme affirmative**, la phrase pourrait commencer par **oui**.
Les touristes arrivent en août. → Oui, les touristes arrivent en août.

• À la **forme négative**, la phrase pourrait commencer par **non**.
Je n'aime pas les bonbons. → Non, je n'aime pas les bonbons.

Savoir faire

Passer de la forme affirmative à la forme négative

La phrase affirmative devient négative lorsque l'on veut exprimer le **contraire** à l'aide d'une **négation**.

1. **Repère** le verbe.
Le train **arrive** (verbe) à l'heure.

2. **Choisis la négation** la mieux adaptée au sens de la phrase (ne… pas, ne… jamais, ne… rien, ne… plus).

3. **Place** la négation comme il convient.
Le train **n'**arrive **pas** à l'heure.

1 ★ Indique le type de chaque phrase.

Essaie de trouver la solution tout seul.

....

As-tu soif ?

....

J'aime mieux manger au restaurant.

....

Le troupeau de moutons suivait le sentier.

....

2 ★ Indique la forme de chaque phrase.

Ce matin-là, Tony était descendu à la cave chercher des outils.

....

Après sa journée de travail, Samuel n'avait plus le temps de se distraire.

....

Il pleut depuis deux heures.

....

N'a-t-il pas de raison de se couvrir ?

....

3 ★★ Complète le tableau avec les lettres des phrases suivantes.

a. Le car ne passe plus dans cette rue.
b. As-tu dit merci à la dame ?
c. Rangez les ballons dans le coffre.
d. La mer monte depuis deux heures.
e. Ne viens pas me voir ce soir.
f. N'avez-vous pas chaud ?

phrase	affirmative	négative
déclarative		
interrogative		
injonctive		

4 ★★ Change la forme des phrases.

Le bateau a gagné la régate.

....

Je ne veux plus de salade.

....

Il n'arrive jamais à l'heure.

....

Louise a remarqué quelque chose.

....

5 ★★ Imagine une question qui peut être suivie des réponses suivantes.

Je vais très bien.

....

Nous irons au cinéma jeudi.

....

L'avion a atterri à Roissy.

....

Je suis arrivée en retard parce que le bus a eu une panne.

....

6 ★★★ Transforme chaque phrase selon le type et la forme indiqués.

Vous rangez votre chambre. (interrogative – négative)

....

Tu achètes du pain ? (injonctive – affirmative)

....

Marie fait du canevas. (interrogative – affirmative)

....

Faut-il revenir demain ? (déclarative – négative)

....

Corrigés p. 205

Évalue ton travail et coche pour chaque exercice : ☑ réussi ☑ presque réussi ☑ à revoir

15 Les déterminants

OBJECTIF • Connaître les principaux déterminants

Savoir

En règle générale, le **déterminant** est placé **avant le nom**.
Le cinéma. **Ma** balle. **Ces** arbres. **Quel** âge a-t-il ?

• Les différentes sortes de déterminants

• Les **articles définis** : ***le, la, l', les***. Ils déterminent avec précision le nom qui les suit.
C'est **le** scooter de **la** voisine.

Remarque **au**, **aux**, **du**, **des** sont des **articles définis contractés**. On les écrit à la place de *à le* (au), *à les* (aux), *de le* (du), *de les* (des).
Je vais **au** stade (et non *à le* stade), du café **du** Brésil (et non *de le* Brésil)

• Les **articles indéfinis** : ***un, une, des***. Ils déterminent sans précision le nom qui les suit.
Un hamster, c'est **une** compagnie pour **des** enfants.

• Les **déterminants possessifs** : ***mon, ton, son, ma, ta, sa, mes, tes, ses, notre, votre, leur, nos, vos, leurs***. Ils marquent la possession.
C'est **mon** cartable. (Il est **à moi**.)

• Les **déterminants démonstratifs** : ***ce, cet, cette, ces***. Ils permettent de montrer une personne, un animal ou une chose.
Ce camion transporte des chevaux. (Le camion **que l'on montre**.)

• Les **déterminants interrogatifs** : ***quel, quelle, quels, quelles***.
Ils déterminent le nom qui suit sous la forme d'une question.
Quelle robe voulez-vous essayer ?

Savoir faire

• Repérer un déterminant éloigné du nom qu'il accompagne

Un déterminant peut être **séparé du nom** qu'il accompagne par un adjectif qualificatif.

un	immense	**pays**	**son**	nouveau	**stylo**
↑	↑	↑	↑	↑	↑
déterminant	**adjectif**	**nom**	**déterminant**	**adjectif**	**nom**

• Ne pas confondre déterminant et pronom

Le, la, les, l', placés devant un verbe sont des **pronoms compléments**. Ils remplacent un groupe nominal.

Lucas classe **ses vignettes**. Il **les** classe.
↑ **G.N. complément**
↑ **pronom complément** (remplace « ses vignettes »)

1 ★

Souligne les articles définis en bleu, les articles indéfinis en rouge. Relie-les aux noms qu'ils accompagnent.

L'arbre au milieu de la pelouse est un superbe chêne.
On trouve des vers dans les pommes non traitées.
Une grive et un jeune merle sont posés sur le toit.
Pour aller à la gare, les autobus passent par l'autre rue.

2 ★★

Souligne les noms. Entoure en rouge les déterminants possessifs et en bleu les déterminants démonstratifs.

Dans ma chambre, mes affaires sont impeccablement rangées.
Cet immeuble n'est pas plus haut que ton bâtiment.
Nos nouveaux voisins sont ces garçons que tu vois là-bas.
Notre petite chienne aime bien dormir dans ce panier.
Je ne sais pas si vos affaires d'école tiendront dans cette nouvelle sacoche.

3 ★★

Complète par un déterminant possessif ou démonstratif. Il y a plusieurs réponses possibles.

.... salle de jeux se trouve dans le grenier.
Dans .... placard, maman range .... machine à pain et .... casseroles.
Comme j'aime .... fontaine romaine !
Nous avons acheté .... jouets-là en l'an 2000.
Mes amis sont allés au supermarché avec .... voisin.
Où as-tu posé .... nouvelle montre ?
Tous .... joueurs de rugby ont .... chaussures pleines de boue.
Vous avez pris .... petit déjeuner ?

4 ★★

Complète en écrivant un article défini contracté.

Mes parents et moi nous allons souvent .... théâtre de notre ville.
Elles reviennent .... gymnase.
Les athlètes français sélectionnés iront .... jeux Olympiques.
Je suis rentré hier .... Antilles.

5 ★★

Entoure les articles définis contactés.

J'aime aller au bowling avec des amis. Nous nous dirigeons vers la rue du port. La salle des fêtes est pleine à craquer. Des enfants jouent aux billes dans la rue des Marronniers.

6 ★★

Complète en écrivant un déterminant interrogatif.

.... âge a grand-père ?
Je ne sais pas .... prévisions météorologiques ont été annoncées pour demain.
.... taille fait Simon ?
.... gants sont assortis à la combinaison de ski de Yohan ?

7 ★★★

Indique si les mots soulignés sont des déterminants (D) ou des pronoms compléments (P).

Le docteur consulte les patients.
....
Il les ausculte un par un.
.....
S'il faut que le malade prenne l'autre
....
médicament, la secrétaire du docteur
.....
l'appellera au téléphone. Le patient la
....
contactera pour un autre rendez-vous.

Corrigés p. 205

Évalue ton travail et coche pour chaque exercice : ☑ réussi ☑ presque réussi ☑ à revoir

16

Les pronoms

OBJECTIF • Identifier les pronoms personnels, les pronoms relatifs

Savoir

En règle générale, le **pronom** est un mot que l'on utilise pour remplacer un **nom** ou un **groupe nominal** afin d'en éviter la répétition.

• Les pronoms personnels

Les principaux pronoms personnels sont : ***je, j', tu, il, elle, nous, vous, ils, elles, me, moi, toi, soi, lui, leur, eux, le, la, l', les***.

Papi mange avec **les voisins**. **Il** **les** a invités.

nom — groupe nominal — remplace « Papi » — remplace « les voisins »

• Les pronoms relatifs

Un **pronom relatif** remplace un **nom**, un **pronom** ou un **groupe nominal** placé **juste avant lui**. Il introduit une proposition relative. Les pronoms relatifs les plus couramment utilisés sont : ***qui*** et ***que*** (ou ***qu'***).

Marine a vu **le film** **qui** a tant de succès.

groupe nominal — remplace « un film » — proposition relative

C'est **Paul** **que** j'ai rencontré à la gare.

nom — remplace « Paul » — proposition relative

C'est **lui** **que** j'ai rencontré à la gare.

pronom — remplace « lui », c'est-à-dire « Paul » — proposition relative

Savoir faire

• Connaître d'autres pronoms relatifs

Tu pourras être amené à rencontrer d'autres pronoms relatifs, par exemple **dont** et **où**.

Voici **une aventure** **dont** tu te souviendras.

↓ remplace « une aventure »

J'ai revu **la ferme** **où** j'ai passé mes vacances.

↓ remplace « la ferme »

Faire

1 ★ Complète par un pronom personnel sujet.

.... avançons au pas dans cet embouteillage.

.... es plus grande que lui .

.... ai un manteau neuf.

.... sont allés à la piscine.

Nos chambres sont rangées, ... sont propres.

.... avez appris la nouvelle ?

.... est vraiment tres bon en grammaire.

2 ★★ Complète à l'aide de pronoms personnels pour éviter la répétition des groupes de mots soulignés.

Il sort <u>son sandwich</u> et .... mange.

<u>Nos chaussures de randonnée</u> nous .... mettrons pour la sortie.

Les jeunes mariés ont acheté <u>un pavillon</u> et .... ont aménagé joliment.

Noémie sort <u>sa trousse</u> et .... pose sur la table.

<u>Maman</u> parle à <u>Lucie</u>. .... parle.

<u>Le maître</u> demande à <u>ses élèves</u> de se ranger.

.... demande de se ranger.

3 ★★ Recopie les pronoms personnels que tu trouves dans ce texte.

Mes parents aiment que je leur raconte ma journée de classe. Ils me demandent si nous avons fait du sport. Moi, j'aime bien le basket. Quand le professeur sort les ballons et qu'il les distribue aux différentes équipes, c'est la joie. Il nous répète souvent que le basket est un jeu d'équipe et que ce n'est pas chacun pour soi.

....

....

4 ★★ Entoure les pronoms relatifs. Souligne ce qu'ils remplacent.

J'aime beaucoup ce petit chat que j'ai nourri au biberon.

Allo, c'est Ludo qui t'appelle.

Ce n'est pas moi qui ai pris la luge.

C'est la nouvelle avenue où il y a beaucoup de magasins.

Flavie a une bague dont elle est fière.

5 ★★ Complète par le pronom relatif qui convient. Souligne la proposition relative.

Ce garçon est celui .... parle russe.

Voici la maison .... je suis né.

C'est l'agneau .... nous avons soigné.

Nous avons à résoudre le problème .... je t'ai parlé hier.

Ce n'est pas à nous .... Il faut dire toutes ces choses-là.

6 ★★★ Réécris ce qui est dit dans chaque couple de phrases à l'aide d'un pronom relatif de façon à éviter la répétition.

a. Le brouillard est tombé brutalement. Le brouillard m'empêche de voir la colline.

Je ne vois plus la colline à cause ....

....

b. L'équipe de France a remporté le match. Nous avons assisté à ce match.

Nous avons assisté au match ....

....

c. Il fait bon vivre dans ce village. Beaucoup de Parisiens aiment ce village.

Beaucoup de Parisiens aiment ....

....

d. Voici le téléphone portable. Je t'ai parlé de ce téléphone portable.

Voici le ....

....

....

Corrigés p. 205

Évalue ton travail et coche pour chaque exercice : ☑ réussi ☑ presque réussi ☑ à revoir

17 Les adverbes

OBJECTIF • Identifier les adverbes de lieu, de temps, de manière

Savoir

Définition

L'**adverbe** est un mot **invariable** qui précise ou change le sens d'un verbe, d'un adjectif ou d'un autre adverbe.

Tu marches **lentement**. (**lentement** précise le sens du verbe marcher)
Ce château est **très** beau. (**très** modifie le sens de l'adjectif beau)
Il comprend **drôlement** vite. (**drôlement** modifie le sens de l'adverbe vite)

Les différents sortes d'adverbes

Il existe plusieurs sortes d'adverbes :

– les adverbes de **temps** : *hier, aujourd'hui, demain, maintenant, aussitôt, soudain, avant, après…*

– les adverbes de **lieu** : *ici, là, ailleurs, loin, dessus, dessous, près, là-bas, devant, derrière…*

– les adverbes de **manière** : *doucement, couramment, vite, bien, mal…*

– les adverbes de **quantité** : *très, peu, assez, trop, plus, beaucoup, moins, autant…*

Savoir faire

Savoir écrire un adverbe en -ment

• Les adverbes en **-ement**
Les adverbes qui se terminent par la prononciation « eman » s'écrivent **-ement**. Tu les formes à partir de l'adjectif au féminin.
lent → lent**e** → lent**ement**

• Les adverbes en **-amment** ou **-emment**
Les adverbes qui se terminent par la prononciation « aman » s'écrivent :
-amment si l'adjectif était terminé par **-ant** ;
-emment si l'adjectif était terminé par **-ent**.
adjectif élég**ant** → adverbe élég**amment** ;
adjectif appar**ent** → adverbe appar**emment**.

1 ★ **Relie l'adverbe souligné au mot qu'il modifie.**

Tu roules tranquillement.
C'est un chien assez méchant.
Le TGV roule très vite.
Ce pantalon est trop grand.
Mon cousin rit bruyamment.
Il est peu intéressé par ce livre.

2 ★★ **Indique la nature (verbe, adjectif, adverbe) du mot que l'adverbe souligné modifie.**

Elle chante très bien. (……………………)
Ce jeu est peu cher. (……………………)
Il faut venir ici. (……………………)
Je pars demain. (……………………)
Entre doucement ! (……………………)
Elle est mal élevée. (……………………)
Loïc distribue généreusement ses bonbons. (……………………)

3 ★★ **Indique la nuance (temps, lieu, manière, quantité) de chaque adverbe.**

Là-bas (……………………)
Trop (……………………)
Poliment (……………………)
Toujours (……………………)
Autant (……………………)
Vite (……………………)
Avant (……………………)
Derrière (……………………)

4 ★★ **Écris l'adverbe qui correspond à l'adjectif proposé.**

rapide : ……………………
violent : ……………………
lourd : ……………………
méchant : ……………………
patient : ……………………
constant : ……………………

5 ★★ **Souligne les adverbes. Relie chacun d'entre eux au mot dont il modifie le sens.**

Il est instruit mais s'exprime simplement.
Cet orme a été violemment déraciné par un terrible ouragan.
Cet enfant dessine soigneusement. Ma maison est bien décorée.
Les pompiers se déplacent très vite.
Il travaille beaucoup aujourd'hui.

6 ★★★ **Réécris les phrases en ajoutant un adverbe correspondant à la nuance indiquée.**

Cet élève parle. (manière)

……………………………………………

Je reviendrai te voir. (temps)

……………………………………………

Il mange. (quantité)

……………………………………………

Mes amis sont partis. (lieu)

……………………………………………

7 ★★★ **Complète le texte suivant par des adverbes formés à partir des adjectifs entre parenthèses.**

Lucie a été reçue *(brillant)* …………………… à l'examen du baccalauréat.
La voiture s'arrête *(brutal)* …………………… au feu rouge.
Tu t'es blessé au doigt *(évident)* …………………… tu n'as pas mis de gants.
Lucas travaille *(intelligent)* ……………………
Le chauffeur a demandé *(poli)* …………………… sa route à un passant.
Élodie est *(suffisant)* …………………… entraînée pour participer au tournoi de tennis.

Corrigés p. 206

Évalue ton travail et coche pour chaque exercice : ☑ réussi ☑ presque réussi ☑ à revoir

Français
Maths
Hist.-Géo.
Inst. civique et morale
Sciences
Anglais
Bilans
Corrigés

18

Le sujet et le verbe

OBJECTIF • Identifier le verbe et le sujet

Savoir

Le **sujet** est généralement placé **avant** le verbe ou le groupe verbal.

Les fleurs **fanaient** rapidement.

↑ sujet ↑ groupe verbal

• La nature du sujet

Le sujet peut être :

- un **nom** : **Paul** chantait faux.
- un **groupe nominal** : **Le panier de champignons** pèse un kilo et demi.
- un **pronom** : **Nous** recherchons une jolie villa.

• L'accord sujet-verbe

- Le verbe **s'accorde toujours** avec son sujet quelle que soit sa place.

– **Accord en nombre** : L'oiseau chant**ait**.
Les oiseaux chant**aient**.

– **Accord en personne** : Je parl**e**. Tu parl**es**. Elle parl**e**.

- Lorsque le sujet est un groupe nominal, le verbe s'accorde le plus souvent avec le **nom-noyau**.

Deux lampes en terre cuite **ornent** le salon.

↑ nom-noyau au pluriel ↑ verbe au pluriel

• Cas particuliers

- Un seul sujet pour **plusieurs verbes**.

Nous **chantions**, **dansions**, bref, **faisions** un spectacle complet.

- **Plusieurs sujets** au singulier.

Le merle et **la fauvette** **chantaient** → Le verbe s'écrit au pluriel.

- Le sujet est **éloigné** du verbe ou placé **après** le verbe.

Nos voisins, tous les soirs, **rentrent** vers 7 heures. Que **demandent-ils** ?

Savoir faire

• Identifier le sujet d'un verbe

Le sujet peut être encadré par **C'est**… **qui** ou **Ce sont**… **qui**.

Le vent souffle. **C'est** le vent **qui** souffle. **Le vent** est le sujet du verbe souffler.

Faire

1 ★ ☐☐☐

Recopie la phrase en encadrant le sujet par C'est ... qui ou Ce sont ... qui. Souligne les sujets.

Le jardinier taille la haie.

....

Des mésanges nichent dans le chêne.

....

Nous rangeons le salon de jardin.

....

Près du lac poussent des roseaux.

....

2 ★ ☐☐☐

Souligne les sujets des verbes en gras et indique leur nature (nom, groupe nominal, pronom).

Lionel **marchait** lentement. ....

Dans quelle direction **avancez**-vous ?

....

Un groupe d'avions de chasse **traversa** le ciel en direction de Dijon.

....

Renard **sauta** de l'autre côté de la meule.

....

C'est la première fois que je **couche** en pleine nature. ....

3 ★★ ☐☐☐

Encadre les verbes dont les sujets sont au pluriel.

Les élèves se taisaient tous.
Le sac de pommes de terre pesait au moins dix kilogrammes.
À qui parles-tu ?
Ils restent au bord de la piscine.
Vous êtes mes deux meilleurs amis.
Que demanderez-vous comme cadeaux pour Noël ?
Les rues du village sont désertes.

4 ★★ ☐☐☐

Souligne les sujets au singulier.

Les buissons ondulaient sous le vent
Le matin, je prends un bon petit déjeuner.
Dans les alpages paissait un troupeau de moutons.
Les sacs de ciment étaient lourds.

5 ★★ ☐☐☐

Barre le sujet qui ne convient pas.

(Les enfants – Luc) offre un collier à sa mère.
(Une pluie de grêlons – Les grêlons) tombent sur le sol.
Chaque jour, (ils – il) accompagne son fils au collège.
Sous nos pas, craquait (la neige – les blocs de glace).

6 ★★ ☐☐☐

Encadre le (ou les) verbe(s) dans chaque phrase puis souligne le (ou les) sujet(s).

Nous attendions de tes nouvelles.
Le chien et le loup se battaient.
Avez-vous faim ?
L'avion accéléra, décolla et rentra immédiatement son train d'atterrissage.
Alors que la grêle tombait, le chien demanda à sortir.
Le concierge, de temps en temps, venait aider mamie à nettoyer ses carreaux.

7 ★★★ ☐☐☐

Encadre le nom-noyau du sujet et accorde le verbe au présent.

Cette collection de timbres *(coûter)* .... très cher.

Les soldats de plomb *(briller)* .... dans la vitrine de mon oncle.

Le bal du 14 juillet *(débuter)* .... à 22 heures.

Les coureurs du Tour de France, avec une bonne demi-heure d'avance, *(franchir)* .... le col du Tourmalet.

Les manèges de la fête foraine *(attirer)* .... les enfants.

Corrigés p. 206

Évalue ton travail et coche pour chaque exercice : ☑ réussi ☑ presque réussi ☑ à revoir

19 Les compléments dans la phrase

OBJECTIF • Identifier les compléments d'objet et les compléments circonstanciels

Savoir

• Le complément d'objet

Il fait partie du groupe verbal. On ne peut pas le déplacer.

• Le **complément d'objet direct** (COD) suit souvent le verbe.
Je mange **un gâteau**. Je mange quoi ? un gâteau.

• Le **complément d'objet indirect** (COI) est séparé du verbe par une **préposition** *(à, de, pour, sur…)*.
Alex parle **à son chien**. Alex parle à qui ? à son chien.

• Le **complément d'objet second** (COS) est un deuxième complément d'objet, c'est un complément d'objet indirect relié à un complément d'objet direct.
Je donne un gâteau **à ma sœur**.

• La nature du complément d'objet

Le complément d'objet peut être :

- un **nom** : Je berce **Noémie**.
- un **groupe nominal** : Ils lancent **des petits galets**.
- un **pronom** : Je pense **à toi**.

• Le complément circonstanciel (CC)

Il ne fait pas partie du groupe verbal. On peut le déplacer ou le supprimer.
Je viendrai **dimanche**. **Dimanche**, je viendrai. Je viendrai.
Les principaux compléments circonstanciels sont :

- le CC de lieu (où ?) : Anne dort **sur le canapé**.
- le CC de temps (quand ?) : **Ce soir**, j'irai vous chercher.

Savoir faire

• Distinguer le COD du COI

1. Le COD peut être remplacé par le pronom personnel ***le***, ***la***, ***l'*** ou ***les***.
Il regarde la mer. → Il **la** regarde.

2. Le COI peut être remplacé par le pronom personnel ***lui***, ***leur***, ***en*** ou ***y***.
Élodie parle à Robin. → Elle **lui** parle.

1 ★

Précise si les compléments soulignés sont compléments d'objet (CO) ou compléments circonstanciels (CC).

Les maçons construisent les murs. ....

Il ressemble à sa mère. ....

Dès le début, il mentit. ....

Il partit à la tombée de la nuit. ....

Mon cousin a écrit un petit mot. ....

Le chat s'approche dans le noir. ....

Au centre de la pièce .... , on découvrait un magnifique piano. ....

2 ★★

Indique si les compléments soulignés sont des COD ou des COI.

Il a attrapé un coup de froid (..................).

Je participerai à ce spectacle (..................).

Deux avions de chasse ont survolé Paris (..................).

Les pompiers se protègent du feu (..................).

Le mur nous abrite de la tempête (..................).

3 ★★

Souligne les COD en bleu et les COI en rouge.

On va téléphoner à nos parents.
Tu as perdu ta carte de cantine ?
Avez-vous un goûter ?
Je parle de ton amie.
Elle a les yeux verts.
Nous les écoutons avec plaisir.

4 ★★

Souligne les COS en vert.

J'offrirai ce livre à mon père.
Mes parents ont une surprise pour moi.
Thomas explique la règle du jeu à ses amis.
La souris se méfie du chat.
Eléa a retiré deux euros de son porte-monnaie.
Les spectateurs lancent des fleurs au chanteur.

5 ★★

Complète avec un complément comme indiqué.

COD	Ils retrouveront ....
COI	Le chien désobéit ....
COD	Un tigre mange ....
COS	On a envoyé un colis de Noël ....
COI	Je te parlerai..................
COD + COS	Il a offert ....

6 ★★

Souligne les compléments circonstanciels et précise leur nature (lieu ou temps).

Nous attendons depuis une heure.

....

Les voyageurs se pressaient sur le quai de la gare. ....

Il y aura une éclipse de Lune la nuit prochaine.

....

Sous la voiture, il y avait une tache d'huile.

....

Un fauteuil est posé devant la cheminée.

....

Autrefois, la France était un royaume.

....

7 ★★★

Indique la nature des compléments soulignés (COD, COI, COS, CC lieu, CC temps).

Penseras-tu à moi (..................) ?

Maurine prend son compas (..................).

Il adore les fraises à la crème (..................).

Hier (..................), mon frère s'est séparé de son vieux sac de sport (..................).

On va acheter un piano (..................) pour ta sœur (..................) à Noël.

Je lui (..................) parle de vous (..................)

Corrigés p. 206

Évalue ton travail et coche pour chaque exercice : ☑ réussi ☑ presque réussi ☑ à revoir

20 Le groupe nominal : nom, déterminant, adjectif

OBJECTIF • Distinguer les composants du groupe nominal

Savoir

• Le nom

• Un **nom** désigne une **personne** *(Léa, professeur…)*, un **animal** *(oiseau, renard)* ou une **chose** *(mur, bougie, arbre…)*.
• Il existe deux catégories de noms :
– les **noms propres,** commençant par une majuscule : ***Paris, Napoléon…***
– les **noms communs,** sans majuscule : *des coquillages, un hôtel…*

• Le groupe nominal

Si un nom est accompagné d'un ou de plusieurs mots, il devient le chef d'un **groupe nominal**.
Il peut être accompagné :
• d'un **déterminant**.

un	ballon
↑	↑
déterminant	nom chef de groupe

groupe nominal

• d'un déterminant et d'un ou plusieurs **adjectifs qualificatifs**.

un	ballon	**rouge**
↑	↑	↑
déterminant	nom	adjectif

groupe nominal

un	**joli**	ballon	**rouge**
↑	↑	↑	↑
déterminant	adjectif	nom	adjectif

groupe nominal

Savoir faire

• Repérer un groupe nominal dans une phrase

• Le groupe nominal n'a pas de place fixe dans une phrase. Il peut se trouver **avant** ou **après** le verbe.

Une nouvelle élève	est arrivée	**dans la classe**.
groupe nominal	verbe	groupe nominal

• Tu peux trouver deux groupes nominaux **qui se suivent**.

Dans le pré,	**un cheval blanc**	galope.
groupe nominal	groupe nominal	verbe

Faire

1 ★ ☐☐☐

Souligne les noms communs en rouge et les noms propres en bleu.

Dans la cour de l'école Brossolette, je pouvais voir les élèves jouer au basket.
Le guide qui nous accompagnera pour le voyage en Chine s'appelle Li-Ang.
La famille de Loris habite à Brest en Bretagne.
J'ai écrit une carte postale à Rémi, Léo, Aline et Manuel.

2 ★ ☐☐☐

Souligne chaque groupe nominal.

La ferme est juste après le pont.
Mon grand frère est arrivé.
J'ai vu un superbe chaton roux.
Le canari s'est envolé par la fenêtre ouverte.
Ce matin, on a entendu la sirène.

3 ★★ ☐☐☐

Remets chaque phrase en ordre. Souligne les groupes nominaux.

galope ; le ; grand ; noir ; cheval

....

se ; cousin ; mon ; petit ; couche ; tôt

....

bien ; ordinateur ; fonctionne ; l' ; très

....

une ; Nina ; chanson ; écoute ; nouvelle

....

4 ★★ ☐☐☐

Souligne les groupes nominaux. Entoure le chef de groupe.

Une vilaine fumée noire sortait de la cheminée.
L'alarme résonnait depuis ce matin.
Les employés devaient se protéger et rentrer à leur domicile.
Une équipe expérimentée est enfin venue effectuer la délicate réparation.
Pour les marcheurs, ce fut une journée longue et difficile.

5 ★★ ☐☐☐

Souligne les groupes nominaux. Indique la nature des mots de chaque groupe à l'aide de flèches comme dans le *Savoir*.

Les touristes s'en vont.

....

Ce vieux tunnel routier est fermé.

....

Le bus régional arrive.

....

Une fille grande et blonde habite ici.

....

6 ★★★ ☐☐☐

Complète chaque nom de façon à former un groupe nominal selon les consignes.

a. article défini + adjectif

.... journée

b. déterminant possessif + adjectif

.... guitare

c. déterminant démonstratif + adjectif + adjcctif

.... homme ....

d. article indéfini + adjectif + adjectif

.... ours .... et ....

7 ★★★ ☐☐☐

Complète chaque phrase par un groupe nominal en suivant la consigne donnée.

a. déterminant + nom

.... joue.

b. déterminant + adjectif + nom

.... est bleue.

c. déterminant + nom + adjectif

.... arrive.

d. déterminant + adjectif + nom + adjectif

....

.... appartient à mon frère.

Corrigés p. 206

Évalue ton travail et coche pour chaque exercice : ☑ réussi ☑ presque réussi ☑ à revoir

21 Le complément du nom / La proposition relative

OBJECTIF • Distinguer les composants d'un groupe nominal

Savoir

• Le complément du nom

• Le nom-noyau d'un groupe nominal peut être complété par un **mot** ou un **groupe de mots** souvent introduit par une **préposition** (*à, de, pour, avec, en, sans*…) ou un **article défini contracté** (*au, aux, du, des*).

Le vélo de Luc. (vélo : nom-noyau ; de : préposition ; Luc : complément du nom)

La porte du garage. (porte : nom-noyau ; du : préposition ; garage : complément du nom)

• D'autres **compléments du nom** :

un vélo pour enfant ; une biscotte sans sel ;

un chandail en laine ; une chambre d' hôtel.

• La proposition relative

La proposition **relative** est un groupe verbal qui complète un **nom**, un **groupe nominal** ou un **pronom**.

Elle est introduite par un **pronom relatif** : *qui*, *que*, *dont*, *où* par exemple.

C'est le nageur qui a remporté le 100 mètres.

(qui : pronom relatif ; a remporté le 100 mètres : proposition relative qui complète le groupe nominal « le nageur »)

Savoir faire

• Identifier les différents compléments du nom

Le complément du nom peut être :

• un **nom**

un toit en tuiles, la balle aux prisonniers. (tuiles : nom ; prisonniers : nom)

• un **groupe nominal**

le spectacle du Cirque d'hiver. (Cirque d'hiver : groupe nominal)

• un **verbe à l'infinitif**

la joie de vivre. (vivre : verbe à l'infinitif)

Faire

1 ★

Relie entre eux les éléments qui vont ensemble.

un coup •	• d' •	• or
une montre •	• à •	• l'arc
la salle •	• de •	• lait
du tir •	• en •	• attente
un café •	• au •	• poing

2 ★

Ajoute un complément du nom à chacun des noms soulignés suivants.

Un maillot sans ....

Un plat en ....

Le règlement de ....

Une salle à ....

Un livre sur ....

3 ★★

Souligne les compléments du nom et encadre les prépositions.

Un mur en briques.
Un champ de blé.
La table à repasser.
La confiture d'oranges.
La lumière du soleil.
Un film sur les animaux sauvages.

4 ★★

Souligne les compléments du nom et indique leur nature (nom, GN ou infinitif).

Dans ce livre, on trouve de nombreuses histoires pour rire. (..............)

Il ne connaît pas la taille de son père. (..............)

Il me faut une cuillère en bois pour tourner la soupe dans la marmite. (..............)

Grand-père doit manger des biscottes sans sel. (..............)

Il versa la pâte dans la poêle à frire. (..............)

Tu prendras la route de Bordeaux pour aller en Espagne. (..............)

5 ★★

Souligne chaque complément du nom et encadre le nom complété.

Le train pour Paris partait à 11 h 48. Dès le début de la matinée, Idriss errait dans la gare Saint-Charles.
Un petit agneau à tête noire s'approcha pour attraper quelques bouchées de mon pain.
C'était une nuit noire, une nuit sans lune.
Les hommes de la préhistoire utilisaient des outils en silex.

6 ★★

Complète chaque phrase par une proposition relative commençant par : qui, que, dont, où. Souligne le GN complété.

Voici le stade ....
....

Ce sont les livres ....
....

Nous sommes dans la boutique ....
....

Maria est la personne ....
....

7 ★★★

Souligne les propositions relatives. Encadre ce qu'elles complètent et indiques-en la nature (nom, GN ou pronom).

Léa a un maillot qui lui va bien. (....................)

Voici la rue où je suis né. (....................)

C'est dans ce club de gymnastique que je me suis inscrite. (....................)

Pierre est l'ami dont je t'ai parlé. (....................)

Ce n'est pas lui qui a caché le ballon de rugby. (....................)

De toutes les villes françaises, c'est Lille que je connais le mieux. (....................)

Ce petit torrent qui descend de la montagne entraîne la roue d'un moulin. (....................)

Corrigés p. 206

Évalue ton travail et coche pour chaque exercice : ☑ réussi ☑ presque réussi ☑ à revoir

22 L'adjectif qualificatif

OBJECTIF • Connaître les fonctions de l'adjectif qualificatif

Savoir

L'adjectif qualificatif accompagne un **nom** (ou un **pronom**) et en **précise le sens**.

Un tigre. → Un tigre **féroce**.

↑ nom ↑ adjectif qualificatif

• Les fonctions de l'adjectif qualificatif

• **Adjectif épithète** : il est placé **juste à côté** du nom.

Une **grande** maison. Une **grande** maison **blanche**.

↑ épithète ↑ nom ↑ épithète ↑ nom ↑ épithète

• **Adjectif en apposition** : il est séparé du nom qu'il complète par une **virgule**.

Affolé, le chat me griffa. Le lion, **rassasié**, s'endormit.

↑ apposition ↑ nom ↑ nom ↑ apposition

• **Adjectif attribut du sujet** : il est relié au sujet par un **verbe d'état** *(être, sembler, devenir, paraître, rester, demeurer…)*.

Les enfants sont **sages**.

↑ attribut du sujet

• L'accord de l'adjectif qualificatif

L'adjectif qualificatif s'accorde en **genre** et en **nombre** avec le nom qu'il accompagne.

Les chiens sont méchant**s**. (masculin pluriel) accord avec « chiens »

Les jolie**s** fleurs rouge**s**. (féminin pluriel) accord avec « fleurs »

Savoir faire

• Accorder un adjectif avec plusieurs noms

• Si les noms sont **masculins** ou de **genre différent**, l'adjectif s'écrit au **masculin pluriel**.

Épuis**és**, le pilote et le copilote se couchèrent.

Le garçon et la fille sont enrhum**és**.

• Si les noms sont **féminins**, l'adjectif s'écrit au **féminin pluriel**.

Ils ont acheté une voiture et une maison neuv**es**.

1 ★

Souligne en bleu les adjectifs épithètes ou en apposition et relie-les par une flèche au nom qu'ils accompagnent.

Notre vieux chien malade ne mange plus.
Le cerf immobile fixa le chasseur.
Fanées, les fleurs furent enlevées du vase.
Les flammes orangées jetaient des ombres inquiétantes sur le mur.

2 ★

Souligne les adjectifs attributs et relie-les au nom qu'ils accompagnent.

Le temps est pluvieux.
Les nuages deviennent menaçants.
Cette viande paraît excellente.
Nous serons prêts à huit heures.
Les pigeons semblaient affamés.
Le soir, les rues deviennent désertes.

3 ★

Souligne en bleu les adjectifs épithètes, en rouge les adjectifs en apposition, et en vert les attributs du sujet.

Mon frère a un vélo rouge.
Inquiète, maman nous surveillait.
Le temps est beau ce matin.
Le grand chêne du jardin perd ses feuilles.
J'ai trouvé un superbe coquillage nacré.
Le feu d'artifice semble magnifique.
Le tableau noir n'est pas propre.

4 ★★

Accorde les adjectifs qualificatifs.

Une *(merveilleux)* histoire.

....

Des plaines *(désert)* et *(froid)*.

....

Des yeux *(foncé)* et *(rieur)*.

....

(Isolé), l'alpiniste cherche un refuge.

....

Les bateaux, *(réparé)* ont repris la mer.

....

5 ★★

Accorde les attributs du sujet.

Je vais acheter ces deux robes qui sont *(soldé)* ....
Les châteaux de la vallée de la Loire restent très *(touristique)* ....
La panthère devenait de plus en plus *(hargneux)* ....
Depuis quelques jours, les nuits sont *(froid)* .... alors que les jours demeurent *(agréable)* ....
L'arbitre a sifflé un penalty : les joueurs paraissent *(étonné)* ....

6 ★★

Accorde les adjectifs qualificatifs.

Le professeur et le directeur étaient *(impassible)* ....
Anna et Lucie sont deux filles vraiment très *(sportif)* ....
La chienne et le chien de Léa sont *(couvert)* .... de boue.
L'alpiniste et toute son équipe *(découragé)* .... par le mauvais temps, rebroussèrent chemin.

7 ★★★

Fais les accords nécessaires.

Les piquets *(planté)* .... à intervalles *(régulier)* .... supportent un grillage *(neuf)* .... Une chemise et veste *(bleu)* .... sont *(accroché)* .... dans l'armoire. Très mal *(logé)* ...., madame Dupuis cherche une location un peu plus *(grand)* .... Les spectacteurs restèrent *(stupéfait)* .... par un tel exploit.
Les élèves de CM1 et leur maîtresse, *(réuni)* .... dans la cour, attendaient la fin de l'alerte incendie.

Corrigés p. 206

Évalue ton travail et coche pour chaque exercice : ☑ réussi ☑ presque réussi ☑ à revoir

23

Le verbe

OBJECTIF • Maîtriser les éléments de base de la conjugaison

Savoir

Infinitif et groupe

Un verbe est nommé par son **infinitif** (parler, tenir…). On classe les verbes en **trois groupes**, selon leur infinitif.

- **1er groupe** : il comprend les verbes qui ont un infinitif en **-er**.
Parl**er**, entr**er**, dîn**er**.
- **2e groupe** : il comprend les verbes qui ont un infinitif en **-ir** et qui se terminent par **-issons** à la 1re personne du pluriel du présent.
Finir → nous fin**issons**.
- **3e groupe** : il comprend, entre autres, le verbe aller, les verbes en **-ir** qui ne se terminent pas par **-issons** à la 1re personne du pluriel du présent (ven**ir**, partir…), les verbes en **-oir** (v**oir**, pouv**oir**, voul**oir**…), les verbes en **-re** (pren**dre**, di**re**, fai**re**,…).

Temps simple et temps composé

Le verbe peut être conjugué à un **temps simple** (en un seul mot) ou à un **temps composé** (en deux mots) à l'aide de l'auxiliaire **être** ou **avoir**.
Il **mange**. (temps simple) – Nous **avons mangé**. (temps composé)
↑ auxiliaire avoir

Savoir faire

Reconnaître le radical et la terminaison dans un verbe conjugué

1. **Isole le radical** dans l'infinitif.
Le radical est la partie du verbe qui, en général, **ne varie pas**.
Tu peux le repérer en enlevant la terminaison de l'infinitif.
Nous montons.
Infinitif : **mont/er** ; terminaison : **-er** ; radical : **mont-**.

2. **Sépare le radical** de la terminaison dans le verbe conjugué.
Nous mont/ons.
Radical : **mont-** ; terminaison : **-ons**.

1 ★

Range les verbes soulignés dans le tableau.

Je monte sur une chaise pour attraper une mouche bleue.
Ce soir-là, peu avant la tombée de la nuit, il arriva du nord-est un coup de vent qui fit grogner le feu.
Du courage, vous en aurez à revendre, sans quoi vous ne seriez pas dignes de votre équipe...
Ralentir au prochain croisement.

verbes à l'infinitif	verbes conjugués

2 ★★

Écris l'infinitif des verbes soulignés.

Tu écoutes cette histoire. ....

Il apprend les paroles d'une chanson. ....

Tu réfléchis. ....

Vous voulez de l'eau ? ....

Tu joues aux échecs. ....

Je vais dans le parc. ....

Nous sommes prêts. ....

Que dis-tu ? ....

3 ★★

Classe ces verbes dans le tableau.

Prêter – réussir – prendre – étudier – pouvoir – écrire – venir – blanchir – saigner – voir – réfléchir.

1er groupe	2e groupe	3e groupe

4 ★★

Souligne les verbes conjugués à un temps simple et encadre ceux conjugués à un temps composé.

Pendant que je jouais dehors, la pluie a commencé à tomber. Alors je suis retourné chez moi.
Un grand cirque avait planté ses mâts sur la place et on le voyait du fond de toutes les avenues.
J'ai aimé ce que vous avez chanté hier soir. Je le dirai à mes amis.
Pendant que nous admirions ce tableau, quelqu'un est venu nous poser une question.

5 ★★

Sépare le radical de la terminaison par un trait vertical.

- Danser, obéir, appeler, bâtir, apprendre, pleurer, grandir, revoir, défaire, trouer, devenir.
- Tu éternues, nous montons, elle finira, ils marchaient, je tomberai, ils croquent, il pliera, nous avançons, elle réfléchissait, nous partirons, ils voulaient.

6 ★★★

Souligne *être* et *avoir* lorsqu'ils sont employés comme auxiliaires.

Nous sommes allés voir notre oncle dans sa maison de campagne.
Cette maison a trois étages, un de plus que la nôtre.
Je suis revenu de la plage plus tôt que prévu car j'avais un peu froid.
Vous revoir dans ces conditions, c'est une vraie surprise !
Il a perdu beaucoup de temps à réparer ce pneu crevé.
On a un peu de mal à dormir, ce soir.
Les touristes sont rentrés chez eux.
Notre chat est sur le rebord de la fenêtre de la cuisine.
Vous avez revu Max ?

Corrigés p. 207

Évalue ton travail et coche pour chaque exercice : ☑ réussi ☑ presque réussi ☑ à revoir

24 Le présent : 1er et 2e groupes / Être et avoir

OBJECTIF • Savoir conjuguer au présent

Savoir

On emploie le présent de l'indicatif pour exprimer un fait qui se déroule, le plus souvent, **au moment où l'on en parle**.
Je mange. Les chevaux galopent.

• Présent des verbes du 1er groupe

Les verbes du 1er groupe se conjuguent comme le verbe **parler** :

je parl**e**	tu parl**es**	il/elle parl**e**
nous parl**ons**	vous parl**ez**	ils/elles parl**ent**

• Présent des verbes du 2e groupe

Les verbes du 2e groupe se conjuguent comme le verbe **grandir** :

je grand**is**	tu grand**is**	il/elle grand**it**
nous grand**issons**	vous grand**issez**	ils/elles grand**issent**

• Présent des verbes être et avoir

Être :	je **suis**	tu **es**	il/elle **est**
	nous **sommes**	vous **êtes**	ils/elles **sont**
Avoir :	j'**ai**	tu **as**	il/elle **a**
	nous **avons**	vous **avez**	ils/elles **ont**

Savoir faire

• Savoir conjuguer les verbes en -yer

• Les verbes en **-yer** changent leur **y** en **i** devant un **e muet**.
Envo**yer** → il envo**ie**.

Remarque les verbes en **-ayer** peuvent s'écrire avec un **y** ou un **i**.
Il bala**ye** ou il bala**ie**.

• Savoir conjuguer les verbes en -cer, -ger

• Les verbes en **-cer** (comme avancer) s'écrivent avec **ç** avant **o**, pour obtenir le **son [s]** : nous avan**ç**ons.

• Les verbes en **-ger** (comme manger) s'écrivent avec **ge** devant **o** pour obtenir le **son [je]** : nous man**ge**ons.

• Distinguer un verbe en -ier d'un verbe du 2e groupe

Les verbes en **-ier** et les verbes en **-ir** ont une terminaison qui produit le **son [i]** aux trois personnes du singulier du présent de l'indicatif.

Lier (1er groupe) → je l**ie**, tu l**ies**, il l**ie**.

Obéir (2e groupe) → j'obé**is**, tu obé**is**, il obé**it**.

• Cherche toujours l'**infinitif** et le **groupe** avant d'écrire la terminaison.

Faire

1 ★
Souligne les verbes au présent.

Parfois, elle me coupe les cheveux.
Papa finira la peinture du plafond.
Comment t'appelles-tu ?
Nous agrandissons le salon.
La maîtresse a préféré mon dessin.
Ton stylo à plume ne fonctionne plus !
Il rentrait souvent vers 19 heures.
L'automobiliste fit demi-tour.

2 ★★
Écris les verbes au présent.

Il *(caresser)* .... le chat.

Que *(regarder)* .... tu ?

Les clients *(essuyer)* .... leurs pieds en entrant.

La pluie d'orage *(frapper)* .... les carreaux avec violence.

Les joueurs adverses *(entrer)* .... sur le stade.

Nous *(manger)* .... avec appétit.

Tu *(débarrasser)* .... la table et tu la *(nettoyer)* ....

Nous *(rincer)* .... la marmite à grande eau.

Je *(payer)* .... ce que je dois et je *(retourner)* .... chez moi

3 ★★
Écris les verbes au présent.

Je *(réfléchir)* ....

« Maintenant, vous *(raidir)* .... la jambe », dit le docteur.

Les soldats *(obéir)* .... aux ordres du capitaine.

Kader *(réussir)* .... toujours très bien la recette du couscous.

Nous *(gravir)* .... le col du Galibier.

Tu *(réunir)* .... toutes les affaires dans cette valise.

Le maçon *(choisir)* .... de bons matériaux pour construire la maison.

4 ★★
Écris le verbe *être* et le verbe *avoir* au présent.

Je .... très heureux de te voir.

Comme tu .... grand maintenant !

Nous .... juste à côté du camping, nous .... une petite maison de vacances.

Depuis que vous .... ici, elles .... beaucoup plus gaies

On .... des voisins qui .... charmants.

5 ★★
Complète en écrivant les terminaisons au présent qui conviennent.

Mon frère est timide, il roug.......... quand on lui parle.

Tu étud.......... l'anglais avec tes amis ?

Ce fil électrique rel.......... la pile à l'ampoule.

Tous les jours, je franch.......... la frontière franco-allemande.

Mon grand-père s'assoup.......... dans son fauteuil.

Ta petite sœur cr.......... sans arrêt.

J'oubl.......... tout en ce moment !

6 ★★★
Complète au présent.

Que *(raconter)* ....-tu ?

Nous *(changer)* .... de classe.

Tu *(avoir)* .... mal à la tête ?

Tu *(placer)* .... les quilles puis nous *(lancer)* .... nos boules.

Le coureur *(sembler)* .... épuisé, il s'*(appuyer)* .... contre la barrière pour reprendre son souffle.

À la suite d'un coup de pied, Ludo a le mollet qui *(bleuir)* ....

Les pêcheurs *(plier)* .... leurs cannes et *(rentrer)* .... chez eux.

Nous vous *(avertir)* .... : il *(essayer)* .... de vous suivre.

Corrigés p. 207

Évalue ton travail et coche pour chaque exercice : ☑ réussi ☑ presque réussi ☑ à revoir

25

Le présent : 3e groupe

OBJECTIF • Savoir conjuguer les verbes du 3e groupe

Savoir

En règle générale, les verbes du 3e groupe se terminent au présent de l'indicatif par **-s**, **-s**, **-t**, **-ons**, **-ez**, **-ent**.

Lire	je li**s**	tu li**s**	il/elle li**t**
	nous lis**ons**	vous lis**ez**	ils/elles lis**ent**.

Savoir faire

Conjuguer quelques verbes particuliers du 3e groupe

Aller	**Faire**	**Prendre**
je v**ais**	je fai**s**	je prend**s**
tu v**as**	tu fai**s**	tu prend**s**
il/elle v**a**	il/elle fai**t**	il/elle pren**d**
nous all**ons**	nous fais**ons**	nous pren**ons**
vous all**ez**	vous fait**es**	vous pren**ez**
ils/elles v**ont**	ils/elles f**ont**	ils/elles prenn**ent**

Venir	**Voir**	**Pouvoir**
je vien**s**	je voi**s**	je peu**x**
tu vien**s**	tu voi**s**	tu peu**x**
il/elle vien**t**	il/elle voi**t**	il/elle peu**t**
nous ven**ons**	nous voy**ons**	nous pouv**ons**
vous ven**ez**	vous voy**ez**	vous pouv**ez**
ils/elles vienn**ent**	ils/elles voi**ent**	ils/elles peuv**ent**

Dire	**Vouloir**	**Partir**
je di**s**	je veu**x**	je par**s**
tu di**s**	tu veu**x**	tu par**s**
il/elle di**t**	il/elle veu**t**	il/elle par**t**
nous dis**ons**	nous voul**ons**	nous part**ons**
vous dit**es**	vous voul**ez**	vous part**ez**
ils/elles dis**ent**	ils/elles veul**ent**	ils/elles part**ent**

Remarque Les verbes de la famille de **dire** (redire), **faire** (défaire, refaire…), **partir** (repartir), **prendre** (apprendre, reprendre, surprendre…), **venir** (revenir, devenir…) et **voir** (revoir, entrevoir) se conjuguent comme les verbes modèles.

Bien employer le présent de l'indicatif

Le présent de l'indicatif est utilisé pour exprimer :

- ce qui se passe **maintenant** ;

En ce moment, j'**apprends** ma poésie.

- ce qui se passe **habituellement** ;

Tous les soirs, il **prend** un bain.

- ce qui va se passer dans **peu de temps**.

J'**arrive** dans une minute.

Faire

1 ★ Indique la valeur du présent pour chaque verbe souligné *(maintenant – habituellement – dans peu de temps)*.

Papa revient dans une heure.

....

Chaque mois, ce coureur cycliste parcourt deux mille kilomètres.

....

Il écrit un message à son ami.

....

Je sors les livres pour les couvrir.

....

Nous rentrons dimanche prochain.

....

2 ★★ Relie les pronoms aux verbes.

	• font
tu •	• apprends
vous •	• voyons
je •	• deviennent
j' •	• part
nous •	• peux
il •	• vient
elles •	• refaites
	• veulent

3 ★★ Complète avec la terminaison du présent qui convient.

Il appren.......... une bonne nouvelle.
Elle vien.......... nous voir au village.
Que fai..........-vous ici ?
Vous dit.......... des poèmes lors du spectacle.
Vous voul.......... des bonbons ?
Je peu.......... vous en parler.
Je par.......... à 8 heures et demie.
Ils voi.......... un vol de perdreaux.
Nous all.......... à la campagne.

4 ★★ Écris au présent de l'indicatif.

partir	je	nous ....
venir	nous	tu ....
aller	je	vous ....
pouvoir	tu	ils ....
faire	ils	nous ....
voir	vous	nous ....
prendre	elle	elles ....

5 ★★ Écris à la personne correspondante du singulier ou du pluriel.

Que voulez-vous ?

....

Il dit souvent la même chose.

....

Je me souviens de cet homme.

....

Nous allons au restaurant avec papa.

....

Vous partez tout de suite ?

....

Il ne voit plus ce qu'il faut faire.

....

6 ★★★ Écris les verbes entre parenthèses au présent de l'indicatif.

Je *(vouloir)* .... boire un peu d'eau.
Nous *(reprendre)* .... des chips et des fruits.
Le chien *(aller)* .... à la niche.
Tu *(défaire)* .... ton lit ?
Je *(revoir)* .... ma leçon.
Vous *(pouvoir)* .... venir ?
Je *(redire)* .... la même chose.
Ils nous *(surprendre)* .... vraiment.
Elle *(entrevoir)* .... un début de solution pour résoudre ce problème.

Corrigés p. 207

Évalue ton travail et coche pour chaque exercice : ☑ réussi ☑ presque réussi ☑ à revoir

26 L'imparfait

OBJECTIF • Conjuguer les verbes à l'imparfait

Savoir

L'imparfait exprime un fait passé qui a duré **un certain temps** ou des **actions habituelles**.

Ils **restaient** des heures à observer les étoiles.
Chaque dimanche, nous **allions** à la campagne.

• Les verbes à l'imparfait

Parler (1er G)
je parl**ais**
tu parl**ais**
il/elle parl**ait**
nous parl**ions**
vous parl**iez**
ils/elles parl**aient**

Finir (2e G)
je fin**issais**
tu fin**issais**
il/elle fin**issait**
nous fin**issions**
vous fin**issiez**
ils/elles fin**issaient**

Aller (3e G)
j'all**ais**
tu all**ais**
il/elle all**ait**
nous all**ions**
vous all**iez**
ils/elles all**aient**

Dire (3e G)
je dis**ais**
tu dis**ais**
il/elle dis**ait**
nous dis**ions**
vous dis**iez**
ils/elles dis**aient**

Partir (3e G)
je part**ais**
tu part**ais**
il/elle part**ait**
nous part**ions**
vous part**iez**
ils/elles part**aient**

Prendre (3e G)
je pren**ais**
tu pren**ais**
il/elle pren**ait**
nous pren**ions**
vous pren**iez**
ils/elles pren**aient**

Pouvoir (3e G)
je pouv**ais**
tu pouv**ais**
il/elle pouv**ait**
nous pouv**ions**
vous pouv**iez**
ils/elles pouv**aient**

Venir (3e G)
je ven**ais**
tu ven**ais**
il/elle ven**ait**
nous ven**ions**
vous ven**iez**
ils/elles ven**aient**

Vouloir (3e G)
je voul**ais**
tu voul**ais**
il/elle voul**ait**
nous voul**ions**
vous voul**iez**
ils/elles voul**aient**

Savoir faire

• Conjuguer des verbes particuliers à l'imparfait

- Les verbes en **-ier** s'écrivent avec **2 i** aux deux premières personnes du pluriel.
- Les verbes en **-yer** s'écrivent avec **y + i** aux deux premières personnes du pluriel.

nous cri**ions** ; vous cri**iez** → **2 i**
nous essuy**ions** ; vous essuy**iez** → **y + i**

- Le verbe **faire** s'écrit : je f**ai**sais, tu f**ai**sais… mais se prononce « f**e**sais ».
- Le verbe **voir** s'écrit avec **y + i** aux deux premières personnes du pluriel.

nous voy**ions** ; vous voy**iez**.

1 ★ **Souligne les verbes à l'imparfait.**

J'ai travaillé toute la journée.
Nous marchâmes longtemps.
Il se dépêchait pour aller à la plage.
Chaque année, vous faisiez un voyage à l'étranger.
Ils partent tout de suite à la gare.
Tous les soirs, elle prenait un bain.
Nous resterons un peu pour discuter.

2 ★★ **Relie comme il convient.**

il •	
vous •	• grandissaient
je •	• arrivais
nous •	• réfléchissait
elles •	• dessiniez
j' •	• bavardions
tu •	• jouais
ils •	

3 ★★ **Complète avec le verbe à l'imparfait.**

Pendant nos vacances au bord de la mer, nous *(ramasser)* .... des coquillages.
Je *(recompter)* .... toujours les opérations des problèmes.
Tous les ans, vous *(retrouver)* .... la famille pour les fêtes de fin d'année.
Tu *(aimer)* .... le judo depuis l'enfance.
Les navires *(rentrer)* .... vers midi.
Il *(louer)* .... un bel appartement.

4 ★★ **Écris les verbes à l'imparfait.**

Scier	Nous .... des branches.	
Trier	Vous .... vos timbres.	
Étudier	J' .... le russe.	
Essayer	Nous .... de réussir	
Employer	Vous .... ce code ?	
Tutoyer	Elle .... la maîtresse.	
Appuyer	Vous .... trop fort.	

5 ★★ **Écris les terminaisons de l'imparfait qui conviennent.**

Mon chien n'obé.................... qu'à moi.
Nous bâti.................... un cabanon.
Ma sœur réuss.................... ses études.
Léo et Anna chois.................... le même plat.
Fin....................-vous toujours à l'heure ?
Tu grav.................... la colline chaque jour.

6 ★★★ **Complète le tableau.**

infinitif	personne	imparfait
aller	tu	
vouloir	ils	
pouvoir	nous	
voir	je	
partir	vous	
prendre	elle	
venir	elles	
dire	il	
faire	je	

7 ★★★ **Écris ces phrases à l'imparfait.**

Nous étudions en Angleterre.
....

Vous verrez souvent vos parents ?
....

Chaque été, je refais du bateau.
....

La pelouse jaunit en été.
....

Ils prennent l'autobus.
....

Vous payez des glaces aux enfants ?
....

Je peux t'aider à apprendre ta leçon.
....

Corrigés p. 207

Évalue ton travail et coche pour chaque exercice : ☑ réussi ☑ presque réussi ☑ à revoir

27 Le passé simple

OBJECTIF • Conjuguer les verbes au passé simple

Savoir

Le passé simple exprime un fait du passé de **courte durée** qui s'est passé à un **moment précis**.
Les joueurs **regagnèrent** rapidement les vestiaires.

Les verbes au passé simple

Parler (1er G)	**Finir** (2e G)	**Aller** (3e G)	**Faire** (3e G)
je parl**ai**	je fin**is**	j'all**ai**	je f**is**
tu parl**as**	tu fin**is**	tu all**as**	tu f**is**
il/elle parl**a**	il/elle fin**it**	il/elle all**a**	il/elle f**it**
nous parl**âmes**	nous fin**îmes**	nous all**âmes**	nous f**îmes**
vous parl**âtes**	vous fin**îtes**	vous all**âtes**	vous f**îtes**
ils/elles parl**èrent**	ils/elles fin**irent**	ils/elles all**èrent**	ils/elles f**irent**

Vouloir (3e G)	**Prendre** (2e G)	**Être**	**Avoir**
je voul**us**	je pr**is**	je f**us**	j'**eus**
tu voul**us**	tu pr**is**	tu f**us**	tu **eus**
il/elle voul**ut**	il/elle pr**it**	il/elle f**ut**	il/elle **eut**
nous voul**ûmes**	nous pr**îmes**	nous f**ûmes**	nous **eûmes**
vous voul**ûtes**	vous pr**îtes**	vous f**ûtes**	vous **eûtes**
ils/elles voul**urent**	ils/elles pr**irent**	ils/elles f**urent**	ils/elles **eurent**

Savoir faire

Conjuguer d'autres verbes du 3e groupe au passé simple

Dire	**Partir**	**Pouvoir**	**Venir**	**Voir**
je d**is**	je part**is**	je p**us**	je v**ins**	je v**is**
tu d**is**	tu part**is**	tu p**us**	tu v**ins**	tu v**is**
il/elle d**it**	il/elle part**it**	il/elle p**ut**	il/elle v**int**	il/elle v**it**
nous d**îmes**	nous part**îmes**	nous p**ûmes**	nous v**înmes**	nous v**îmes**
vous d**îtes**	vous part**îtes**	vous p**ûtes**	vous v**întes**	vous v**îtes**
ils/elles d**irent**	ils/elles part**irent**	ils/elles p**urent**	ils/elles v**inrent**	ils/elles v**irent**

Bien employer l'imparfait et le passé simple

Tu peux trouver dans la même phrase un **imparfait** et un **passé simple**.

Nous **roulions** depuis déjà une heure lorsque nous **arrivâmes** à Rouen.

↑ imparfait (action qui dure un certain temps)

↑ passé simple (action de courte durée)

Faire

1 ★ Souligne les verbes au passé simple.

Comme il faisait chaud, je pris un verre d'eau pour me désaltérer.
Nous nous promenions quand un orage éclata brusquement.
Ils eurent envie de quitter la table avant la fin du repas.
Tu parlais un peu espagnol.

2 ★★ Écris ces phrases au passé simple en utilisant le sujet indiqué.

Préparer le barbecue.
Nous ....
Installer les meubles de jardin.
Tu ....
Assaisonner la viande.
Elle ....
Verser à boire.
Je ....
Couper les carottes en rondelles.
Vous ....
Sucrer leur café.
Ils ....

3 ★★ Écris à la personne correspondante du singulier ou du pluriel du passé simple.

Nous choisîmes un voyage en Tunisie.
....
Tu rougis de plaisir.
....
Elle applaudit un spectacle de danse.
....
Je réunis les équipes avant le match.
....
Vous pétrîtes la pâte à pain.
....
Ils pâlirent d'inquiétude.
....

4 ★★ Complète le tableau suivant.

infinitif	personne	passé simple
aller	J'	
vouloir	nous	
pouvoir	ils	
voir	elle	
partir	je	
prendre	vous	
venir	tu	
dire	il	
faire	elles	

5 ★★★ Écris ces phrases au passé simple.

Un dimanche, à la campagne, notre jeune chien *(prendre)* .... la fuite. Nous *(pouvoir)* .... retrouver sa trace avant la nuit.
Vous *(refaire)* .... tout le chemin jusqu'au parking. Notre joie *(être)* .... immense lorsque nous *(revoir)* .... notre cher Labrador. J'*(avoir)* .... du mal à oublier cette mésaventure.
Nous *(parvenir)* .... au sommet du pic. Le guide nous *(demander)* .... alors de retourner au refuge à cause de l'orage.
Il me *(être)* .... impossible de parcourir cette distance pourtant mes amis m'*(encourager)* .... du mieux qu'ils *(pouvoir)* ....

6 ★★★ Écris les verbes à l'imparfait ou au passé simple.

Maïa *(voler)* .... entre des ronces lorsque, tout à coup, quelque chose *(se poser)* .... sur sa tête et sur ses épaules. Ses ailes *(se trouver)* .... paralysées. Et pourtant Maïa ne *(tomber)* .... pas.

Corrigés p. 207

Évalue ton travail et coche pour chaque exercice : ☑ réussi ☑ presque réussi ☑ à revoir

28

Le futur / L'impératif

OBJECTIF • Conjuguer les verbes aux temps indiqués

Savoir

Le futur

Un verbe conjugué au futur exprime **un fait à venir**.
Demain, le jour **se lèvera** à six heures dix.

Au futur, les terminaisons sont :
- **1er groupe : -erai, -eras, -era, -erons, -erez, -eront** (Je parlerai).
- **2e groupe : -irai, -iras, -ira, -irons, -irez, -iront** (Il finira).
- **3e groupe : -rai, -ras, -ra, -rons, -rez, -ront** (Nous prendrons).
- **Être :** je serai, tu seras, il sera, nous serons, vous serez, ils seront.
- **Avoir :** j'aurai, tu auras, il aura, nous aurons, vous aurez, ils auront.

L'impératif

À l'impératif, le verbe est uniquement conjugué à **trois personnes** sans sujet exprimé : la **2e personne du singulier**, la **1re personne du pluriel**, la **2e personne du pluriel**.
Va à la cave. **Sortons** d'ici. **Venez** donc nous voir.

Être	**Avoir**	**Parler** (1er G)	**Finir** (2e G)	**Aller** (3e G)	**Partir** (3e G)
sois	aie	parle	finis	va	pars
soyons	ayons	parlons	finissons	allons	partons
soyez	ayez	parlez	finissez	allez	partez

Dire (3e G)	**Faire** (3e G)	**Prendre** (3e G)	**Venir** (3e G)	**Voir** (3e G)
dis	fais	prends	viens	vois
disons	faisons	prenons	venons	voyons
dites	faites	prenez	venez	voyez

Remarque Devant **en** et **y**, on écrit donnes-en, vas-y.

Savoir faire

Conjuguer quelques verbes particuliers au futur

- Les verbes du 1er groupe en **-ier**, **-uer**, **-ouer**, **-yer** s'écrivent au futur avec un **e muet**. Les verbes en **-ayer** peuvent conserver le **y**.

étudier : tu étudieras ; **saluer** : il saluera ; **jouer** : je jouerai ; **essuyer** : nous essuierons ; **payer** : il paiera ou il payera.

- Les verbes **pouvoir** et **voir** prennent **deux r** :

je pourrai, nous pourrons ; il verra, ils verront.

1 ★ Souligne les verbes au futur.

Le taxi arrivera après vingt heures.
J'allais à l'école à Lyon.
Ce plâtre durcira en trente minutes.
Nous avions du temps libre en août.
Les cousins seront à la maison ce soir.

2 ★★ Souligne les verbes à l'impératif.

Allonge le bras.
Tu allonges le bras.
Conjuguez ce verbe à l'impératif.
Attrapons ce ballon !
Qu'elle me rende mon stylo !
Pourrais-tu me prêter ton stylo ?

3 ★★ Écris les verbes au futur.

Je *(penser)* .... souvent toi.
Nous *(réussir)* .... à bâtir une cabane.
Mes parents *(avoir)* .... leurs vacances en juillet.
À partir du mois de mai, tu *(être)* .... libre d'aller au basket, le jeudi soir.
Demain, tu *(inviter)* .... nos voisins au restaurant.
Vous *(décider)* .... plus tard.

4 ★★ Écris les verbes entre parenthèses au futur.

Vous ne *(remuer)* .... pas.
Les chiens *(aboyer)* ....
Papa *(louer)* .... une maison.
Tu ne t'*(appuyer)* .... pas contre la vitre c'est dangereux.
Je *(skier)* .... une semaine en février.
Ils *(continuer)* .... demain.
Nous ne *(polluer)* .... plus.
Vous *(essayer)* .... ces maillots.

5 ★★ Écris les verbes au futur.

Ils *(vouloir)* ....
Je *(pouvoir)* ....
Il *(faire)* ....
Nous *(aller)* ....
Tu *(partir)* ....
Elle *(dire)* ....
Vous *(venir)* ....
Je *(prendre)* ....
Tu *(voir)* ....

6 ★★ Écris les verbes à l'impératif.

reprendre .... du thé si vous voulez.
ranger .... les pièces !
aller ....-y quand tu voudras.
partir ...., on t'attend !
manger C'est pour toi, ce cake, ... -en.
être .... sages maintenant.
faire .... vite sinon vous serez en retard !
venir .... voir ton travail.
avoir .... du courage, il nous en faut beaucoup.

7 ★★★ Recopie chaque phrase en la mettant au futur puis à l'impératif.

Tu jettes tes papiers à la poubelle.

....

....

Nous agissons pour le mieux.

....

....

Vous refaites votre problème.

....

....

Tu prends ton vélo et tu y vas.

....

....

Corrigés p. 207

Évalue ton travail et coche pour chaque exercice : ☑ réussi ☑ presque réussi ☑ à revoir

29

Le passé composé

OBJECTIF • Conjuguer les verbes au passé composé

Savoir

Le passé composé exprime des faits passés. Il est formé de l'**auxiliaire** ***être*** ou ***avoir*** au présent de l'indicatif et du **participe passé** du verbe conjugué.

Tu **as** (auxiliaire) **changé** (participe passé).
Il **est** (auxiliaire) **venu** (participe passé).

• Le passé composé avec l'auxiliaire *être*

Tomber : je suis tombé(e) — tu es tombé(e) — il/elle est tombé(e) — nous sommes tombés(ées) — vous êtes tombés(ées) — ils/elles sont tombés(ées)

Le participe passé **s'accorde** en genre et en nombre avec le sujet.

• Le passé composé avec l'auxiliaire *avoir*

Finir : j'ai fini — tu as fini — il/elle a fini — nous avons fini — vous avez fini — ils/elles ont fini

Le participe passé **ne s'accorde pas** avec le sujet.

Savoir faire

• Trouver la terminaison du participe passé

• Les verbes du **1er groupe** ont un participe passé terminé par **-é**.
jeter → jeté ;
accrocher → accroché.

• Les verbes du **2e groupe** ont un participe passé terminé par **-i**.
finir → fini ;
réussir → réussi.

• Les verbes du **3e groupe** ont un participe passé terminé par **-é** (aller), **-u**, **-t** ou **-s**.
aller → allé ; **venir** → venu ;
pouvoir → pu. **voir** → vu ;
faire → fait ; **prendre** → pris ;

Remarque **avoir** → eu ; **être** → été.

• Trouver la lettre finale muette d'un participe passé

Mets le participe passé au féminin singulier.
Il a fait beau (fait → faite).
J'ai pris froid (pris → prise).

1 ★

Souligne les verbes conjugués au passé composé.

Je suis arrivé ce matin.

Les enfants aiment-ils les frites ?

Ils seront rentrés après le déjeuner.

David a trouvé un oiseau blessé.

Ce chaton a froid.

Mes amis sont allés au ski.

2 ★★

Classe les verbes dans le tableau selon qu'ils se conjuguent avec *être* ou *avoir* au passé composé.

Ranger – dire – pleurer – partir – vouloir – arriver – aller – prendre – venir – être – avoir.

être	avoir

3 ★★

Écris le pronom sujet qui convient.

.... avons chanté devant le maire.

.... es retourné chez toi ?

.... suis allé au parc.

.... est revenue plus tôt.

.... sont entrés par la fenêtre.

4 ★★

Écris le participe passé des verbes suivants au masculin singulier.

manger (....................) ; choisir (....................)

voir (....................) ; prendre (....................)

faire (....................) ; aller (....................)

vouloir (....................) ; dire (....................)

partir (....................) ; pouvoir (....................)

5 ★★

Écris au passé composé.

J' *(pouvoir)* .... y aller tout seul.

Elles *(passer)* .... sans nous voir.

Nous *(venir)* .... pour voir votre nouvelle cheminée.

Ma sœur *(gagner)* .... au loto.

Ils *(prendre)* .... froid hier.

Marie *(avoir)* .... le temps d'aller à la cave.

Tu *(noter)* .... ce que tu *(voir)* .... ?

6 ★★★

Écris la terminaison qui convient.

Ils ont trouv............ un trésor.

Tes amies sont all............ au village.

Marie est arriv............ à 10 heures.

Ma grand-mère a v............ ce film.

Avez-vous corrig............ votre dictée ?

Elle a effac............ le tableau.

Nous avons recoll............ le vase.

Les canards sauvages sont repart............ .

Elle a chois............ ce cadeau pour sa mère.

7 ★★★

Écris les verbes entre parenthèses au passé composé.

Maman *(redire)* .... à Lucas de faire des efforts en conjugaison.

Nous *(reprendre)* .... la même route pour rentrer.

Les coureurs du Tour de France *(passer)* .... en Italie.

Ces pommes *(pourrir)* .... rapidement.

Qu' *(devenir)* .... ton cousin ?

Les deux filles *(retourner)* .... en classe sans parler.

Vous *(défaire)* .... toute cette construction ?

C'est bien Paul, tu *(revenir)* .... au bon endroit.

Corrigés p. 207

Évalue ton travail et coche pour chaque exercice : ☑ réussi ☑ presque réussi ☑ à revoir

30 Le pluriel des noms

OBJECTIF • Écrire sans erreur le pluriel des noms

Savoir

Au **pluriel**, les noms prennent généralement un *-s*.
Un torrent → des torrents.

Remarque Les noms qui se terminent par *-s*, *-z*, *-x* sont invariables (des souris, des gaz, des noix).

Savoir faire

• Traiter les cas particuliers

• Les **noms en *-eau*, *-au*, *-eu*** prennent le plus souvent un *-x* au pluriel.
le gâteau → les gâteaux ;
un tuyau → des tuyaux ;
un jeu → des jeux.
Exceptions : des landaus, des bleus, des pneus.

• Les **noms en *-al*, *-ail*** s'écrivent, dans l'ensemble, ***-aux*** au pluriel.
un journal → des journaux ;
le travail → les travaux.

Remarque bal, carnaval, récital, festival ainsi que détail, gouvernail, portail et rail prennent un *-s* au pluriel.

• **Certains noms en *-ou*** prennent un *-s* au pluriel.
un clou → des clous ;
un trou → des trous.

Sept noms en *-ou* prennent un *-x* au pluriel :
bijou, caillou, chou, genou, hibou, joujou et pou.
le genou → les genoux ;
un caillou → des cailloux.

Faire

1 ★

Complète en utilisant certains des déterminants proposés.

- *le – la – les*

.... ballons sont dégonflés.

.... ballon est dégonflé.

- *son – sa – ses*

.... partenaire est blessée.

.... partenaires sont blessées.

- *ce – cet – cette – ces*

.... histoires me font rire.

.... champ va être labouré.

.... aventure se termine bien.

2 ★★

Ajoute un **-s** lorsqu'il le faut.

Ses crayon........ ; le fil........ ; ce lac........ ; des fleur........ ; notre classe........ ; les valise........ ; un âne........ ; ces arbre........ ; ma règle........

3 ★★

Complète les phrases en écrivant les noms entre parenthèses comme il convient.

Les *(demoiselle)* .... d'honneur du mariage portent toutes des *(robe)* .... blanches.

Mon *(voisin)* .... d'en face collectionne les *(nez)* .... de clown.

Deux *(brebis)* .... se sont échappées du troupeau.

Lors d'un vote, il faut compter les *(voix)* .... pour savoir qui sera élu.

Le *(pilote)* .... de la pirogue, de l'arrière, faisait un *(signe)* .... discret à ses *(homme)* ...., et l'*(embarcation)* .... venait doucement s'immobiliser au-dessous d'un de ces gigantesques *(arbre)* .... qui débordent parfois au-dessus des *(flot)* .... du gigantesque fleuve.

4 ★★

Mets les noms entre parenthèses au pluriel.

Les *(bateau)* .... appareillent.

Les *(troupeau)* .... de vaches paissent dans les *(pré)* ....

Ce vélo a ses *(pneu)* .... à plat.

Il faut faire la chasse aux *(pou)* ....

Les *(trou)* .... sont profonds.

Je stoppe aux *(feu)* .... rouges.

5 ★★

Écris ces noms au pluriel.

le travail → ....

l'émail → ....

un détail → ....

un portail → ....

le gouvernail → ....

un vitrail → ....

6 ★★★

Écris ces noms au pluriel.

un festival → ....

le général → ....

un bal → ....

un métal → ....

un canal → ....

le carnaval → ....

7 ★★★

Écris au pluriel.

Ces *(île)* .... du Pacifique sont entourées de *(corail)* ....

Les *(raz)* .... de marée portent aussi le nom de tsunamis.

Il y a des *(cerceau)* .... dans l'armoire.

Les *(noix)* .... ont une coque dure.

J'ai des *(bleu)* .... au bras.

Tous les *(tuyau)* .... sont percés.

Le tramway roule sur des *(rail)* ....

Il y a deux *(verrou)* .... à la porte.

Corrigés p. 208

Évalue ton travail et coche pour chaque exercice : ☑ réussi ☑ presque réussi ☑ à revoir

31

Les accords dans la phrase

OBJECTIF • Appliquer les règles d'accords dans la phrase

Savoir

Accord de l'adjectif avec le nom

L'adjectif qualificatif **s'accorde** en genre et en nombre avec le **nom** ou le **pronom** auquel il se rapporte (voir fiche 22).

un fruit vert → il est vert (masculin, singulier) ;
une pomme vert**e** → elle est vert**e** (**e** du féminin) ;
des fruits vert**s** → ils sont vert**s** (**s** du masculin pluriel) ;
des pommes vert**es** → elles sont vert**es** (**es** du féminin pluriel).

Accord du participe passé employé *seul* ou avec *être*

Le participe passé employé **seul** ou avec l'auxiliaire **être** s'accorde **comme un adjectif qualificatif**.

Les **loups** affam**és**. (masculin, pluriel)
Deux **vitres** sont cass**ées**. (féminin, pluriel)
Émerveill**ée**, **Amélie** saute de joie. (féminin, singulier)

Accord du verbe avec son sujet

Le verbe s'accorde toujours avec son **sujet**, quelles que soient la nature et la place du sujet (voir fiche 18).

Le car arriv**e**. (singulier)
D'où vienn**ent**-**ils** ? (pluriel)
Une haute muraille les protèg**e**. (singulier)

Savoir faire

Accorder les verbes du 1er groupe au présent

Cherche à quelle personne le verbe est conjugué.

- La terminaison est **-e** à la 1re personne et à la 3e personne du singulier.
  Je mang**e** ; il/elle mang**e**.
- La terminaison est **-es** à la 2e personne du singulier.
  Tu mang**es**.
- La terminaison est **-ent** à la 3e personne du pluriel.
  Ils/elles mang**ent**.

Faire

1 ★ Relie comme il convient.

☐☐☐

un tapis •	
des draps •	• bleu
elle est •	• bleus
des jupes •	• bleue
elles sont •	• bleues
une toile •	

2 ★★ Accorde les adjectifs.

☐☐☐

Les *(grand)* .... rapaces sont en voie de disparition.

Ces pantoufles sont *(chaud)* .... et *(confortable)* ....

Maman a acheté une écharpe *(noir)* .... et *(jaune)* ....

Ces *(beau)* .... robes *(blanc)* .... sont en solde.

3 ★★ Écris correctement les participes passés.

☐☐☐

Le champ *(labouré)* ....

Les bras *(croisé)* ....

La leçon *(su)* ....

Les frites *(salé)* ....

Elle est *(cassé)* ....

Elles sont *(réuni)* ....

4 ★★ Écris correctement les participes passés.

☐☐☐

Les câbles sont *(tendu)* ....

Très *(applaudi)* ...., les chanteuses furent *(félicité)* ....

La rue principale était *(pavé)* .... de pierres *(poli)* .... et *(usé)* ....

Une fois les vaches *(rentré)* .... dans l'étable, la porte fut *(fermé)* ....

Les coureurs, *(aligné)* .... sur la ligne du départ, étaient *(pressé)* .... de partir.

5 ★★ Souligne le sujet et accorde le verbe au présent.

☐☐☐

De nombreux clients *(se presser)* .... devant les boutiques.

Tom et Éléa *(rentrer)* .... de la fête foraine.

Le grand-père de Roxane, malgré les pluies glacées de novembre, *(aller)* .... chaque matin marcher dans la campagne.

«Dans quelle direction nous *(diriger)* ....-nous maintenant ?» *(demander)* .... les touristes.

L'orage les *(effrayer)* ....

6 ★★★ Complète avec -e, -es ou -ent.

☐☐☐

Depuis que tu jou........ avec moi, nos parents te salu........ .

Les vignerons de mon pays se lèv........ au premier jour, tandis que la brume argent........ les peupliers, les ormes et les platanes. Ils se répand........ dans les vignes et cueill........ le vin délicieux de la terre.

Ici, tu respir........ le grand air et le soleil nous réchauff........ .

7 ★★★ Fais les accords nécessaires. Écris les verbes au présent.

☐☐☐

De *(nombreux)* .... averses sont *(prévu)* .... ce week-end. Des rafales de vent *(souffler)* .... déjà, le ciel *(se couvrir)* .... et le thermomètre *(enregistrer)* .... une *(fort)* .... baisse. Les fruits et les légumes *(saisonnier)* .... que *(protéger)* .... les haies sont presque *(bon)* .... à cueillir. Rapidement *(coupé)* ...., tes bottes de foin seront *(rentré)* ....

Corrigés p. 208

Évalue ton travail et coche pour chaque exercice : ☑ réussi ☑ presque réussi ☑ à revoir

32 Les homophones grammaticaux (1)

OBJECTIF • Écrire sans erreur des homophones grammaticaux

Savoir

- Les homophones sont des mots qui produisent des sons identiques.

ce / se **ces / ses** **c'est / s'est** **c'était / s'était**

Savoir faire

Écrire ce / se

- **ce**, lorsqu'il accompagne un **nom**, est un **déterminant démonstratif**.

Ce chemin est agréable.

- **se** (**s'**) est un **pronom personnel**. Il se trouve devant un **verbe**.

Rodrigo **se** prépare.

Écrire ces / ses

- **ces** est le pluriel de **ce**, **cet**, **cette** : c'est un **déterminant démonstratif**. Tu peux remplacer **ces** et le nom qu'il accompagne par *ceux-ci* ou *celles-ci*.

Ces arbres sont malades. *(ceux-ci)*
J'adore **ces** confiseries. *(celles-ci)*

- **ses** est le pluriel de **sa** ou **son** : c'est un **déterminant possessif**. Tu peux remplacer **ses** et le nom qu'il accompagne par *les siens* ou *les siennes*.

Il a oublié **ses** stylos. *(les siens)*
J'aime **ses** confitures. *(les siennes)*

Écrire c'est / s'est

- **c'est** (ou **c'était**) est suivi soit d'un **groupe nominal** (ou d'un pronom) soit d'un **adjectif**. Tu peux souvent remplacer *c'est* par *cela est*.

C'est un chat. (*Cela est* un chat.) **C'était** lui.

- **s'est** (ou **s'était**) est suivi d'un **participe passé**. Il fait partie d'un **verbe pronominal** au passé composé. Tu peux le **conjuguer**.

Il **s'est** coupé, tu t'es coupé, ils se sont coupés, il **s'était** coupé.

Faire

1 ★ Classe les mots suivants dans la colonne qui convient.

☐☐☐

Laver – repas – jouet – avancer – servir – service – tableau – tromper – métier – balancer.

mots pouvant être précédés de **ce**	mots pouvant être précédés de **se** ou **s'**

2 ★★ Complète par se, s' ou ce.

☐☐☐

Les enfants .... amusent dans .... jardin.

.... jeu est vraiment amusant.

Pendant .... temps, leurs parents .... rafraîchissent dans la piscine.

Le 15 : il faut bien .... souvenir de .... numéro de téléphone.

Kevin .... réveille à 7 heures.

3 ★★ Écris au pluriel.

☐☐☐

Cet élève : ....

Sa valise : ....

Cette histoire : ....

Son frère : ....

Ce train : ....

4 ★★ Complète par ses ou ces.

☐☐☐

Mamie parle de .... vacances.

Pour faire du ski, il faut choisir .... chaussures plutôt que celles-ci.

On voit de beaux fruits dans .... rayons.

Louise range .... poupées.

.... rivières se jettent dans la Seine : ce sont des affluents.

Chacun doit corriger .... fautes d'orthographe avec soin.

5 ★★ Écris les phrases au passé composé.

☐☐☐

Ils se lavent.

....

Mon frère s'amuse.

....

Elle se dépêche.

....

Les rues se vident.

....

6 ★★ Complète par s'est ou c'est. Recopie les phrases en mettant s'est ou c'est à l'imparfait.

☐☐☐

.... très amusant de camper.

....

Ton ami .... baigné dans la Manche.

....

................, vers onze heures, qu'il .... levé.

....

Comme .... grand Ici !

....

Le renard .... aperçu de ma présence.

....

7 ★★★ Complète par l'un des homophones étudiés.

☐☐☐

.... agréable de .... baigner dans .... lac.

M. Robert dit que .... papiers sont dispersés dans .... dossiers-là.

S'il .... habillé ainsi, ... pour la cérémonie de la remise des médailles.

.... réconfortant de voir que sa santé .... améliorée et que .... maux de tête ont disparu .... derniers jours.

.... vieux soldat évoque .... souvenirs.

Alex .... réjouit de savoir qu'il aura .... jeu interactif.

Corrigés p. 208

Évalue ton travail et coche pour chaque exercice : ☑ réussi ☑ presque réussi ☑ à revoir

33 Les homophones grammaticaux (2)

OBJECTIF • Écrire sans erreur des homophones grammaticaux

Savoir

- Les homophones sont des mots qui produisent des sons identiques.

mes / mais **on / on n'** **ou / où** **la / l'a / l'as / là**

Savoir faire

Écrire mes / mais

- **mes** est un **déterminant possessif** qui peut être remplacé par ***tes*** ou ***ses***.

Mes (*tes, ses*) dessins sont exposés au fond de la classe.

- **mais** est une **conjonction de coordination** qui unit des mots, des groupes nominaux ou des propositions.

Il se sent bien **mais** il reste faible.

Écrire on / on n'

- **on** est un **pronom sujet** (3e personne du singulier) qui peut être remplacé par ***il*** ou ***elle***.

On rentre ? **Il** rentre ?

- à la **forme négative**, on écrit **on n'** devant un verbe commençant par une voyelle.

On n'entre **plus**.

Écrire ou / où

- **ou** est une **conjonction de coordination** qui peut être remplacé par ***ou bien***.

Fromage **ou** dessert ? (*ou bien*)

- **où** est un **pronom** qui indique souvent le **lieu**.

Montre-moi l'endroit **où** tu as mal.

Écrire la / là / l'a / l'as

- **la**, **déterminant**, peut être remplacé par ***une, sa…***

la noisette (*une* noisette)

- **la**, **pronom complément du verbe**, remplace un nom féminin.

Il a perdu sa clé, il **la** (*sa clé*) cherche.

- **l'a** peut être remplacé par ***l'avait*** et **l'as** par ***l'avais***.

Il **l'a** (*l'avait*) lu. Tu **l'as** (*l'avais*) lu.

- **là** indique un **lieu**, tu peux le remplacer par ***ici***.

Viens **là**. (Viens *ici*.)

1 ★ Complète avec mes ou mais.

.... lunettes sont perdues.

Le maître est sévère .... juste.

Où sont passées .... pantoufles ?

Il a beaucoup de timbres .... il n'a pas de timbres du Cambodge.

J'ai dépensé .... derniers euros pour toi, ... je ne le regrette pas.

Nous avons beaucoup travaillé .... nous n'avons pas réussi à finir .... plantations.

2 ★★ Complète par on ou on n'.

.... a pas assez d'argent.

.... est au marché de la gare.

Je pense qu'.............. s'amuse bien ici.

.... achète jamais de soda chez nous.

Pour les vacances, ... a choisi la Croatie.

Pendant les récréations, ... arrive plus à se voir.

3 ★★ Complète soit avec ou, soit avec où.

Tu peux me dire .... est ton école ?

Veux-tu des haricots .... des carottes ?

Il ne sait pas .... il a rangé les petites cuillères ?

Prends ton bonnet .... ton écharpe.

.... irons-nous déjeuner ?

4 ★★ Remplace les mots soulignés par une, ici, l'avait ou l'avais.

Ce poème, tu ne <u>l'as</u> (........................) pas appris ?

<u>La</u> (........................) voiture s'arrête ici.

Il n'est pas <u>là</u> (........................).

La pluie ne <u>l'a</u> (........................) pas empêché de continuer à jouer dehors.

<u>L'as</u> (........................)-tu raccompagné chez lui ?

5 ★★ Complète par la, l'a, l'as ou là.

Où est passée .... chienne ?

Elle n'est pas encore .... ?

On .... vue partir vers la forêt.

Ton frère .... cherche aussi.

Est-ce que tu .... trouvée ?

6 ★★★ Complète par l'un des homophones proposés.

Je ne sais plus *(ou – où)* .... j'ai posé *(mes – mais)* .... clés.

(on – on n') .... a pas repeint les volets de *(la – l'a – l'as – là)* .... maison cette année *(mes – mais)* .... *(on – on n')* .... le fera l'année prochaine.

(la – l'a – l'as – là) .... semaine dernière, tu *(la – l'a – l'as – là)* .... passée à *(la – l'a – l'as – là)* .... montagne ?

(mes – mais) .... que fais-tu *(la – l'a – l'as – là)* .... ?

Nous sommes en congés *(mes – mais)* .... *(on – on n')* .... a pas reloué la maison *(ou – où)* .... nous étions allés l'an dernier.

Je ne sais plus *(ou – où)* .... j'ai posé *(mes – mais)* .... dés.

7 ★★★ Complète par un des homophones étudiés dans ce chapitre.

.... est pas capable d'identifier ces vestiges gallo-romains que l' .... a découvert à Alésia.

Papa a sorti .... guirlande et .... accrochée au sapin de Noël.

Tu .... vu toi le feu d'artifice ? Non, je n'étais pas .... hier soir.

.... se retrouvera .... les deux routes se rejoignent.

Corrigés p. 208

Évalue ton travail et coche pour chaque exercice : ☑ réussi ☑ presque réussi ☑ à revoir

34 Le préfixe in- / Les suffixes -tion, -sion ou -ssion

OBJECTIF • Écrire sans erreur des mots nouveaux

Savoir

Le préfixe in-

Le préfixe **in-** a deux valeurs différentes.

- Il peut signifier le **contraire** :

exact → **in**exact
habituel → **in**habituel

- Il peut servir à construire d'autres mots :

injecter – **in**onder.

La transformation du préfixe in-

in se tranforme en :

- **im-** devant un mot commençant par **m**, **b** ou **p** :

immangeable, **im**battable, **im**possible.

- **il-** devant un mot commençant par **l** :

illisible.

- **ir-** devant un mot commençant par **r** :

irréel.

Il faut donc écrire **imm-**, **ill-** ou **irr-** lorsque le radical (le mot d'origine) commence par **m**, **l** ou **r**.

Savoir faire

Savoir si un nom se termine par le suffixe -tion, -sion ou -ssion

1. Après les lettres **a**, **i**, **o**, **u** tu dois écrire **-tion** :
la créa**tion**, la répéti**tion**, l'émo**tion**, la pollu**tion**.
Exceptions : la p**assion**, une disc**ussion**, une m**ission**.

2. Les mots en **-ession** s'écrivent comme pr**ession**.
Exception : la discr**étion**.

3. Après une **consonne**, tu peux écrire **-sion** ou **-tion** :
une excur**sion**, une excep**tion**.
Comme la règle n'est pas précise, consulte un **dictionnaire**.

1 ★

Entoure les mots qui indiquent un contraire.

inflammable, inoccupé, inutile, inimitable, innover, inspirer, informer, infini, intransportable.

2 ★

Écris le contraire des mots proposés en ajoutant le préfixe qui convient.

........habité	........opportun
........exprimable	........légal
........attendu	........moral
........réel	........réalisable
........buvable	........logique

3 ★★

Complète les mots par in-, inn-, im- ou imm-. Cherche bien le mot d'origine.

Cet escalier est ....adapté pour les handicapés. Les étoiles sont ....ombrables dans le ciel. On a donné le nom d'............ortelles à certaines fleurs. Ces deux segments de droite sont de longueur ....égale. ....obiles, les joueurs écoutent la Marseillaise.

4 ★★

Retrouve le mot qui correspond à la définition.

a. que l'on ne peut pas lire (..............................).
b. qui n'a pas de limite (..............................).
c. auquel on ne peut pas résister (..............................).
d. que l'on ne peut pas rattraper (..............................).
e. qui manque de respect (..............................).
f. qu'il est impossible de remplacer (..............................).
g. un ensemble de lumières dans les rues lors des fêtes (..............................).

5 ★★

Complète les mots par -tion ou -ssion.

J'ai fait une opéra......... : c'était une addi......... .
Papa a fini de refaire ma chambre, il ne reste que quelques fini.........s.
La paru......... de ce journal est le lundi.
Alex a travaillé avec pa......... .
J'ai eu une discu......... avec ton maître.
Astérix a une po......... magique.

6 ★★★

Complète les mots suivants par -tion, -sion ou -ssion.

L'école est chargée de donner une bonne instruc......... aux élèves.
Il y a une profe......... qui m'intéresse, c'est vétérinaire.
Ce film est passé en ver......... originale.
Alex est inscrit en demi-pen......... au collège.
Le policier a fait son enquête avec beaucoup de discré......... .
Cette défaite a été une décep......... pour l'équipe.

7 ★★★

Complète ces mots par -tion, -sion ou -ssion.

Les pompiers ont fait une interven......... en pleine nuit.
La denti......... de lait compte 24 dents.
L'érup......... du Vésuve, en l'an 79, a détruit la ville de Pompéi à côté de Naples. La popula......... mondiale subit une évolu......... continuelle.
J'ai l'impre......... qu'il est en mi......... .
Certains enfants n'ont pas la no......... du danger. Il faut faire une conver......... pour changer d'unité de mesure.
Il y a une certaine agita......... dans la salle.

Corrigés p. 208

Évalue ton travail et coche pour chaque exercice : ☑ réussi ☑ presque réussi ☑ à revoir

35 Les noms en « ail », « eil », « euil »

OBJECTIF • Mémoriser la graphie de la syllabe finale de certains noms

Savoir

Les noms en « ail »

- Les noms masculins en « **ail** » se terminent tous par **-ail**.

un chand**ail**, de l'**ail**.

- Les noms féminins en « **ail** » se terminent tous par **-aille**.

une p**aille**, la ferr**aille**.

Les noms en « eil »

- Les noms masculins en « **eil** » se terminent tous par **-eil**.

un rév**eil**, un appar**eil**.

- Les noms féminins en « **eil** » se terminent tous par **-eille**.

une bout**eille**, la v**eille**.

Les noms en « euil »

- Les noms masculins en « **euil** » se terminent le plus souvent par -**euil**.

le s**euil** de la porte, un écur**euil**.

Exceptions : le chèvref**euille**, le millef**euille**, le portef**euille**, un **œil**.

- Les noms féminins en « **euil** » se terminent tous par **-euille**.

une f**euille**.

Savoir faire

Écrire « euil » dans un mot après un c ou un g

Lorsque le son « euil » est précédé d'un **c** ou d'un **g**, tu dois écrire **ueil** et non **euil**.

l'acc**ueil**, l'org**ueil**.

En plaçant le **u** après le **c** ou le **g**, tu obtiens le son « que » ou « gue ».

Faire

1 ★ Complète par -ail ou -aille.

Ce peintre a fait un beau trav.................. : la cuisine est impeccable.

Austerlitz est une bat.................. gagnée par Napoléon Ier.

Cette mur.............. mesure plus de trois mètres d'épaisseur !

J'ai acheté un chand.............. bleu, pour aller aux sports d'hiver.

Le chaton s'est caché dans les brouss..............s au fond du jardin.

Le nageur a gagné une méd.............. en or aux jeux Olympiques.

Veux-tu une p.............. pour boire ton jus de fruit ?

2 ★★ Complète par -eil ou -eille.

Le chat joue avec une gros.............. dans la cuisine.

Je tombe de somm.............. Je vais au lit.

Il s'est coupé le pied, il a mal à son ort.............. .

Ma grande sœur a un piercing à l'or.............. droite depuis dimanche .

Ce nouveau livre de contes est une véritable merv................ pour les enfants.

La corb.............. est pleine de pain.

Mon rév.............. sonne à sept heures tous les matins pour aller à l'école.

3 ★★ Relie comme il convient.

un faut- •	
une f- •	
un portef- •	• -euil
un bouvr- •	• -euille
un chèvref- •	
un millef- •	

4 ★★ Complète par -euil, -euille ou -ueil.

J'ai vu un chevr.............. dans le bois.

Mon frère lit un rec.............. de bandes dessinées.

Fais ce problème sur une f.............. plutôt que sur ton cahier.

Le millef.............. est le gâteau que je préfère ; j'en achète un chaque dimanche.

Le cerf.............. est une herbe aromatique : maman l'utilise souvent.

Mes cousins m'ont fait un bon acc.............. pour la semaine de vacances.

Je n'entre pas, je reste sur le s.............. de la porte.

5 ★★★ Complète par l'une des terminaisons étudiées.

Le vitr.............. de la cathédrale date du Moyen Âge.

La v.............. de lundi, c'est dimanche.

Il faut ouvrir l'.............. pour apercevoir des marmottes à la montagne.

Un épouvant.............. chasse les oiseaux.

Le tr.............. du tracteur remonte la barque du pêcheur sur le rivage.

À la sortie du port, il y a des éc.............. rocheux.

L'org.............. est un défaut.

Nos dents sont protégées par une couche d'ém.............. .

L'écur.............. saute de branche en branche.

Le printemps marque l'év.............. de la nature.

J'ai trouvé des œufs de c.............. en me promenant dans les champs.

Le gouvern.............. permet à un bateau de changer de direction.

Je vais te donner un cons.............. : prends cette route.

Corrigés p. 208

Évalue ton travail et coche pour chaque exercice : ☑ réussi ☑ presque réussi ☑ à revoir

Maths

Nombres et calcul

3,1
2,95

1

Les nombres entiers (1)

OBJECTIF • Connaître, savoir écrire et nommer les nombres entiers jusqu'au milliard

Savoir

- Les nombres entiers s'écrivent avec des chiffres rangés par **classe** : la classe des **unités simples**, la classe des **mille ou milliers** et la classe des **millions**.
- Dans chaque classe, les chiffres sont placés par **rang**.
- Pour faciliter l'écriture d'un grand nombre, on peut utiliser un tableau :

classe des millions			classe des mille ou milliers			classe des unités simples		
c	d	u	c	d	u	c	d	u
	5	8	4	0	9	0	1	3

u : unités
d : dizaines
c : centaines

Le nombre placé dans le tableau s'écrit :

58 409 013

↑ ↑

On laisse un **espace** entre deux classes voisines.

Il se lit : cinquante-huit millions quatre cent neuf mille treize.

Savoir faire

• Décomposer un nombre entier

Le nombre **5 803 091** peut se décomposer ainsi :

- par classe :

(5 × 1 000 000) + (803 × 1 000) + 91

- par chiffre :

(5 × 1 000 000) + (8 × 100 000) + (3 × 1 000) + (9 × 10) + 1

• Faire la différence entre nombre et chiffre

Dans **20 304 080** :

- 20 est le **nombre** de millions,
- 20 304 est le **nombre** de milliers (20 000 + 304),
- 2 est le **chiffre** des dizaines de millions,
- 3 est le **chiffre** des centaines de mille,
- 8 est le **chiffre** des dizaines d'unités simples (on dit : des dizaines).

Faire

1 ★ **Réécris les nombres suivants en laissant un espace entre chaque classe.**

500043 : ....

9000705 : ....

2 ★ **Entoure le nombre en chiffres correspond au nombre en lettres.**

a. trois cent quarante mille sept

347 000 340 007 304 700

b. six millions deux cent cinquante mille

6 000 250 625 000 6 250 000

3 ★ **Écris en chiffres.**

Six cent six mille trente :

....

Huit millions cent trente-six mille neuf :

....

Cent vingt-trois millions deux mille :

....

4 ★ **Écris les nombres en toutes lettres.**

8 005 320 : ....

....

548 506 003 : ....

....

5 ★★ **Décompose ces nombres par classe.**

98 006 = ...

....

70 500 029 = ...

....

6 ★★ **Retrouve les nombres qui ont été décomposés par chiffre.**

$(7 \times 100\,000) + (4 \times 10\,000) + (3 \times 1\,000) + 9$

= ....

$(5 \times 1\,000\,000) + (2 \times 10\,000) + (9 \times 100) + 6$

= ....

7 ★★ **Que représente le chiffre 5 dans :**

24 398 576 : ....

500 642 012 : ....

8 ★★★ **Dans le nombre 117 038 516, quel est :**

a. le nombre de millions : ....

b. le chiffre des unités de millions : ....

c. le nombre des milliers : ....

d. le chiffre des dizaines de mille : ....

9 ★★★ **Écris les nombres suivants.**

5 centaines de mille et 246 unités :

....

2 millions, 6 dizaines de mille et 47 unités :

....

10 ★★★ **Résous ce problème.**

Un nombre est formé de 7 chiffres. Son chiffre des unités est 8. Le nombre de milliers est 1 305. Le chiffre des unités est double de celui des centaines. Deux zéros sont écrits dans ce nombre.

Quel est ce nombre ? ....

Corrigés p. 209

Évalue ton travail et coche pour chaque exercice : ☑ réussi ☑ presque réussi ☑ à revoir

2

Les nombres entiers (2)

OBJECTIF • Comparer, ranger, encadrer les nombres entiers jusqu'au milliard

Savoir

À partir d'un nombre donné, tu trouves le nombre :
- juste avant : en **enlevant** une unité,
- juste après : en **ajoutant** une unité.

Exemple : 3 689 834 < 3 689 835 < 3 689 836
juste avant **(-1)** **nombre** juste après **(+1)**

Savoir faire

• Comparer des nombres entiers

• Si un nombre a **plus de chiffres** qu'un autre, il est **plus grand** que celui-ci.
Exemple : **1 825 000** > **917 500**
7 chiffres 6 chiffres

• Si les deux nombres ont le même nombre de chiffres, compare-les **chiffre à chiffre** à partir de la gauche.
Exemple : 52**4** 817 000 < 52**6** 931 000 car 5 = 5, 2 = 2, mais **4 < 6**.

• Ranger des nombres entiers

Ranger des nombres entiers, c'est les classer dans l'**ordre croissant** (du plus petit au plus grand) ou dans l'**ordre décroissant** (du plus grand au plus petit).
Exemples : ordre croissant : 98 247 < 98 457 < 748 214 < 875 421
ordre décroissant : 875 421 > 748 214 > 98 457 > 98 247

• Encadrer des nombres entiers

• Encadrer un nombre entier, c'est le **placer entre** deux autres nombres, l'un **plus petit**, l'autre **plus grand**.
Exemple : 8 906 78**7** < 8 906 78**8** < 8 906 78**9**
8 906 788 est encadré par les deux nombres les plus proches à l'unité près.

• Tu peux aussi encadrer un nombre par les deux nombres les plus proches terminés par **0**, **00** ou **000**.
Exemples : 8 906 7**80** < 8 906 7**88** < 8 906 7**90**
8 906 **700** < 8 906 **788** < 8 906 **800**
8 90**6 000** < 8 90**6 788** < 8 907 **000**

Faire

1 ★

Compare les nombres suivants en utilisant les signes < ou >.

9 000 001	958 432
253 620	2 253 180
89 628	89 672
1 542 124	1 524 124

2 ★

Classe dans l'ordre décroissant.

1 275 149 ; 3 148 795 ; 1 245 294 ;
127 549 ; 378 849 ; 12 007 998

....

3 ★

Classe dans l'ordre croissant.

44 404 400 ; 40 044 040 ; 44 040 404 ;
40 004 040 ; 40 044 004 ; 44 404 440

....

....

4 ★★

Encadre chaque nombre par le nombre placé juste avant et le nombre placé juste après à l'unité près.

.... < 127 438 < ....
.... < 19 389 < ....
.... < 13 600 000 < ....
.... < 8 000 000 < ....

5 ★★

Encadre chaque nombre par les deux nombres terminés par 0 les plus proches.

.... < 159 265 < ....
.... < 8 199 881 < ....
.... < 312 006 423 < ....

6 ★★

Encadre chaque nombre par les deux nombres terminés par 00 les plus proches.

.... < 52 756 < ....
.... < 245 817 < ....
.... < 6 231 305 < ....

7 ★★

Complète par un nombre terminé par 000.

148 768< .... < 149 609
3 485 272< .... < 3 486 118
70 149< .... < 72 006

8 ★★★

Résous ce problème.

Dans le monde :

425 000 000 d'habitants parlent l'espagnol,
256 000 000 parlent l'arabe,
514 000 000 parlent l'anglais,
129 000 000 parlent le français,
1 075 000 000 parlent le chinois,
194 000 000 parlent le portugais,
275 000 000 parlent le russe.

À l'aide de ces données, écris :

a. la langue la plus parlée :

....

b. la langue la moins parlée :

....

c. la langue plus parlée que le portugais mais moins parlée que le russe :

....

d. la langue moins parlée que le chinois mais plus que l'espagnol :

....

Corrigés p. 209

Évalue ton travail et coche pour chaque exercice :
☑ réussi ☑ presque réussi ☑ à revoir

3 Les multiples de 5, 10, 15, 20, 25, 50

OBJECTIF • Reconnaître les multiples de 5, 10, 15, 20, 25, 50

Savoir

Tu obtiens le **multiple** d'un nombre en multipliant ce nombre par un nombre quelconque.

Exemples :

- **Multiples de 5**

$5 \times 1 = \mathbf{5}$ $5 \times 3 = \mathbf{15}$ $5 \times 10 = \mathbf{50}$ $5 \times 20 = \mathbf{100}$

Les multiples de 5 se terminent par 0 ou 5.

- **Multiples de 10**

$10 \times 2 = \mathbf{20}$ $10 \times 5 = \mathbf{50}$ $10 \times 8 = \mathbf{80}$ $10 \times 15 = \mathbf{150}$

Les multiples de 10 se terminent par 0.

Savoir faire

- **Reconnaître des multiples de 15**

Les multiples de 15 contiennent une ou plusieurs fois le nombre 15.
Exemples : 15 – 30 – 45 – 60 – 75 – 90.

- **Reconnaître des multiples de 20**

Les multiples de 20 se terminent par 0.
Le chiffre avant le zéro est un chiffre pair ou un autre 0.
Exemples : 20 – 40 – 60 – 80 – 100 – 120.

- **Reconnaître des multiples de 25**

Les multiples de 25 se terminent par 00, 25, 50 ou 75.
Exemples : 25 – 50 – 75 – 100 – 125 – 150.

- **Reconnaître des multiples de 50**

Les multiples de 50 se terminent par 00 ou 50.
Exemples : 50 – 100 – 150 – 200 – 250 – 300.

Faire

1 ★
Complète le tableau suivant avec des croix.

	est un multiple de 5	est un multiple de 10
58		
200		
645		
3 610		
587		

Écris les nombres qui sont à la fois multiples de 5 et de 10.

....

2 ★
Entoure les nombres multiples de 20.

720 310

452 12 060 890

31 780 3 500

3 ★★
Entoure les nombres multiples de 50.

950 520

1 200 2510 4 850

38 700 9 505

4 ★★
Ajoute un ou deux chiffre(s) à droite pour former un nombre :

– multiple de 5 : 74 .

– multiple de 10 : 58 .

– multiple de 15 : 30 .

– multiple de 20 : 13 . .

– multiple de 50 : 92 . .

5 ★★
Trouve les nombres multiples à la fois de 25 et de 50 compris entre 1 200 et 1 500.

....

....

6 ★★
Écris deux multiples de 20.

Additionne ces deux nombres. De quels nombres le nombre obtenu est-il le mutiple ?

....

7 ★★
a. Barre les nombres qui ne sont pas des multiples de 15.

15 30 50 60 90 100 135

b. Parmi les nombres non barrés, écris ceux qui sont à la fois multiples de 5, de 10 et de 15.

....

8 ★★★
Complète avec les nombres suivants : 5, 10, 15, 20, 25, 50.

a. 75 est un multiple de ......, ..., ...

b. 60 est un multiple de ......, ..., ..., ...

c. 100 est un multiple de ...., ..., ..., ..., ...

9 ★★★
Résous le problème suivant.

Tom compte ses images en les regroupant par paquets de 15. Il lui reste 2 images.

S'il groupe ses images par paquets de 20, il lui en reste 7.

Sachant que le nombre d'images est compris entre 30 et 50, indique combien Tom possède d'images.

....

Corrigés p. 209

Évalue ton travail et coche pour chaque exercice : ☑ réussi ☑ presque réussi ☑ à revoir

4

Les fractions

OBJECTIF • Nommer et utiliser les fractions simples et décimales

Savoir

• Présentation

• Le segment [AB] est partagé en 4 parties égales.
Le segment [CD] est constitué de 3 de ces parties : il représente les $\frac{3}{4}$ de AB.

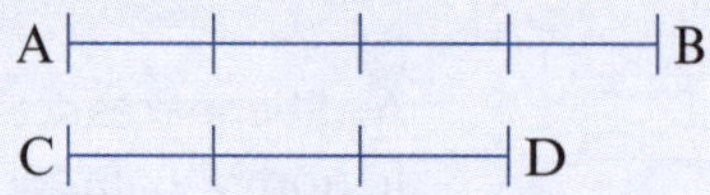

$\frac{3}{4}$ est une fraction. 3 est le **numérateur**. 4 est le **dénominateur**.

$\frac{3}{4}$ se lit : trois quarts.

Remarque $\frac{1}{2}$ se lit : **un demi** ; $\frac{2}{3}$ se lit : **deux tiers**.

• Une **fraction décimale** a pour dénominateur **10, 100, 1 000**…

Exemples : $\frac{1}{10}$ → **un dixième** ; $\frac{1}{100}$ → **un centième** ; $\frac{1}{1\,000}$ → **un millième**.

• Comparaison des fractions à l'unité

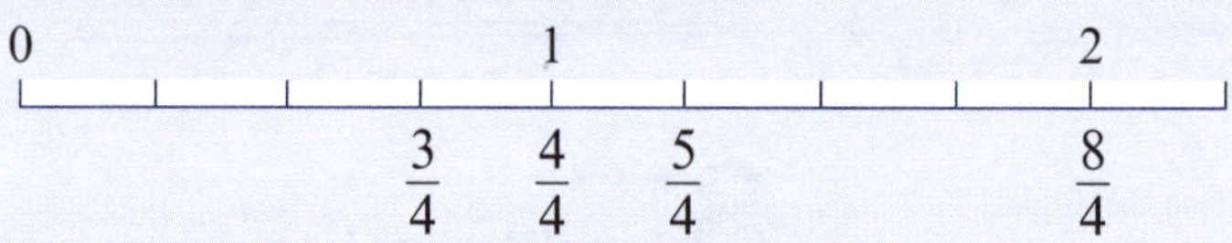

Le segment gradué montre que :
$\frac{4}{4} = 1$; $\frac{3}{4} < 1$; $\frac{5}{4} > 1$ et que $\frac{8}{4} (\frac{4}{4} + \frac{4}{4}) = 2$.

Une fraction est
- **égale à 1** si numérateur = dénominateur.
- **plus petite** que 1 si numérateur < dénominateur.
- **plus grande** que 1 si numérateur > dénominateur.
- **égale à 2** si numérateur = double du dénominateur.

Savoir faire

• Coder des mesures à l'aide de fractions

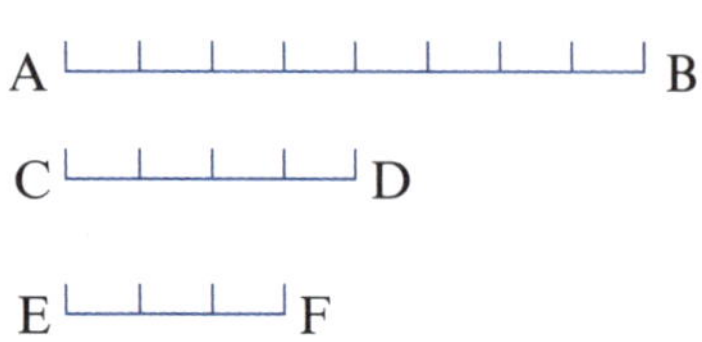

Longueur de **[CD]** = $\frac{1}{2}$ de **[AB]**

Longueur de **[EF]** = $\frac{3}{8}$ de **[AB]**

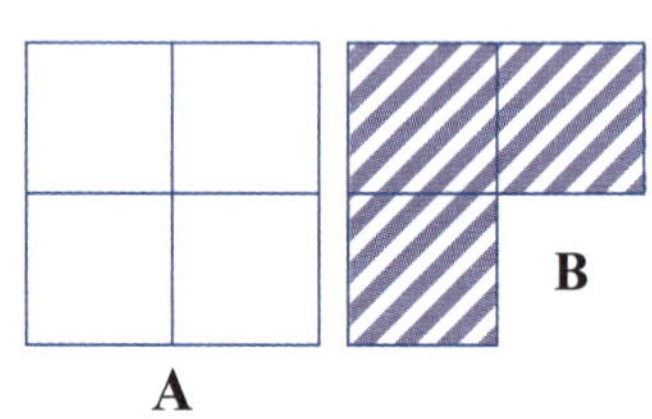

Aire de **B** = $\frac{3}{4}$ de l'aire de **A**

Faire

1 ★

Indique la fraction du segment [AB] représentée par chacun des segments [CD], [EF] et [GH].

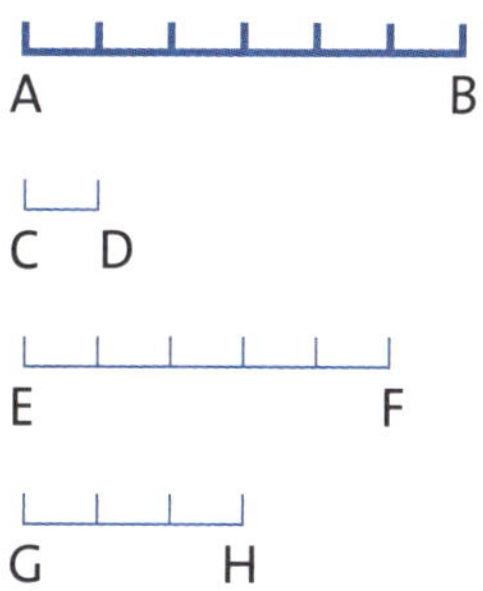

[CD] = $\frac{…}{…}$ de AB.

[EF] = $\frac{…}{…}$ de AB.

[GH] = $\frac{…}{…}$ de AB.

2 ★

Écris, en toutes lettres, le nom des fractions suivantes.

$\frac{5}{2}$ = ...

$\frac{7}{4}$ = ...

$\frac{1}{3}$ = ...

3 ★

Complète par <, > ou =.

$\frac{1}{4}$ … 1 ; $\frac{3}{3}$ … 2 ; $\frac{5}{2}$ … 1 ; $\frac{6}{3}$ … 2

4 ★

Entoure les fractions décimales.

$\frac{15}{100}$; $\frac{3}{20}$; $\frac{5}{10}$; $\frac{1}{1000}$; $\frac{20}{50}$; $\frac{11}{100}$

5 ★★

Sur la droite graduée suivante, place les fractions suivantes.

$\frac{2}{10}$; $\frac{5}{10}$; $\frac{8}{10}$; $\frac{10}{10}$; $\frac{12}{10}$

6 ★★

Place le point C sur le segment [AB] de manière à ce que [AC] mesure les $\frac{4}{10}$ de [AB].

7 ★★

Colorie $\frac{1}{4}$ du rectangle en vert et $\frac{2}{4}$ en rouge.

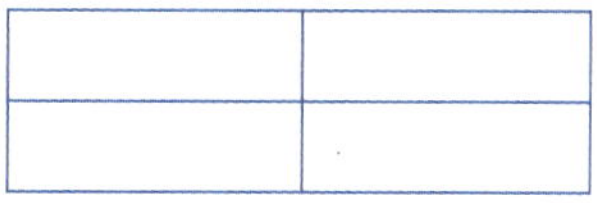

Quelle fraction du rectangle n'est pas coloriée ? ....

8 ★★

Réponds aux questions. Si besoin est reporte-toi à la fiche 25.

a. À quelle unité de longueur correspond $\frac{1}{10}$ de m ? ....

b. À quelle unité de masse correspond $\frac{1}{1\,000}$ de kg ? ....

c. À quelle unité de contenance correspond $\frac{1}{100}$ d'hL ? ....

9 ★★★

Résous ce problème.

Certains comprimés sont conçus pour être pris par fractions : on dit qu'ils sont sécables.

Colorie ce qui doit être pris par jour selon chacune des prescriptions suivantes.

a. 1 comprimé le matin et $\frac{1}{2}$ le soir.

b. $\frac{1}{2}$ comprimé le matin, $\frac{1}{4}$ le midi et $\frac{3}{4}$ le soir.

Corrigés p. 209

Évalue ton travail et coche pour chaque exercice : ☑ réussi ☑ presque réussi ☑ à revoir

5

Les nombres décimaux (1)

OBJECTIF • Savoir lire, écrire et placer sur une droite graduée des nombres décimaux

Savoir

• Qu'est-ce qu'un nombre décimal ?

Un nombre décimal s'écrit à l'aide d'une **virgule**. Il est composé d'une **partie entière** (à gauche de la virgule) et d'une **partie décimale** (à droite de la virgule).

Exemple : 4,12

4 ↗ partie entière — 12 ↖ partie décimale

• Les chiffres de la partie décimale

Le premier chiffre à droite de la virgule est le chiffre des **dixièmes**, le deuxième est celui des **centièmes**.

Exemple : 4, 1 2

1 ↗ dixièmes — 2 ↖ centièmes

Savoir faire

• Lire et écrire un nombre décimal

4,12 se lit : 4 **unités** 12 **centièmes** ou 4 **virgule** 12.
Pour écrire un nombre décimal, on peut utiliser un tableau.

partie entière		partie décimale	
dizaines	unités	dixièmes	centièmes
	4,	1	2

Place la virgule **à droite** du chiffre représentant les unités.

Remarque Tu peux supprimer le(s) zéro(s) **à droite de la partie décimale**.
Dans 7,50, tu peux enlever le 0 car il n'y a pas de centièmes (7,5~~0~~ = 7,5).

• Repérer et placer des nombres décimaux sur une droite graduée

La droite est graduée de 1 en 1. Tu peux y placer des nombres décimaux dont la partie décimale ne comporte que des dixièmes.

La droite ci-dessous est graduée de 0,1 en 0,1. Tu peux y placer des nombres décimaux dont la partie décimale comporte des centièmes.

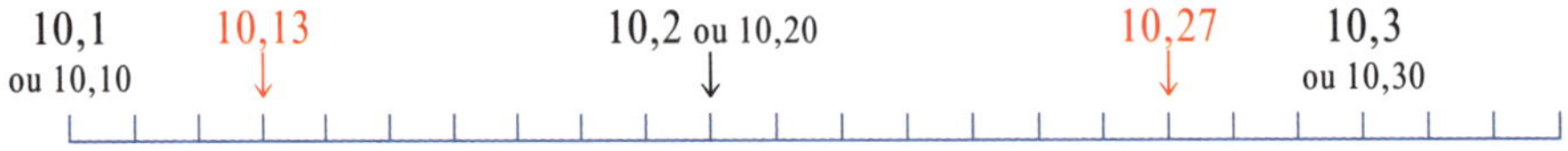

Faire

1 ★

Entoure la partie entière en rouge et la partie décimale en bleu dans ces nombres décimaux.

37,06 174,1 46,25 0,3

2 ★

Que représente le chiffre 2 dans les nombres décimaux suivants ?

8, 72 : ....

15, 27 : ....

12, 8 : ....

3 ★

Écris les nombres suivants dans le tableau.

7,8 32,65 0, 07 275,7

centaines	dizaines	unités	dixièmes	centièmes

4 ★

Dans chacune des listes suivantes, entoure les nombres égaux.

a. 21,60 21,6 21,50 21,05

b. 3,7 3,60 3,70 3,06

c. 12,40 12,08 12,80 12,4

5 ★★

Écris selon l'exemple.

Ex. : 8 unités 15 centièmes : 8, 15

12 unités 7 dixièmes : ....

9 unités 63 centièmes : ....

6 unités 9 centièmes : ....

6 ★★

Écris en lettres les nombres suivants.

30, 8 : ....

82, 14 : ....

9, 07 : ....

7 ★★

Place correctement les nombres décimaux suivants sur la droite graduée.

20,7 21,2 22,3 20,1 21,8

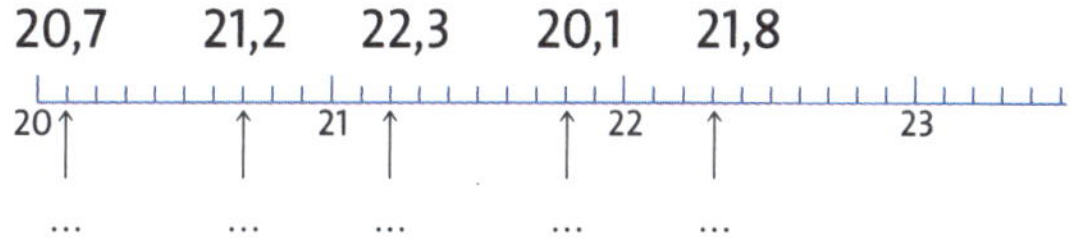

8 ★★

Place correctement les nombres décimaux suivants sur la droite graduée.

20,25 20,07 20,16 20,08 20,33

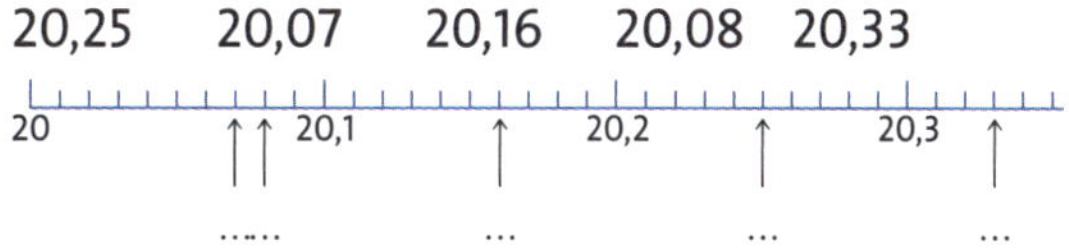

9 ★★★

Résous ce problème.

Un nombre décimal est composé de 5 chiffres.
La partie entière est 374.
Le chiffre des centièmes est le double de celui des unités.
Le chiffre manquant est un zéro.

Retrouve ce nombre.

....

Corrigés p. 209

Évalue ton travail et coche pour chaque exercice : ☑ réussi ☑ presque réussi ☑ à revoir

6

Les nombres décimaux (2)

OBJECTIF • Comparer, ranger des nombres décimaux ; les encadrer par deux nombres entiers

Savoir

Comparer deux nombres décimaux, c'est pouvoir dire quel est le **plus petit** et quel est le **plus grand**.
Si les parties entières sont **différentes**, il n'est pas nécessaire de comparer les parties décimales.

Exemple : **3** , 1 est plus grand que **2** , 95 car **3 > 2**

3 ↓ 3 unités ; 2 ↓ 2 unités

Savoir faire

• Comparer deux nombres décimaux dont les parties entières sont identiques

- Compare les chiffres des **dixièmes** : 8,**5**1 > 8,**4**8 car **5 > 4**
- Si les chiffres des dixièmes sont identiques, compare les chiffres des **centièmes** :

8,5**1** < 8,5**7** car **1 < 7**

• Ranger des nombres décimaux

Pour ranger des nombres décimaux dans un ordre donné, compare d'abord **les parties entières**.
Si elles sont identiques, compare **un à un** les chiffres à droite de la virgule.

Exemple : <u>21</u>,15 > <u>16</u>,57 > <u>14</u>,75 > <u>14</u>,57

21 > 16 ; 16 > 14 ; 7 > 5

• Encadrer des nombres décimaux entre deux nombres entiers

Prends les nombres entiers **les plus proches** du nombre donné.
Exemple : 7,95 peut être encadré par **7** et **8**, car **7** et **8** sont les nombres entiers les plus proches de 7,95.
Tu peux écrire : **7 < 7,95 < 8** ou **8 > 7,95 > 7**

1 ★ **Complète par < ou >.**

98,1 .... 96,9 227,25 272,52

186,07 .... 49,87 102,5 .... 401, 03

669,48 .... 969,12 675,81 99,98

2 ★ **Complète par <, > ou =.**

18,72 .... 18, 27 6,5 6,50

191,46 .... 191,64 15,09 15,90

425,76 .... 425,7 512,9 512,19

3 ★ **Complète le tableau suivant par une croix lorsque l'affirmation est vraie.**

	est plus petit que 1	est plus grand que 2	est compris entre 1 et 2
2,03			
1,99			
1,01			
0,87			
1,5			
0,9			
2,1			

4 ★ **Range dans l'ordre croissant.**

0,2 35,60 20,5 0,01 20,09 7

....

5 ★ **Range dans l'ordre décroissant.**

12,7 1,27 0,17 127 0,07 2,17

....

6 ★★ **Avec les chiffres 9 , 2 , 4 et 6, écris :**

a. le plus grand nombre décimal ayant un chiffre après la virgule : ....

b. le plus petit nombre décimal ayant deux chiffres après la virgule : ....

7 ★★ **Encadre les nombres décimaux par deux nombres entiers qui se suivent.**

.... < 4,02 < ....

.... < 76,1 < ....

.... < 186,76 < ....

8 ★★★ **Résous ce problème. Voici le prix de quelques livres exprimés en euros.**

7,75 18,50 21,50 15,25 31,50 25,50 11,40

Indique les prix compris :

entre 10 € et 30 € : ....

entre 5 € et 20 € :..............................

9 ★★★ **Résous ce problème. Elias hésite entre plusieurs promenades à bicyclette.**

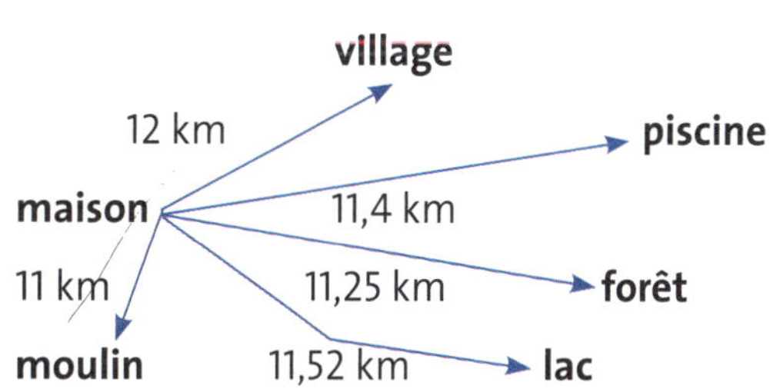

a. Classe ces distances dans l'ordre croissant.

....

b. Elias choisit la promenade la plus courte. Où ira-t-il ? ....

Corrigés p. 209

Évalue ton travail et coche pour chaque exercice : ☑ réussi ☑ presque réussi ☑ à revoir

7 Fraction décimale et nombre décimal

OBJECTIF • Passer d'une écriture fractionnaire à une écriture à virgule et réciproquement

Savoir

Tu peux écrire une **fraction décimale** sous la forme d'un **nombre à virgule**.

Exemple : $\frac{3}{10}$ (**3 dixièmes**) peut s'écrire 0,3 (**3 dixièmes**).

Tu peux aussi faire l'inverse.

Exemple : 0,25 (**25 centièmes**) peut s'écrire $\frac{25}{100}$ (**25 centièmes**).

Le nombre à virgule comporte **autant de chiffres à droite de la virgule** qu'il y a de **zéros au dénominateur** de la fraction décimale.

Savoir faire

• Passer d'une fraction décimale à un nombre décimal (ou inversement)

1. Le nombre est **plus petit que 1**

• $\frac{5}{\mathbf{10}}$ (5 dixièmes) = 0,**5** (5 dixièmes)

↑ 1 zéro — ↑ 1 chiffre décimal

• 0,**28** (28 centièmes) = $\frac{28}{\mathbf{100}}$ (28 centièmes)

↑ 2 chiffres décimaux — ↑ 2 zéros

2. Le nombre est **plus grand que 1**

• $\frac{15}{\mathbf{10}}$ (15 dixièmes) = 1,**5** (tu obtiens 1,5 en divisant 15 par 10 à l'aide de ta calculatrice.)

↑ 1 zéro — ↑ 1 chiffre décimal

• 2,**8** (2 unités 8 dixièmes) = 2 + $\frac{8}{10}$ = $\frac{20}{10}$ + $\frac{8}{10}$ = $\frac{28}{\mathbf{10}}$

↑ 1 chiffre décimal — ↑ 1 zéro

Faire

1 ★ Relie les écritures représentant le même nombre.

0, 05 •

0, 5 •

• $\frac{5}{100}$

• $\frac{5}{10}$

• $\frac{5}{1\,000}$

2 ★ Écris sous la forme de fraction décimale.

Trois dixièmes : ....

Cinquante centièmes : ....

Quinze dixièmes : ....

3 ★ Entoure, dans chaque série, le nombre décimal qui correspond à chacune des fractions suivantes.

$\frac{7}{10}$: 0,07 0,7 7,07

$\frac{4}{100}$: 0,4 0,04 0,40

$\frac{258}{100}$: 2,58 25,8 0,28

4 ★★ Écris chacune des fractions suivantes sous la forme d'un nombre décimal.

Ex : $\frac{56}{10} = 5{,}6$

$\frac{8}{10}$ = ... $\frac{68}{10}$ = ...

$\frac{24}{100}$ = ... $\frac{32}{10}$ = ...

$\frac{425}{100}$ = ... $\frac{9}{100}$ = ...

5 ★★ Entoure la fraction décimale correspondant à chacun des nombres décimaux suivants.

0,9 : $\frac{9}{100}$ $\frac{9}{10}$

0,04 : $\frac{4}{10}$ $\frac{4}{100}$

7,43 : $\frac{743}{100}$ $\frac{743}{10}$

6 ★★ Le nombre 2,61 peut s'écrire : $2 + \frac{61}{100}$.

Écris en décomposant de la même façon.

32,7 → ....

8,05 → ....

102,13 → ....

7 ★★★ $16 + \frac{3}{100}$ peut s'écrire 16,03.

Écris sous la forme d'un nombre à virgule.

$25 + \frac{8}{10}$ .... $9 + \frac{13}{100}$ .... $631 + \frac{9}{100}$ ....

8 ★★★ Résous ce problème.

Deux enfants donnent la mesure d'un tabouret sous la forme d'une fraction de mètre.

Chloé : $\frac{45}{100}$ de mètre Axel : $\frac{45}{10}$ de mètre.

a. Transforme ces fractions en nombres décimaux :

Axel : ....

Chloé : ....

b. Qui a donné une réponse juste ? ....

c. Quelle est la hauteur du tabouret (en cm) ? ....

Corrigés p. 210

Évalue ton travail et coche pour chaque exercice : ☑ réussi ☑ presque réussi ☑ à revoir

8 Addition et soustraction de nombres entiers

OBJECTIF • Poser et effectuer une addition et une soustraction de nombres entiers

Savoir

• Une opération dans laquelle on utilise **le signe +** est une **addition**. On effectue une addition pour calculer une **somme**, un **total**.
• Une opération dans laquelle on utilise **le signe –** est une **soustraction**. On effectue une soustraction pour calculer une **différence**, un **reste** ou **ce qui manque**.

Savoir faire

• Additionner des nombres entiers

Exemple : 3 795 + 458

• **Pose** l'addition en colonnes en plaçant :
– les **unités** sous les **unités**,
– les **dizaines** sous les **dizaines**…

• Additionne les **unités** : 5 + 8 = **1**3.
Pose 3 sous les unités et retiens **1** au-dessus des dizaines.
• Additionne les **dizaines** : **1** + 9 + 5 = **1**5.
Pose 5 sous les dizaines et retiens **1** au-dessus des centaines.
• Additionne les **centaines** : **1** + 7 + 4 = **1**2.
Pose 2 sous les centaines et retiens **1** au-dessus des unités de mille.
• Additionne **les unités de mille** : **1** + 3 = 4.

	1	1	1	
	3	7	9	5
+		4	5	8
=	4	2	5	3

• Soustraire des nombres entiers

Exemple : 2 938 – 754

• **Pose** la soustraction en colonnes en écrivant le plus grand nombre au-dessus et en plaçant :
– les **unités** sous les **unités**,
– les **dizaines** sous les **dizaines**…
• Soustrais les **unités** : 8 – 4 = 4
• Soustrais les **dizaines** : 3 – 5 → impossible.
Ajoute **10 dizaines** aux 3 dizaines de 2 938 et **1 centaine** aux 7 centaines de 754.
Tu peux maintenant soustraire : 13 – 5 = 8.
• Soustrais les **centaines** : 9 – (7 + 1) = 1, puis les **unités de mille** : 2 – 0 = 2.

	2	9	$_{1}3$	8
–		$_{1}7$	5	4
=	2	1	8	4

1 ★

Pose et effectue les additions suivantes.

943 + 54 4 536 + 653

837 + 6 754 93 867 + 40 125

2 ★

Remplace les points par les chiffres qui conviennent.

		.	4	3
+		8	.	7
	1	6	8	0

	4	.	3	8
+	.	8	5	.
	6	0	.	4

3 ★★

Pose et effectue ces soustractions.

2 758 – 326 17 637 – 5 256

129 801 – 4 586 407 602 – 82 937

4 ★★

Complète les soustractions suivantes.

	3	9	3	7
–	.	.	.	.
	1	3	8	5

	1	9	7	6	2
–	.	.	.	.	.
	1	4	9	4	8

5 ★★

Complète ces opérations.

	5	7	6	8	3
+	.	.	.	.	.
	9	3	6	2	0

	1	5	4	3	8	3
–	.	.	.	.	.	.
		8	2	6	9	5

6 ★★

Résous le problème suivant.

Une bibliothèque possède 2 473 livres. On a emprunté 123 romans et 45 albums.

Combien reste-t-il de livres ?

....

....

7 ★★★

Résous le problème suivant.

Théo et Noé ont reçu chacun 200 €.

Théo a dépensé 148 € et Noé 27 € de plus que Théo.

Quelle somme reste-t-il à chacun ?

....

....

8 ★★★

Résous le problème suivant.

Au 1er janvier, une ville comptait 152 085 habitants. Au cours de l'année, l'état civil a enregistré 6 823 naissances. À la fin de l'année, la population s'élève à 153 253 habitants.

a. Calcule l'augmentation de la population de la commune à la fin de l'année .

....

b. Combien y a-t-il eu de départs et de décès dans l'année ?

....

c. De combien le nombre de naissances est-il supérieur au nombre de départs et de décès ?

....

Corrigés p. 210

Évalue ton travail et coche pour chaque exercice : ☑ réussi ☑ presque réussi ☑ à revoir

9 Addition d'entiers et de décimaux

OBJECTIF • Additionner mentalement deux nombres, poser et effectuer une addition

Savoir

Avant d'effectuer une addition d'entiers et de décimaux, il est utile de calculer la **valeur approchée** du résultat, c'est-à-dire savoir **à peu près** quel va être ce résultat.
Pour cela, additionne les nombres entiers terminés par 0 les plus proches des nombres décimaux donnés.

Exemple : 123, 37 + 78,45 est proche de 120 + 80 donc de 200.

200 est la valeur approchée du résultat.
Le résultat exact est : 123,37 + 78,45 = **201,82.**

Savoir faire

• Additionner mentalement deux nombres entiers de deux chiffres

Exemple : 47 + 36.
Ajoute les dizaines, puis les unités.
47 + 36 = (47 + 30) + 6 = 77 + 6 = 83.

• Additionner des nombres décimaux

Exemple : 231,28 + 19,3

1. Pose l'addition en plaçant :
– les **unités** sous les **unités**,
– les **virgules** sous les **virgules**,
– les **dixièmes** sous les **dixièmes**,
– les **centièmes** sous les **centièmes** s'il y en a.
(Tu peux compléter par un ou des zéros.)
2. Effectue l'addition **sans t'occuper des virgules**.
3. Place la virgule du résultat **sous les autres virgules**.

	c	d	u		d	c
	2	3	1	,	2	8
+		1	9	,	3	0
	2	5	0	,	5	8

• Additionner un nombre entier et un nombre décimal

Exemple : 48 + 115,36.

1. Transforme le nombre **entier** en un nombre **décimal** de sorte que les parties décimales aient le **même nombre de chiffres** :
48 = 48,00.
2. Procède comme pour l'addition de deux nombres décimaux.

	c	d	u		d	c
		4	8	,	0	0
+	1	1	5	,	3	6
	1	6	3	,	3	6

1 ★ Calcule mentalement.

64 + 38 = ...   96 + 82 = ...

321 + 67 = ...   475 + 22 = ...

2 ★ Résous ce problème mentalement.

Pour une cérémonie, Julien achète un costume à 515 € et des chaussures à 82 €.

Combien dépense-t-il ? ....

3 ★ Lis cet énoncé puis réponds à la question.

Léa et Maëlle réunissent leurs économies pour offrir un cadeau à leur mère.

Léa possède 29,80 € et Maëlle 32,30 €.
Léa trouve qu'elles disposent en tout d'une somme de 72,10 €. A-t-elle raison ?
Pour répondre, calcule la valeur approchée du résultat. ....

4 ★ Effectue les additions suivantes.

```
  1 2 8 , 7 5          2 7 9 , 1 3
+   3 6 , 9        +     8 3 , 2 4
 -----------         -------------
  . . .   . .          . . .   . .

  4 8 9                4 2 5 , 4 1
+   1 2 , 3 6      +         7 8
 -----------         -------------
  . . .   . .          . . .   . .
```

5 ★★ Place les virgules oubliées.

12,61 + 191, 46 = 20407

31,4 + 17512 = 206,52

317 + 1526 = 332,26

6 ★★ Pose et effectue les additions suivantes.

75,7 + 21,15   196,28 + 84,7

985 + 37,6   72, 48 + 9 049

7 ★★★ Résous ce problème sur ton cahier.

La maman de Chloé va au marché et achète un melon pesant 1,2 kg, 0,5 kg de cerises et 2 kg de carottes.

a. Quelle est la masse totale des achats ?

b. Quelle charge devra-t-elle porter au retour sachant que le panier vide pèse 0, 600 kg ?

8 ★★★ Résous ce problème sur ton cahier.

Pendant ses vacances, Delphine a dépensé 17,85 €. Elodie a dépensé 6,40 € de plus que Delphine, et Gwenaëlle 9,15 € de plus que Delphine et Elodie réunies.

Quelle a été la dépense de chacune d'elles ?

Quelle a été la dépense totale ?

Corrigés p. 210

Évalue ton travail et coche pour chaque exercice : ☑ réussi ☑ presque réussi ☑ à revoir

10 Soustraction d'entiers et de décimaux

OBJECTIF • Poser et effectuer une soustraction

Savoir

Tu peux **vérifier** l'exactitude du résultat d'une soustraction en faisant une **addition**.
En additionnant le **résultat** et le **plus petit** des deux nombres de la soustraction, tu dois retrouver le **plus grand** nombre.
Exemple : 20 – 18,90 = 1,10 → 1,10 + 18,90 = 20

Savoir faire

• Soustraire mentalement deux nombres entiers

Exemple : 98 – 26.
Soustrais les dizaines, puis les unités.
98 – 26 = (98 – 20) – 6 = 72.

Remarque S'il y a des centaines, commence par les centaines.

• Faire la soustraction de deux nombres décimaux

Exemple : 243,5 – 14,35.

1. Pose la soustraction en plaçant :

– les **unités** sous les **unités**,
– les **virgules** sous les **virgules**,
– les **dixièmes** sous les **dixièmes**.
– les **centièmes** sous les **centièmes** s'il y en a.
(Tu peux compléter par un ou des zéros).

2. Effectue la soustraction **sans t'occuper des virgules**.

3. Écris la **virgule** du résultat **sous les autres virgules**.

	c	d	u		d	c
	2	4	3	,	5	0
–		1	4	,	3	5
	2	2	9	,	1	5

• Soustraire un nombre décimal d'un nombre entier

Exemple : 148 – 41,12.

1. Transforme le nombre entier en **nombre décimal** de façon que les parties décimales aient le **même nombre de chiffres** :
148 = 148,00.

2. Procède ensuite comme pour deux nombres décimaux.

	1	4	8	,	0	0
–		4	1	,	1	2
	1	0	6	,	8	8

Remarque La méthode est la même pour soustraire un nombre entier d'un nombre décimal.

Faire

1 ★ Calcule mentalement.

98 – 26 = ... 85 – 31 = ...

769 – 48 = ... 636 – 24 = ...

2 ★ Résous ce problème mentalement.

Emma a reçu 85 € à Noël.
Elle a dépensé 32 € puis 10 €.
Quelle somme lui reste-t-il ?

....

3 ★ Effectue les soustractions suivantes.

```
  1 2 8 , 7          7 4 3 , 3 2
–   3 9 , 4 6      – 2 7 2 , 1 8
 ____________       ____________
  . . . , . .        . . . , . .

  7 2 5              2 1 0
–   1 6 , 2        –   3 7 , 1 5
 ____________       ____________
  . . . , .          . . . , . .
```

4 ★★ Place les virgules oubliées.

746 – 34,12 = 71188

6 178 – 432 = 185,8

9834 – 42564 = 557,76

5 ★★ Calcule en ligne.

14,25 – 10,12 = ... 18,36 – 16 = ...

12 – 8,3 = ... 15,2 – 9,15 = ...

6 ★★ Pose et effectue ces soustractions.

376,18 – 134,23 700,17 – 99,7

458 – 37,81 599,6 – 26,41

7 ★★ Résous ce problème.

Depuis sa naissance, Morgan a grandi de 6,8 cm. Il mesure maintenant 59 cm.
Combien Morgan mesurait-il à sa naissance ?

....

8 ★★★ Résous ce problème sur ton cahier.

Calcule la remise effectuée sur chacun des articles suivants.

anorak	chaussures de ski	skis
~~78,50~~ €	~~93,50~~ €	~~317~~ €
69,95 €	85,90 €	275,25 €

9 ★★★ Résous le problème suivant.

La maman de Sylvain achète un livre à 16,35 €, un stylo à 5,70 € et un album à 23 €. Elle donne un billet de 50 € à la libraire.

Combien a-t-elle dépensé ?

....

Combien va-t-on lui rendre ?

....

Corrigés p. 210

Évalue ton travail et coche pour chaque exercice : ☑ réussi ☑ presque réussi ☑ à revoir

11 Multiplication de nombres entiers

OBJECTIF • Multiplier mentalement par 10, 100, 1 000 ; poser et effectuer une multiplication

Savoir

Une opération dans laquelle on utilise le signe × (multiplié par) s'appelle une **multiplication**. Cette opération remplace une addition de nombres identiques.

Exemple : 12 + 12 + 12 = 36 peut s'écrire **12** × **3** = **36**.

- 12 : multiplicande
- 3 : multiplicateur
- 36 : produit

Remarque On peut inverser les nombres : 12 × 3 = 3 × 12 = 36.

Savoir faire

• Multiplier un nombre entier par 10, 100, 1 000

Écris 1, 2 ou 3 **zéros** à droite du nombre.

Exemples : 18 × 1**0** = 18**0** ; 18 × 1**00** = 1 8**00** ; 18 × 1 **000** = 18 **000**.

• Multiplier deux nombres terminés par des zéros

Exemple : 1 200 × 30.

1. Effectue les calculs sans les zéros : 12 × 3 = 36.

2. Écris les zéros à droite du résultat : 1 2**00** × 3**0** = 36 **000**.

• Multiplier un nombre entier par un nombre à deux chiffres

Exemple : 126 × **32** = (126 × **2**) + (126 × **30**).

	1 2 6	
	× 3 2	
126 × **2** = 252 →	2 5 2	
126 × **30** = 3780 →	3 7 8 **0**	← Le zéro peut être remplacé par un point : 378**0** → 378.
	4 0 3 2	

Faire

1 ★ Calcule mentalement.

67 × 10 = ...
406 × 10 = ...
854 × 100 = ...
91 × 100 = ...
9 × 1 000 = ...
74 × 1 000 = ...

2 ★ Résous ce problème mentalement.

D'un camion, on décharge 10 caisses de pommes de 25 kg chacune et 100 sacs de carottes de 3 kg chacune.

Quelle est la masse de pommes et carottes déchargée ?

pommes : .... carottes : ....

3 ★ Complète.

76 × .... = 760
.... × 1 000 = 54 000
.... × 100 = 63 800
208 × .... = 208 000

4 ★★ Effectue en ligne.

40 × 20 = ...
70 × 300 = ...
35 × 500 = ...
20 × 100 × 400 = ...
52 × 1 000 × 30 = ...

5 ★★ Effectue ces multiplications.

```
    5 9          7 2 6
  × 3 6        ×   8 4
  -----        -------
  . . .        . . . .
  . . .        . . . .
  -----        -------
  . . .        . . . .
```

6 ★★ Pose et effectue sur ton cahier.

64 × 23 =
428 × 89 =
248 × 67 =
210 × 560 =
309 × 72 =
4 190 × 45 =

7 ★★ Observe.

Lorsqu'il y a un **zéro intercalé** au multiplicateur, on décale de 2 rangs vers la gauche.
On ne multiplie pas par 0.

```
        4 1 3
      × 2 0 4
      -------
      1 6 5 2
  8 2 6 0 0
  -----------
  8 4 2 5 2
```

Pose puis effectue ces multiplications.

137 × 304
935 × 706

8 ★★★ Résous ce problème.

Pour poser des rails de sécurité sur une autoroute, il faut utiliser 186 paquets de boulons. Chaque paquet contient 45 boulons.

Combien de boulons seront utilisés ?

....

9 ★★★ Résous ce problème.

Dans un hypermarché, on a vendu 206 téléviseurs à 745 € l'un et 248 magnétoscopes à 420 € l'un.

Quel est le prix de vente :

– des téléviseurs : ....

....

– des magnétoscopes : ....

....

Quel est le prix de vente total ?

....

Corrigés p. 210

Évalue ton travail et coche pour chaque exercice : ☑ réussi ☑ presque réussi ☑ à revoir

12 Multiplication d'un décimal par un nombre entier

OBJECTIF • Poser et effectuer la multiplication d'un décimal par un entier

Savoir

Avant d'effectuer la multiplication d'un nombre décimal par un nombre entier, il convient, dans certains cas, de **supprimer le ou les zéros inutiles** qui se trouvent à droite de la partie décimale.

Exemples : 670 × 3,80 = 670 × 3,8.
151,700 × 209 = 151,7 × 209.

Savoir faire

• Multiplier un nombre décimal par 10, 100, 1000...

Déplace la virgule de **1, 2 ou 3 rangs** vers la droite.
Écris un ou plusieurs zéros à droite du nombre si nécessaire.

Exemple :

12,75 × **10** = 12,7,5 → 127,5 (1 rang)

12,75 × **100** = 12,75 → 1 275 (2 rangs)

12,75 × **1 000** = 12,750 → 12 750 (3 rangs)

• Multiplier un décimal par un entier

Exemple : 13,42 × 57.

1. Effectue la multiplication **sans tenir compte** de la virgule :
1 342 × 57 = 76 494.

2. Place une **virgule** au résultat de sorte que sa partie décimale comporte **autant de chiffres** que la partie décimale du multiplicande.

```
    1 3, 4 2
  × 5 7
  ----------
    9 3 9 4
  6 7 1 0 .
  ----------
  7 6 4, 9 4
```

partie décimale : **2** chiffres

• Multiplier un entier par un décimal

Exemple : 897 × 2,6.

1. Effectue la multiplication **sans tenir compte** de la virgule.

2. Place une **virgule** au résultat de façon que sa partie décimale comporte **autant de chiffres** que la partie décimale du multiplicateur.

```
        8 9 7
  ×       2, 6
  ------------
    5 3 8 2
  1 7 9 4 .
  ------------
  2 3 3 2, 2
```

partie décimale : **1** chiffre

Faire

1 ★ Calcule mentalement.

a. 1, 57 × 10 = ... b. 2,3 × 10 = ...

c. 243,7 × 100 = ... d. 3,56 × 100 = ...

e. 1,23 × 1 000 = ... f. 15,2 × 1 000 = ...

2 ★ Résous ce problème mentalement.

Une coopérative de classe vend un journal scolaire au prix de 2,50 € l'exemplaire.
Quelle sera la recette pour 100 journaux vendus ? pour 1 000 journaux vendus ?

....

3 ★★ Effectue ces multiplications.

7, 5 4	2 3 9
× 3 6	× 5, 8
. . . .	. . . .
. . . . .	. . . . .
. . . . .	. . . . .

4 ★★ Pose et effectue ces multiplications.

741 × 5,9 5,67 × 42

107,2 x 37 385 x 0,84

5 ★★ Barre les zéros inutiles si nécessaire puis calcule les résultats sur ton cahier.

450 × 1,20

10,400 × 28

6 ★★ Place une virgule dans un des deux nombres soulignés de façon que l'opération soit possible.

<u>784</u> × <u>38</u> = 297,92

0, 89 × <u>45</u> = <u>4005</u>

<u>21</u> × <u>072</u> = 15,12

<u>495</u> × 96 = <u>4 752</u>

7 ★★★ Résous ce problème.

La maquette d'un nouveau modèle d'avion mesure 125,8 cm de long et 98,2 cm d'envergure.
Pour obtenir les dimensions réelles de l'avion, il faut multiplier les dimensions de la maquette par 75.
Calcule, en mètres, la longueur et l'envergure réelles de l'avion.

....

....

8 ★★★ Résous ce problème.

Marie-Lou et Tom sont invités à une fête costumée. Leur maman leur confectionne un déguisement. Elle achète 2,75 m de tissu à 3 € le m, 2 m à 4,15 € le m et 0,50 m à 6 € le m.

À combien reviennent les costumes ?

....

....

....

Corrigés p. 210

Évalue ton travail et coche pour chaque exercice : ☑ réussi ☑ presque réussi ☑ à revoir

13 Division de deux nombres entiers (1)

OBJECTIF • Poser et effectuer une division à un chiffre au diviseur

Savoir

La **division** permet, dans un partage, de calculer la **valeur** d'**une part** ou le **nombre de parts**.

- Une division peut s'écrire en **ligne** : 36 : 4 = 9 ; reste 0.
- Tu peux aussi la **poser** :

dividende → 36 | 4 ← **diviseur**
(nombre que l'on divise) (nombre qui divise l'autre)

36	4
0	9

reste ↗ 0 ; **quotient** (résultat) ↖ 9

- Le reste d'une division doit toujours être **plus petit** que le diviseur : $0 < 9$.
- Pour retrouver le dividende d'une division, multiplie le diviseur par le quotient et ajoute le reste : $(4 \times 9) + 0 = 36$.

Savoir faire

• Effectuer une division : prendre un chiffre au dividende

Exemple : 76 : 5 (7 > 5).

1. Divise les **dizaines** de 76 par 5 :
en 7, combien de fois 5 ? **1** fois ;
1 fois 5 → 5 ; écris 5 sous le 7 ;
5 ôté de 7, reste **2** (2 dizaines).

2. Abaisse le chiffre des unités, 6,
et divise les **unités restantes**, 26.
En 26, combien de fois 5 ? **5** fois ;
5 fois 5 → 25 ; écris 25 sous 26 ;
25 ôté de 26, reste **1**.

7 6	5
− 5 ↓	**15**
2 6	
− 2 5	
1	

• Effectuer une division : prendre deux chiffres au dividende

Exemple : 135 : 5 (1 < 5).

1. Divise les **centaines** de 135 par 5.
En 1, combien de fois 5 ? Impossible.
Divise donc les centaines et les dizaines **réunies**.
En **13**, combien de fois 5 ? **2** fois ;
2 fois 5 → 10 ; écris 10 sous 13 ;
10 ôté de 13, reste **3** (3 dizaines).

2. Abaisse le 5 et termine l'opération.

1 3 5	5
− 1 0 ↓	**27**
3 5	
− 3 5	
0	

Faire

1 ★ Calcule mentalement.

31 : 7 = ... ; reste ....

40 : 8 = ... ; reste ....

29 : 5 = ... ; reste ....

78 : 9 = ... ; reste ....

50 : 6 = ... ; reste ....

2 ★ Résous mentalement ce problème.

Dans une classe, les 32 élèves sont groupés par tables de 4.
Combien y a-t-il de tables complètes ?

....

3 ★★ Effectue les divisions suivantes.

89 | 6   95 | 3

274 | 7   348 | 4

4 ★★ Pose et effectue les divisions suivantes.

462 : 5   673 : 7   457 : 8

5 ★★ Retrouve le dividende de chacune des divisions suivantes.

Dividende	Diviseur	Quotient	Produit soustrait	Reste
. .	7	3	− 2 1	0 5
. .	9	5	−4 5	0 8
. .	5	8	−4 0	0 3

6 ★★ Retrouve le diviseur et le reste de chacune des divisions suivantes.

Dividende	Diviseur	Quotient	Produit soustrait	Reste
8 4	.	9	− 8 1	.
3 5	.	5	− 3 5	.
2 4	.	4	− 2 0	.

7 ★★★ Résous ce problème sur ton cahier.

Pour prendre des photos pendant les vacances, Éric a utilisé 4 pellicules de 24 poses chacune. Il colle ses photographies dans un album à raison de 8 par page.

a. Trouve le nombre total de photographies qu'Éric a prises pendant les vacances.

b. Quel est le nombre de pages remplies ?

8 ★★★ Résous ce problème.

Les parents de Morgan achètent un téléviseur à écran plat d'une valeur de 1 890 €. Ils versent 648 € à la commande et 360 € à la livraison. Le reste sera payé à crédit en 9 mensualités égales.

a. Quel est le montant de la somme payée à crédit ?

....

b. Quel est le montant d'une mensualité ?

....

....

Corrigés p. 211

Évalue ton travail et coche pour chaque exercice : ☑ réussi ☑ presque réussi ☑ à revoir

14 Division de deux nombres entiers (2)

OBJECTIF • Poser et effectuer une division à deux chiffres au diviseur

Savoir

Pour faire la **preuve** d'une division (vérifier qu'elle est juste), on effectue la **multiplication inverse**. On ajoute le **reste** si c'est nécessaire.
Ex : **75 : 28 = 2** ; reste **19** **preuve → (28 × 2) + 19 = 75.**

Savoir faire

• Diviser un nombre à 2 chiffres

Exemple : 75 : 28.

• Divise les dizaines entre elles :
en 7, combien de fois 2 ? 3 fois ;
3 fois 28 → 84 ;
84 étant plus grand que 75, tu dois prendre **2**.
2 fois 28 → 56 ; écris 56 sous 75 ;
56 ôté de 75, reste **19**.

	7 5	2 8
–	5 6	**2**
	1 9	

• Diviser un nombre à 3 chiffres ou plus

Exemple : 659 : 21 (65 > 21).

• Divise le nombre formé par les deux chiffres de gauche du dividende, soit 65.
En 65, combien de fois 21 ?
(ou en **6**,combien de fois **2** ?) → **3** fois ;
3 fois 21 → 63 ; écris 63 sous 65 ;
63 ôté de 65, reste **2**.

• Abaisse le **9** et continue la division.

	6 5 9	2 1
–	6 3 ↓	**3 1**
	2 9	
–	2 1	
	8	

Remarque Si les **deux chiffres de gauche** forment un nombre **plus petit** que le diviseur, prends **trois chiffres** au dividende.

Exemple : 2 378 : 32 (23 < 32).
Tu dis alors : en 237, combien de fois 32 ?
(ou en 23 combien de fois 3 ?)…

1 ★ Effectue ces divisions.

□□□

```
  8 9 | 2 1          9 6 | 4 3
– . . | .          – . . | .
    . |                . . |
```

2 ★ Termine ces divisions.

□□□

```
  4 9 3 | 2 3        1 4 3 7 | 3 5
– 4 6   | 2 .      – . . .   | 4 .
    . .                . .
  – . .              – . .
    . .                  .
```

3 ★★ Pose et effectue les divisions suivantes.

□□□

31 : 16

53 : 24

775 : 25

9184 : 68

4 ★★ Pose et effectue ces divisions et fais la preuve de chacune d'elles.

□□□

291 : 76

7 943 : 82

5 ★★ Retrouve le dividende puis termine les divisions.

□□□

```
  . . . | 4 1          . . . . | 2 4
– . .   | 1 3        – . . .   | 6 8
  . . .                . . .
– . . .              – . . .
      0                    8
```

6 ★★ Résous le problème suivant.

□□□

Les concurrents d'une course automobile doivent parcourir une distance de 608 km en effectuant 38 tours d'un circuit.

Quelle est la longueur du circuit ?

....

7 ★★ Résous le problème suivant.

□□□

La Terre fait un tour sur elle-même en 24 heures.

Combien de tours fera-t-elle fait en 216 heures ?

....

8 ★★★ Résous le problème suivant.

□□□

Les 307 enfants d'un club de football partent assister à un match à Paris. Ils sont accompagnés de 18 adultes.

a. Combien faudra-t-il réserver de cars de 56 places ?

....

b. Tous les cars sont complets sauf un. Combien de personnes prendront place dans le car non complet ?

....

Corrigés p. 211

Évalue ton travail et coche pour chaque exercice : ☑ réussi ☑ presque réussi ☑ à revoir

15 Division de deux nombres entiers : quotient décimal

OBJECTIF • Calculer le quotient décimal de deux nombres entiers

Savoir

Si le reste d'une division est différent de 0, tu peux continuer la division et obtenir un **quotient décimal**.
Ce quotient décimal peut être exprimé au **dixième** (1 chiffre après la virgule) ou au **centième** (2 chiffres après la virgule).

Voici les résultats de divisions effectuées à l'aide de la calculatrice :

48 : 8 = 6 reste 0 quotient entier **exact**.
52 : 8 = 6,5 reste 0 quotient exact **au dixième**.
54 : 8 = 6,75 reste 0 quotient exact **au centième**.

Savoir faire

• Calculer le quotient décimal de deux nombres entiers

1. Le dividende est plus grand que le diviseur.

Exemple : 317 : 8.

• Calcule le **quotient entier**.
317 : 8 = 39 reste 5.
• Écris **0** à droite du reste.
et place une **virgule** à droite du quotient.
• Continue la division pour trouver le quotient au **dixième** (39,6).
• Écris **0** à droite du reste pour trouver le quotient au **centième** (39,62).

3 1 7	8
− 2 4	3 9, 6 2
7 7	
− 7 2	
5 **0**	
− 4 8	
2 **0**	
− 1 6	
4	

2. Le dividende est plus petit que le diviseur.

Exemple : 12 : 23.

• Tu dis : en 12 combien de fois 23 ? 0 fois (car 12 est plus petit que 23).
• Écris **0** au quotient et place une **virgule** à droite du 0.
• Écris un **0** à droite du dividende (12 devient 12**0**).
• Continue l'opération comme tu l'as appris dans le *Savoir faire* numéro 1.

1 2 **0**	2 3
− 1 1 5	**0**, 5 2
5 **0**	
− 4 6	
4	

Faire

1 ★ Termine les divisions suivantes au dixième près.

8 4	3 8
− 7 6	2, .
8 0	
− . .	
.	

2 3 8	6 4
− 1 9 2	3, .
4 6 0	
− . . .	
. .	

2 ★ Termine les divisions suivantes au centième près.

5 8	2 3
− 4 6	2, . .
1 2 0	
− . . .	
. .	
− . .	
.	

4 5 3	6 1
− 4 2 7	7, . .
2 6 0	
− . . .	
. . .	
− . . .	
. .	

3 ★★ Pose et effectue au dixième.

65 : 4

814 : 35

4 ★★ Pose et effectue au centième.

65 : 43

652 : 45

5 ★★ Pose et effectue.

34 : 45 (au dixième près)

59 : 80 (au centième près)

6 ★★ Résous le problème suivant.

Une série de 8 livres de français coûte 108 €.
Quel est le prix d'un livre ?

....

7 ★★ Résous le problème suivant.

M. Pierre fait le plein d'essence en ajoutant 40 litres dans son réservoir. Il paie 46 €.

Quel est le prix d'un litre d'essence ?

....

8 ★★★ Résous le problème suivant.

Un organisme humanitaire a affrété un convoi de camions et de camionnettes.
Chaque camion transporte 2 254 kg de nourriture répartie dans 92 caisses et chaque camionnette transporte 1 040 kg de médicaments répartis dans 64 cartons.

a. Calcule la masse de nourriture contenue dans une caisse.

....

b. Calcule la masse de médicaments contenus dans un carton.

....

Corrigés p. 211

Évalue ton travail et coche pour chaque exercice : ☑ réussi ☑ presque réussi ☑ à revoir

16

Comprendre un problème

OBJECTIF • Comprendre un énoncé de problème ; repérer et utiliser les données

Savoir

Un problème comporte un **énoncé** (le plus souvent un texte) et une ou plusieurs **questions**.
Avant de répondre à la question (ou aux questions), il te faut un moment de réflexion : c'est le **raisonnement**.

Savoir faire

• Savoir aborder un problème

Exemple : M. Robin achète un lecteur-enregistreur DVD valant 380 € et 2 lots de DVD à 20 € l'un. Chaque DVD a une durée de 3 heures.

1. Lire l'énoncé et le comprendre.
• Tu dois lire l'énoncé avec beaucoup d'attention et être capable, après lecture, de **répondre à des questions** qui s'y rapportent.

Exemple : *Qu'achète M. Robin ?*
→ Un lecteur-enregistreur DVD et des DVD.
Combien coûte le lecteur-enregistreur DVD ?
→ 380 €.

• Tu dois aussi, après lecture, être capable de **trouver une (ou plusieurs) question(s)** non formulées.
Exemple : *Combien M. Robin a-t-il dépensé en tout ?*

2. Repérer les données.
Les données sont les **nombres** ou les **informations** fournis par l'énoncé.
Ici, ce sont :

380 €	2	20 €	3 h
↓	↓	↓	↓
prix du lecteur-enregistreur DVD	nombre de lots de DVD	prix d'un lot	durée d'un DVD

3. Choisir les données utiles et les organiser.
La dépense totale comprend :
– le prix du lecteur-enregistreur DVD → 380 € ;
– le prix des 2 lots de DVD → 20 € × 2.

Remarque **3 heures** est une donnée **inutile** pour répondre à la question.

Faire

1 ★ **Lis l'énoncé suivant puis cache-le et réponds aux questions a, b, c et d.**

Un carton contient 66 boîtes de pâté. Une boîte pèse 275 g et le carton vide pèse 850 g. Quelle est la masse du carton plein ?

a. De quoi est constituée la masse totale du carton plein ?

....

....

b. Quelle est la masse du carton vide ?

....

c. Combien de boîtes contient le carton ?

....

d. Quelle est la masse d'une boîte ?

....

2 ★ **Quelle donnée manque-t-il pour trouver le prix du bouquet ?**

Pour la fête de sa maman, Charlotte va chez le fleuriste et achète un bouquet constitué de 15 fleurs : 7 roses à 2 € et 8 iris.

....

3 ★★ **Barre, dans cet énoncé, les données qui sont inutiles pour répondre à la question.**

Julien doit partir aux sports d'hiver du 7 au 15 mars. Il achète :
– une paire de skis de 1,60 m valant 132 € ;
– une paire de chaussures, pointure 40, à 67 € ;
– un pull vendu au prix de 22 €.
Son cousin, qui est parti 8 jours au ski en février, lui prête une paire de gants qu'il avait payée 20 € et un anorak d'une valeur de 99 €.

Quel est le montant de sa dépense ?

....

4 ★★ **Écris deux questions qui peuvent suivre cet énoncé.**

Un apiculteur a rempli 76 seaux identiques avec les 608 kg de miel de sa récolte.
Il revend ce miel au prix de 7 € le kg.

....

....

5 ★★★ **Écris les deux questions qu'il faut poser avant la question du problème.**

Dans une salle de cinéma où toutes les places sont vendues 8 €, la recette pour la 1re séance est de 1 480 €.

Quelle est la recette pour la 2e séance sachant qu'il y a eu 28 spectateurs de plus qu'à la 1re séance ?

....

....

6 ★★★ **Lis l'énoncé et réponds aux questions sur ton cahier.**

Caméscope SINOX
180 €
2 modes de paiement

Au comptant	À crédit
Remise de 20 €	45 € + 9 mensualités de 16,50 €

Quelles données permettent de trouver :

a. le prix de revient du caméscope payé au comptant : ....

b. le prix des 9 mensualités : ....

c. le prix de revient du caméscope payé à crédit : ....

Écris la question que l'on peut se poser.

....

Corrigés p. 211

Évalue ton travail et coche pour chaque exercice : ☑ réussi ☑ presque réussi ☑ à revoir

17

Résoudre un problème

OBJECTIF • Résoudre des problèmes relevant des quatre opérations

Savoir

Résoudre un problème, c'est répondre, par des **calculs** et des **phrases-réponses**, à la (ou aux) question(s) posée(s).

La **résolution** d'un problème comprend 4 étapes :
- le choix de l'**opération** (ou des opérations),
- l'évaluation de l'**ordre de grandeur** des résultats,
- le **calcul exact** du résultat de l'opération (ou des opérations),
- la **présentation** du (ou des) résultat(s).

Savoir faire

• Choisir l'opération qui convient

- L'addition → pour trouver un **total**.
- La soustraction → pour trouver ce qui **manque**, ce qui **reste** ou la **différence**.
- La multiplication → pour trouver la valeur de **plusieurs données identiques**.
- La division → pour trouver le **nombre de parts identiques** ou la **valeur d'une part**.

• Évaluer l'ordre de grandeur

Évaluer l'ordre de grandeur, c'est trouver la **valeur approchée** d'un résultat avant d'effectuer les calculs.

Exemple : *Combien coûtent 9 livres à 14,45 € l'un ?*
9 est proche de **10** ; 14,45 € est proche de **14**.
14,45 × 9 est proche de **14 × 10 = 140**.

• Effectuer les calculs

Exemple : 14,45 × 9 = **130,05** (proche de 140).

Opération en colonnes
↓

$$\begin{array}{r} 14,45 \\ \times \quad 9 \\ \hline 130,05 \end{array}$$

• Présenter les résultats

Opération en ligne → 14,45 × 9 = 130,05.
Phrase-réponse → Les 9 livres coûtent 130,05 €.

Faire

1 ★

Pour chacun des énoncés suivants, écris l'opération en ligne sans l'effectuer.

Il manque 2 € à Martin, qui n'a que 15 € pour s'acheter une revue.

Quel est le prix de la revue ?

....

Pour le cross de l'école, les élèves de CM1 doivent parcourir 960 m sur un circuit de 80 m.

Combien de tours devront-ils parcourir ?

....

Au départ de Paris, le compteur de mon automobile marquait 18 624 km. À mon arrivée à Bordeaux, il marquait 19 203 km.

Quelle est la distance Paris-Bordeaux ?

....

2 ★

Encadre le calcul exact.

Une classe de CM1 part en classe de découverte. Le montant total du séjour s'élève à 9 125 €. Chacun des 28 élèves de la classe paie 195 €. Le reste est financé par la Caisse des écoles.

Combien a versé la Caisse des écoles ?

a. (9 125 – 195) × 28

b. 9 125 – (195 × 28)

c. (9 125 × 28) – (195 × 28)

3 ★

Pour chaque problème, trouve l'ordre de grandeur du résultat et le résultat exact.

a. Quel est le prix de 8 survêtements valant 49 € chacun ?

....

b. Un frère et une sœur ont offert à leur mère un cadeau d'une valeur de 105 €. Quelle est la part à payer pour chacun ?

....

c. Madame Leroux dépense 48,75 € au supermarché et 6,90 € chez le libraire. Quelle est sa dépense totale ?

....

4 ★★

Résous ce problème.

L'entraîneur d'une équipe de basket commande pour chacun des 5 joueurs et des deux remplaçants un maillot à 15,50 € et un short à 11,60 €.

Quelle somme a-t-il dépensée ?

....

5 ★★

Résous ce problème.

Fabien possède un album qui peut contenir 500 timbres. Il en a déjà 300 et on lui en offre 50.

Combien de pochettes de 25 timbres devra-t-il commander pour compléter son album ?

....

....

6 ★★★

Résous ce problème sur une feuille.

À la représentation de l'après-midi, le cirque était plein, et 1 035 billets ont été vendus le soir. Pour les 2 séances, on a compté 1 128 enfants.

CIRQUE ZAVOTTO	
1 300 places	
Adultes	Enfants
12 €	5 €

a. Combien de billets ont été vendus ?

b. Combien d'adultes étaient présents ?

c. Quel a été le montant total de la recette ?

Corrigés p. 211

Évalue ton travail et coche pour chaque exercice : ☑ réussi ☑ presque réussi ☑ à revoir

18

Tableaux et graphiques

OBJECTIF • Construire et interpréter un tableau ou un graphique

Savoir

Un **tableau** et un **graphique** permettent de **lire rapidement** un nombre important d'**informations**.

Exemple :

	football	tennis	judo
CE2	5	6	8
CM1	6	17	1
CM2	15	5	3
Total	26	28	12

Ce tableau nous indique que 17 élèves de CM1 jouent au tennis.

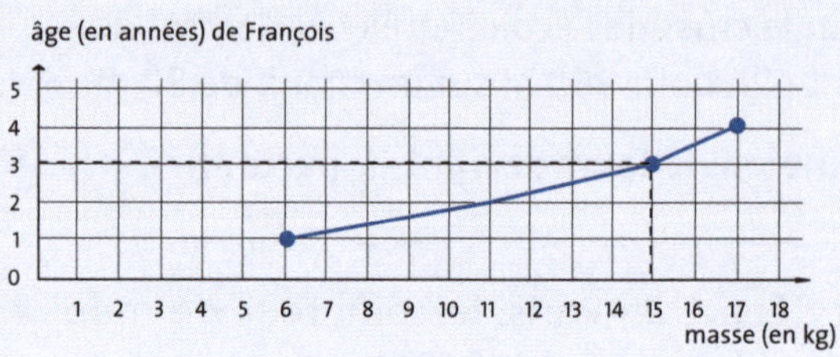

Ce graphique montre que François pesait 15 kg à 3 ans.

Savoir faire

• Construire un tableau

Exemple : Voici les voix obtenues par trois candidats lors d'une élection.
Bureau 1 : F. Dubois : 1 146 ; P. Laurent : 1 157 ; M. Bonnet : 1 128.
Bureau 2 : P. Laurent : 1 117 ; M. Bonnet : 1 121 ; F. Dubois : 1 184.

1. **Construis** le tableau en écrivant, **en haut et horizontalement**, les noms des candidats. Écris, **à gauche et verticalement**, les numéros des bureaux.
2. **Place** les nombres de voix dans les cases qui conviennent.
3. **Calcule** le total des voix de chaque candidat.

bureaux	noms des candidats		
	F. Dubois	**M. Bonnet**	**P. Laurent**
1	1 146	1 128	1 157
2	1 184	1 121	1 117
Total des voix	2 330	2 249	2 274

• Construire un graphique

Exemple : Voici, en mm, les hauteurs de pluies relevées pendant les 6 premiers mois de l'année.

janvier	février	mars	avril	mai	juin
55	45	35	40	60	55

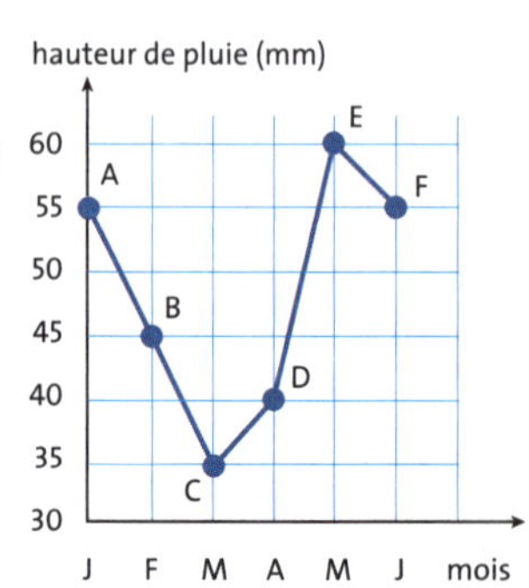

1. **Trace** deux axes perpendiculaires gradués, l'un en mois, l'autre en mm.
2. **Place** le point A (J – 55) puis les points B, C, D, E, F pour les autres mois.
3. **Joins** les points obtenus.

1 ★ Lis le tableau et réponds à la question.

□□□

Observe le tableau ci-dessous et trouve le modèle de raquette que Félix va s'acheter, sachant qu'il a 10 ans, qu'il préfère une raquette légère et qu'il ne peut pas dépenser plus de 60 €.

	La Sportive	Abibas	Nika
âge	9 à 12 ans	plus de 12 ans	10 à 12 ans
longueur (en cm)	64	67	65
poids (en g)	310	300	290
prix (en €)	30	65	55

....

....

2 ★★ Résous ce problème.

□□□

M. François veut changer sa voiture et hésite entre trois modèles : Opel Corsa, Peugeot 207 et Renault Clio, dont les prix de base sont les suivants : 12 200 €, 12 600 € et 12 400 €.
Il souhaite prendre l'option peinture métallisée dont les prix sont les suivants :
Peugeot 207 : 307 € ; Renault Clio : 390 € ; Opel Corsa : 400 €.

Inscris ces données dans un tableau et indique le nom du modèle qui reviendra le moins cher.

	Opel Corsa		
prix de base (en €)			
prix de la peinture métallisée (en €)			
prix total			

....

3 ★★ Observe le graphique ci-dessous et réponds aux questions.

□□□

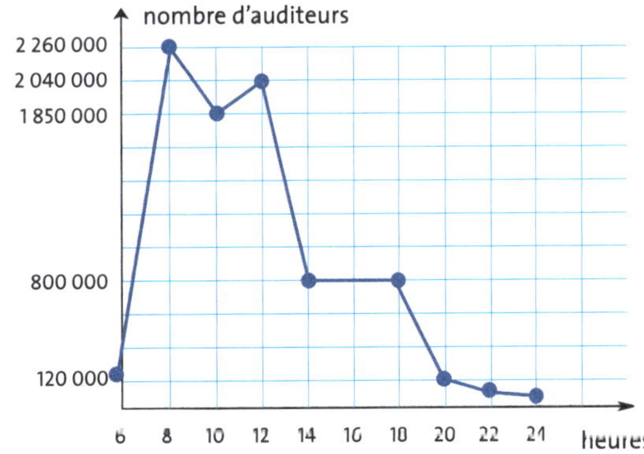

Ce graphique montre le nombre d'auditeurs d'une station de radio suivant les heures de la journée.

Calcule :

a. l'augmentation du nombre d'auditeurs entre 6 h et 8 h : ....

b. la baisse du nombre d'auditeurs entre 12 h et 18 h : ....

c. Que remarques-tu entre 14 h et 18 h ?

....

4 ★★★ Trace la courbe de température de Gaëlle à l'aide des informations suivantes :

□□□

(ma ; 39°) (me ; 39,2°)

(je ; 39,1°) (ve ; 38,8°)

(sa ; 38°) (di ; 37°) (lu ; 36,8°)

Corrigés p. 211

Évalue ton travail et coche pour chaque exercice : ☑ réussi ☑ presque réussi ☑ à revoir

19 La proportionnalité

OBJECTIF • Utiliser un tableau ou un graphique dans des situations de proportionnalité

Savoir

Il y a proportionnalité entre 2 listes de nombres quand on peut passer d'une liste à l'autre à l'aide d'**un seul opérateur**.

Exemple :

A	**nombre de livres**	2	3	5
B	**prix (en €)**	**16**	**24**	**40**

(×8) (: 8)

Ce tableau est un **tableau de proportionnalité**.
Tu passes de la liste **A** à la liste **B** à l'aide d'un seul opérateur :

—(×8)→

Tu passes de la liste **B** à la liste **A** à l'aide de l'opérateur inverse :

—(: 8)→

Savoir faire

• Compléter un tableau de proportionnalité

Exemple 1 :

Effectue les calculs indiqués par l'opérateur :
12 : 3 = **4** ; 24 : 3 = **8** ; 36 : 3 = **12**.

12	24	36
4	**8**	**12**

(: 3)

Exemple 2 :

Cherche l'opérateur qui permet de passer d'une liste à l'autre.

C'est —(×7)→ 5 × 7 = 35 ; 9 × 7 = 63 ; 13 × 7 = 91.

5	9	13
35	**63**	**91**

(×7)

• Passer d'un tableau au graphique correspondant

1. Trace deux **axes perpendiculaires**, l'un pour le nombre de stylos, l'autre pour le prix.
2. Place les **points** correspondant aux données du tableau.
3. **Joins** les points : le résultat est une **droite**.

nombre de stylos	prix des stylos (€)
2	8
4	16
6	24

(×4)

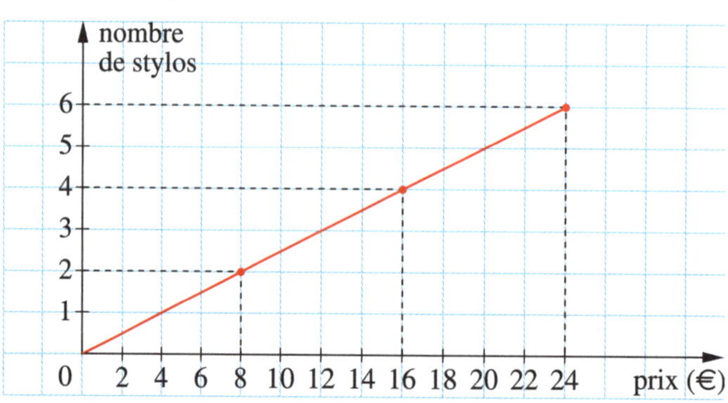

1 ★ Réponds à la question.

Les tableaux ci-dessous sont-ils des tableaux de proportionnalité ?

Écris OUI ou NON.

A	11	14	50
B	55	70	240

A	72	88	240
B	9	11	30

....

2 ★ Complète le tableau de proportionnalité suivant.

×6

2	6	...	15	...
...	...	54	...	144

3 ★★ Complète le tableau.

masse de fraises (en kg)	1	2	4	5	15
prix (en €)		6		15	

En utilisant les données, calcule :

– le prix de 6 kg de fraises : ....

– la masse de fraises que l'on peut acheter pour 30 € : ....

4 ★★ Résous le problème suivant.

Ce tableau donne la recette d'un gâteau.

farine	600 g	300 g	...
sucre	200 g	...	600 g
miel	150 g	...	
lait	120 cL	...	...

Que devient cette recette pour 300 g de farine ? 600 g de sucre ? Complète le tableau.

....

....

5 ★★★ Résous ce problème.

Les barils de lessive qu'achète la maman de Carla contiennent des petits jouets-surprise. **En t'aidant du graphique, indique le nombre de barils qu'il faudra acheter pour avoir 6 jouets-surprise.**

....

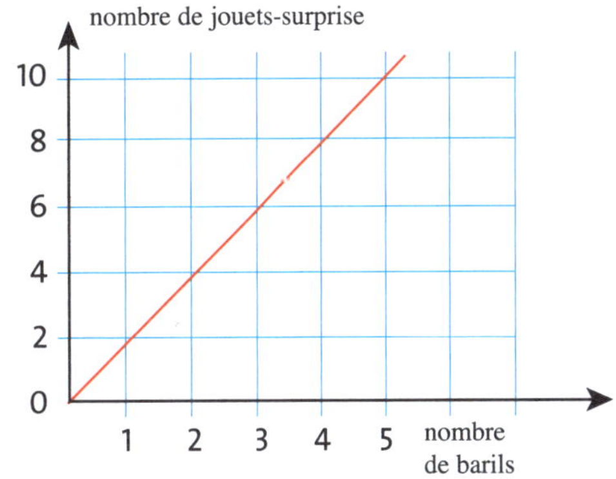

Combien Carla aura-t-elle de jouets-surprise avec 2 barils ? .... 5 barils ? ....

6 ★★★ Résous ce problème.

a. Complète ce tableau de proportionnalité :

nombre de tartes	1	5	8
prix en €	5		

b. Complète maintenant le graphique ci-dessous à l'aide des données du tableau. Joins les points obtenus.

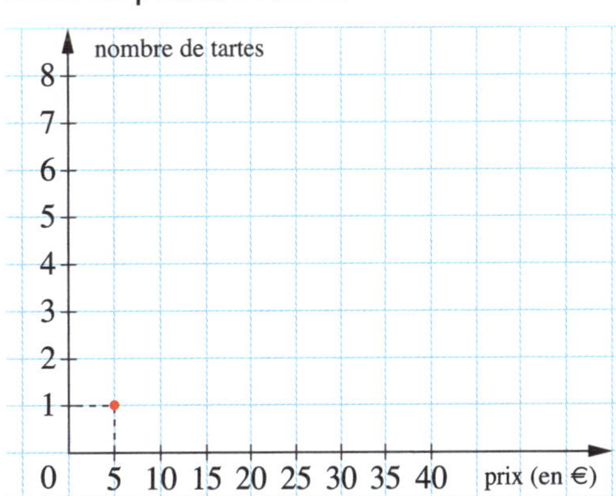

c. Quel est le prix de 3 tartes ? ....

Corrigés p. 212

Évalue ton travail et coche pour chaque exercice : ☑ réussi ☑ presque réussi ☑ à revoir

Français
Maths
Hist.-Géo. Inst. civique et morale
Sciences
Anglais
Bilans
Corrigés

20 Droites perpendiculaires / Droites parallèles

OBJECTIF • Reconnaître et tracer des perpendiculaires ; reconnaître des parallèles

Savoir

• Droites perpendiculaires

Deux droites sont perpendiculaires lorsqu'elles se coupent en formant un **angle droit**.
Les droites (a) et (b) sont **perpendiculaires**.
On écrit (a) ⊥ (b).

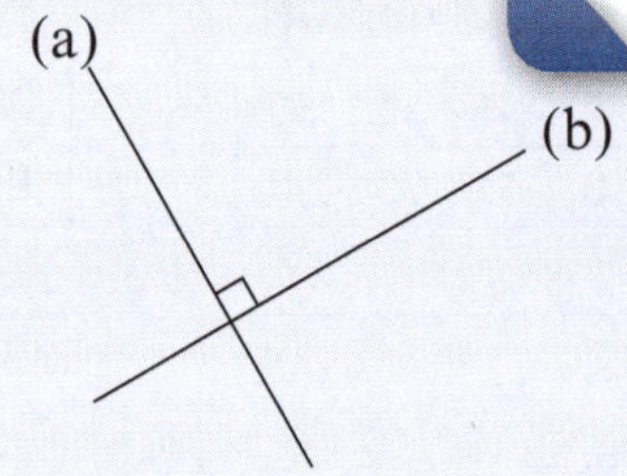

• Droites parallèles

Deux droites sont parallèles lorsque, entre elles, il y a partout le **même écartement**.
La droite (c) est parallèle à la droite (d).
On écrit (c) // (d).

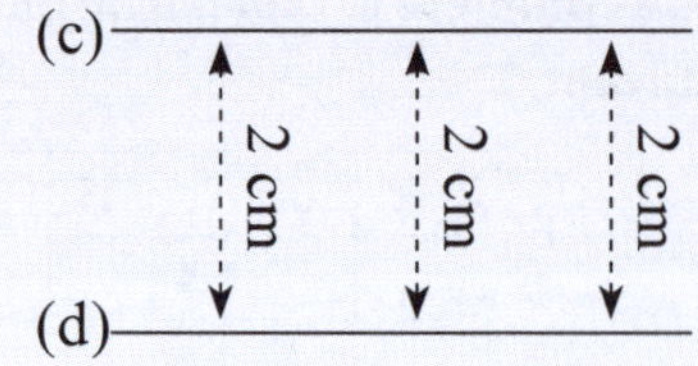

Savoir faire

• Vérifier que deux droites sont perpendiculaires

Pour vérifier que deux droites sont perpendiculaires, tu dois utiliser l'équerre.
Exemple : Les droites (a) et (b) sont perpendiculaires car l'angle qu'elles forment est un **angle droit**.
(Les droites doivent bien suivre les bords de l'**équerre**.)

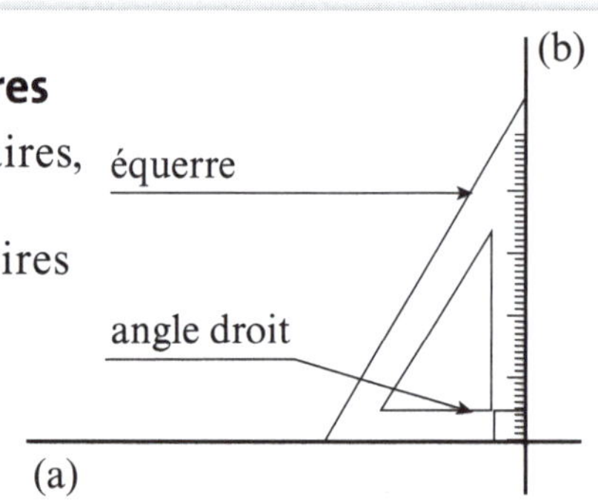

• Vérifier que deux droites sont parallèles

Pour vérifier que deux droites sont parallèles, tu dois utiliser une é**querre graduée** ou une équerre et une règle graduée.
Exemple : Les droites (c) et (d) sont parallèles car **leur écartement est toujours de 3 cm**.
(Place bien le petit côté de l'équerre sur une des deux droites.)

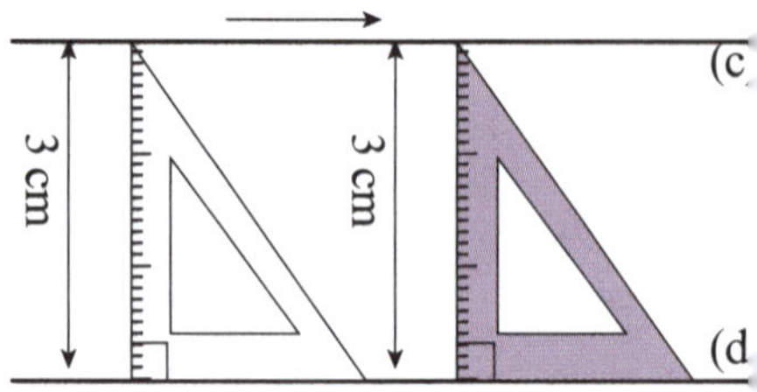

• Construire une droite perpendiculaire à une droite donnée

1. Trace la droite (m) à l'aide de ta **règle** et places-y un **point O**.
2. Fais glisser le petit côté de l'équerre sur la règle jusqu'au point O (de l'équerre ① à l'équerre ②).
3. Trace la perpendiculaire (n) **passant par** O.

(n) ⊥ (m)

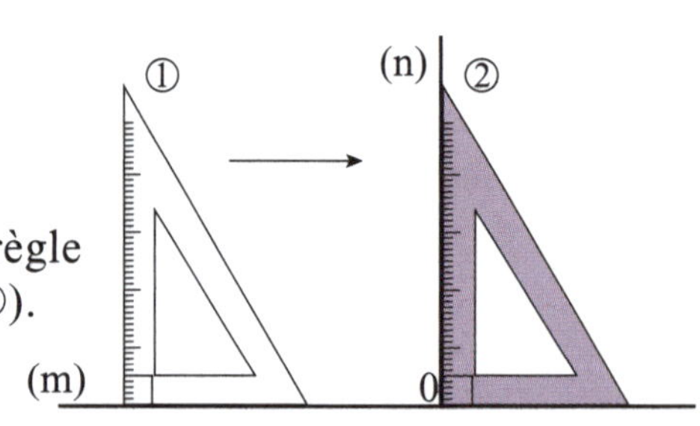

1 ★ ☐☐☐

Repasse en rouge les couples de droites perpendiculaires.

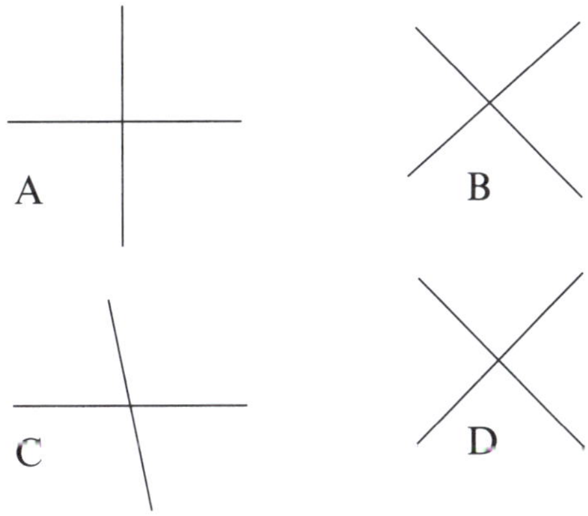

2 ★ ☐☐☐

Observe le schéma ci-dessous, puis complète le tableau à l'aide des signes ⊥ et //.

(*Ex.* : (a) ⊥ (g))

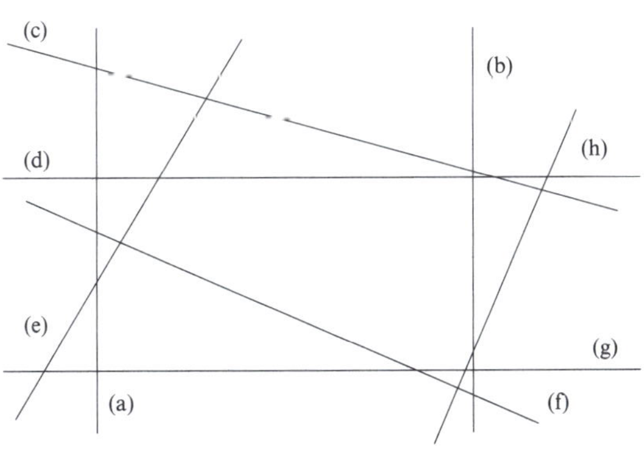

	a	b	c	d	e	f	g	h
a							⊥	
b								
c								
d								
e								
f								
g	⊥							
h								

3 ★★ ☐☐☐

Trace la droite (d) perpendiculaire à la droite (c) passant par B.

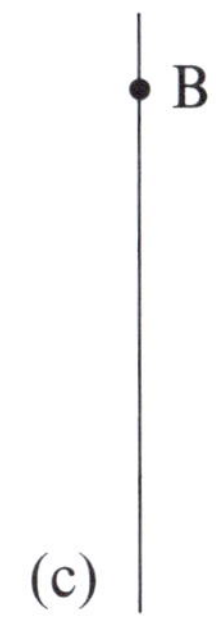

4 ★★ ☐☐☐

Trace deux perpendiculaires (a) et (b) à la droite (d) passant par A et B.

Que peux-tu dire des droites (a) et (b) ?

....

5 ★★★ ☐☐☐

Trace une droite rouge. Trace une droite noire perpendiculaire à la droite rouge, puis une droite verte, perpendiculaire à la droite noire.

Que peux-tu dire de la droite rouge et de la droite verte ?

....

Corrigés p. 212

Évalue ton travail et coche pour chaque exercice : ☑ réussi ☑ presque réussi ☑ à revoir

21 Rectangle / Carré / Losange

OBJECTIF • Identifier et construire un rectangle, un carré, un losange

Savoir

• Le rectangle / Le carré

Un rectangle est un **quadrilatère** (polygone à 4 côtés) qui possède :

- des côtés opposés **égaux** et **parallèles** (ici, *AB* et *CD* ; *AD* et *BC*),
- 4 angles **droits**,
- des **diagonales égales** (ici, *AC* et *BD*) qui se coupent en leur **milieu.**

Un carré est un **quadrilatère** qui a ses **4 côtés égaux**.

Ses diagonales sont **perpendiculaires** (ici, $EG \perp FH$) et se coupent en leur milieu.

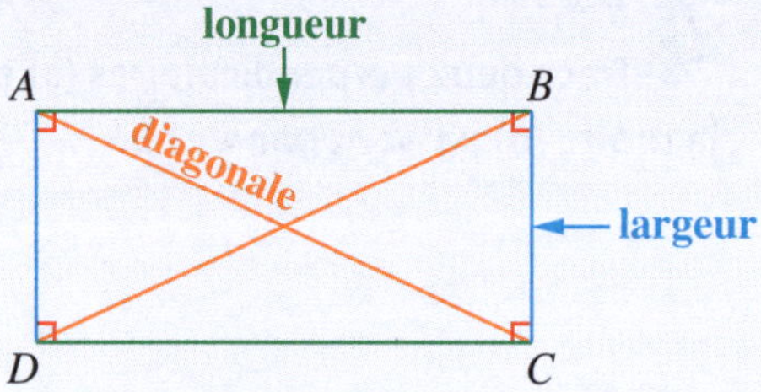

rectangle *ABCD*

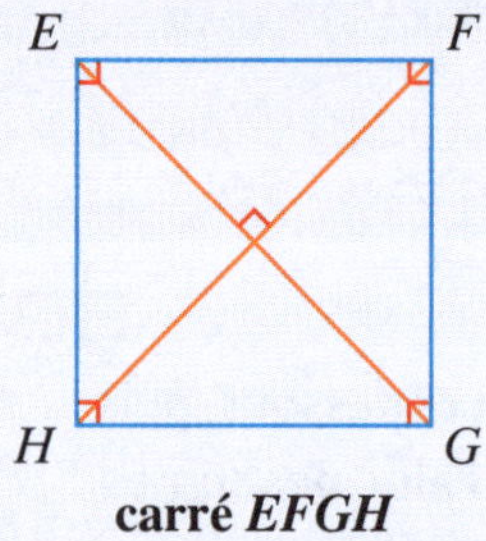

carré *EFGH*

• Le losange

Un **losange** est un quadrilatère qui possède :

- des côtés opposés **parallèles** (ici, IJ et LK ; IL et JK),
- 4 côtés **égaux**,
- des diagonales **perpendiculaires** qui se coupent **en leur milieu** (ici, IK ⊥ JL).

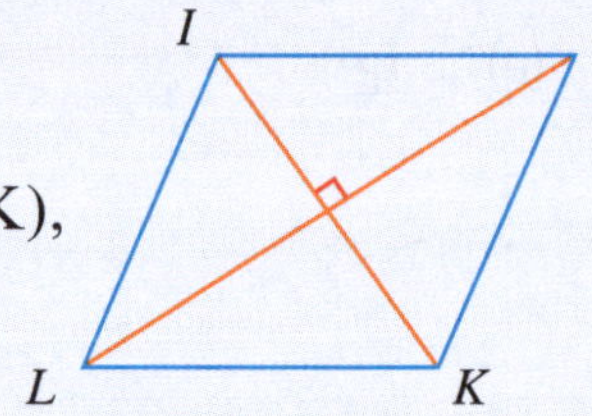

losange *IJKL*

Savoir faire

• Construire un rectangle ou un carré

Exemple : Construire un rectangle de 5 cm de long et de 3 cm de large.

1. Trace **un côté du rectangle** (par exemple, la longueur *DC* = 5 cm).
2. Du point D, trace une **perpendiculaire** à *DC* et place le point *A* à 3 cm de D.
3. Du point C, trace une autre **perpendiculaire** et place le point *B* à 3 cm de C.
4. Joins les points *A* et *B*.

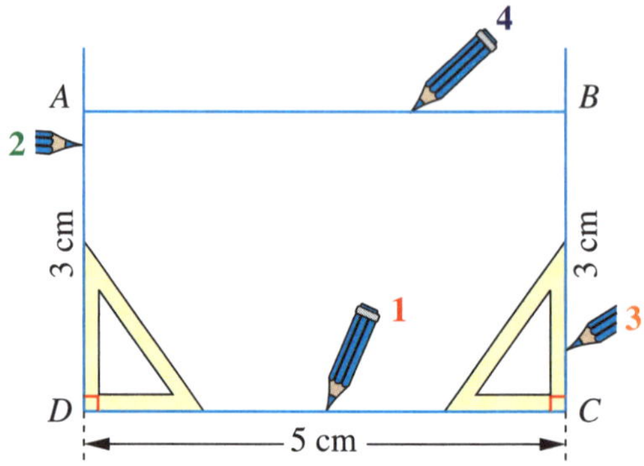

Pour **construire un carré**, procède comme pour le rectangle mais avec 4 côtés égaux.

1 ★ ☐☐☐

Nomme tous les rectangles, tous les carrés et tous les losanges visibles sur cette figure.

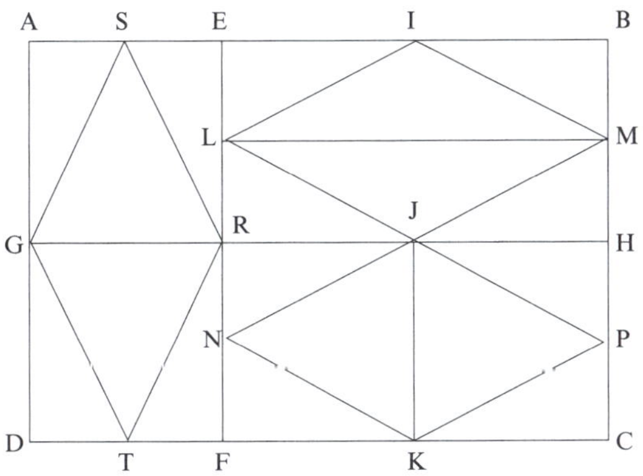

• rectangles : ....

• carrés : ....

• losanges : ....

2 ★ ☐☐☐

Termine la construction du rectangle à l'aide de ta règle graduée et de ton équerre.

3 ★★ ☐☐☐

En traçant seulement 2 segments, partage ce rectangle en 3 carrés égaux.

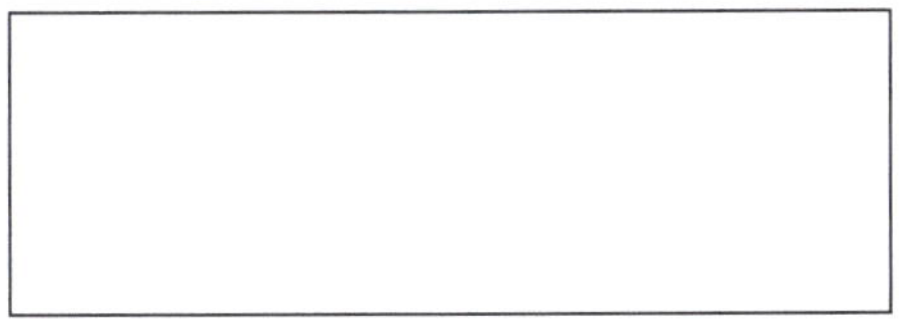

Quelle est la mesure du côté de chacun de ces carrés ? ....

4 ★★ ☐☐☐

Construis sur une feuille un carré de 5 cm de côté.

5 ★★★ ☐☐☐

Trace deux segments IJ (6 cm) et KL (4 cm) perpendiculaires en leur milieu. Joins les points IKJL.

Quelle est la nature du quadrilatère IKJL ?

....

6 ★★★ ☐☐☐

Place les points E, F, G et H au milieu des côtés respectifs : AB, BC, CD et DA du carré ABCD ci-dessous.

Joins les points E, F, G, H puis trace les segments EG et HF qui se coupent en I.

a. Quelle est la nature du quadrilatère EFGH ?

....

Place les milieux J et K des segments HI et IF. Joins les points E, K, G, J.

b. Quelle est la nature du quadrilatère EKGJ ?

....

22

Le triangle / Le cercle

OBJECTIF • Identifier et construire un triangle ; construire un cercle

Savoir

• Qu'est-ce qu'un triangle ?

Un triangle est un **polygone** (figure fermée à plusieurs côtés) qui possède **3 côtés**, **3 sommets** et **3 angles**.

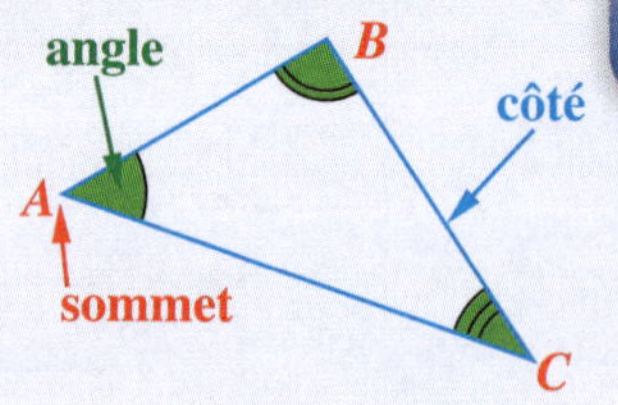

triangle *ABC*

• Les différents triangles

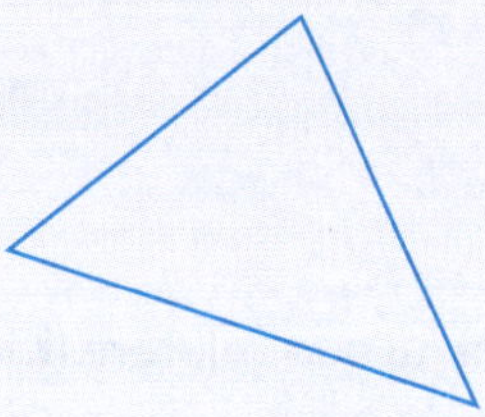

triangle quelconque
3 côtés inégaux
pas d'angle droit

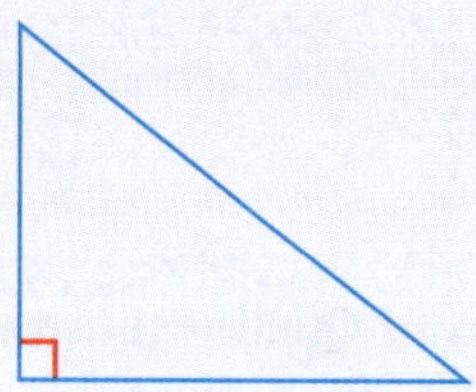

triangle rectangle
un angle droit

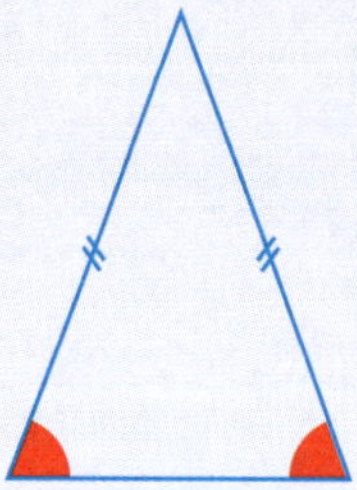

triangle isocèle
2 côtés égaux
2 angles égaux

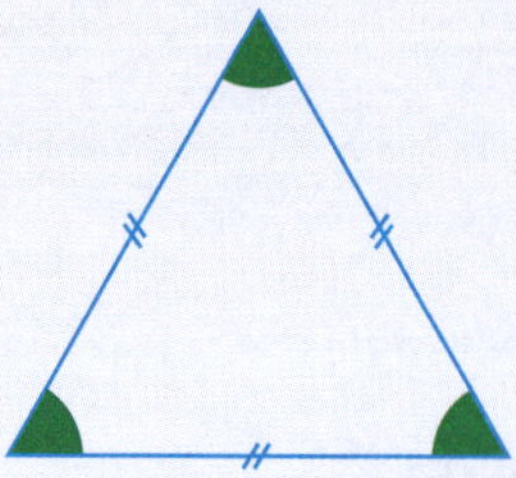

triangle équilatéral
3 côtés égaux
3 angles égaux

• Le cercle

Un cercle est une ligne courbe dont tous les points sont à égale distance du **centre O**.
OA est un **rayon**, **BC** est un **diamètre**.

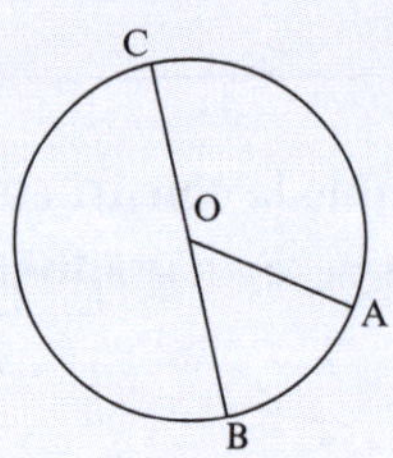

Savoir faire

• Reproduire un triangle

Exemple : Reproduire le triangle *ABC*.

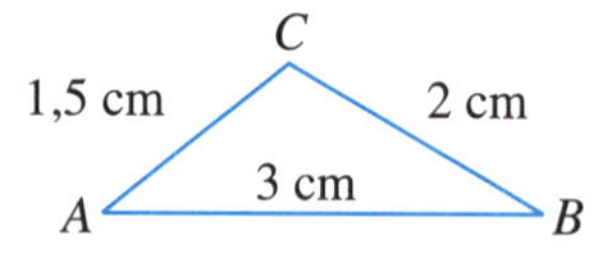

1. Trace un côté du triangle (par exemple, le côté : *AB* = 3 cm).
2. Trace un arc de cercle de centre A avec une **ouverture de compas** de 1,5 cm.
3. Trace un deuxième arc de cercle de centre *B* avec **une ouverture de compas** de 2 cm. Les deux arcs de cercle se coupent en *C*.
4. Joins *A* et *C* puis *B* et *C*.

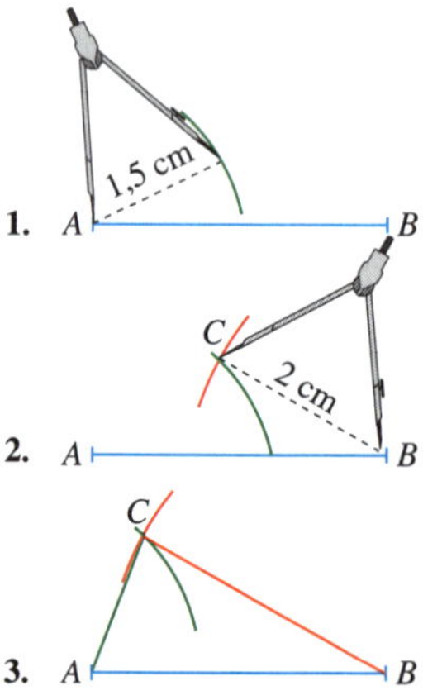

1 ★ Nomme les triangles que tu vois sur cette figure.

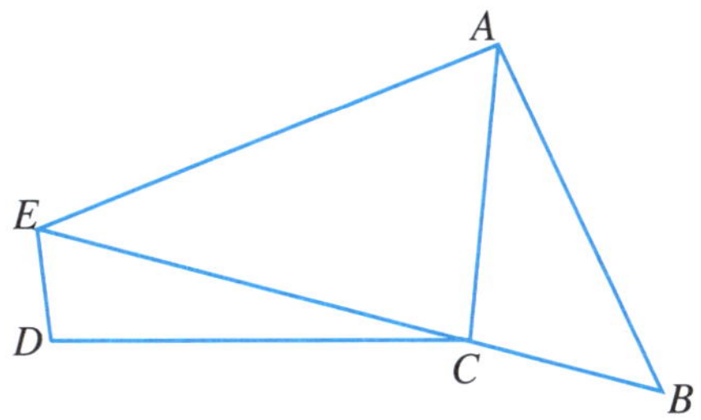

....

2 ★ Indique la nature de chaque triangle.

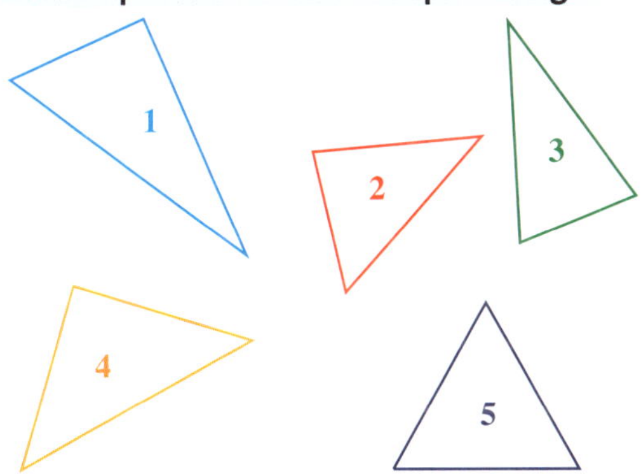

1 ....

2 ....

3 ....

4 ....

5 ....

3 ★★ Construis un triangle rectangle dont les deux côtés de l'angle droit mesurent 5 cm et 2 cm.

4 ★★ En joignant certains points, trace :

a. un triangle isocèle

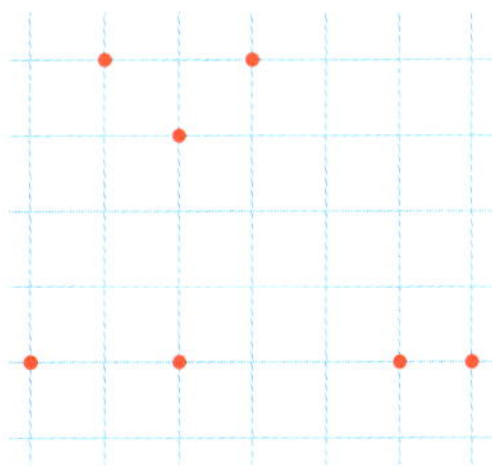

b. un triangle isocèle rectangle

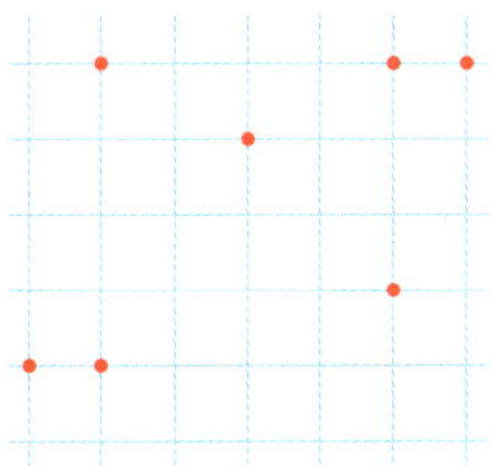

5 ★★★ Trace un triangle équilatéral de 3 cm de côté.

6 ★★★ Trace un cercle de centre O et de rayon 3 cm. Trace deux diamètres perpendiculaires AB et CD, puis place les milieux E (de OA), F (de OC), G (de OB), H (de OD).

Trace 4 cercles de centre E (passant par A), de centre F (passant par C), de centre G (passant par B), de centre H (passant par D).

. O

Corrigés p. 214

Évalue ton travail et coche pour chaque exercice : ☑ réussi ☑ presque réussi ☑ à revoir

23

Pavé / Cube / Prisme

OBJECTIF • Reconnaître et décrire des solides usuels

Savoir

• Le pavé

Le pavé est un solide constitué de :
– **6 faces** rectangulaires
(2 peuvent être carrées),
– **8 sommets**,
– **12 arêtes**.

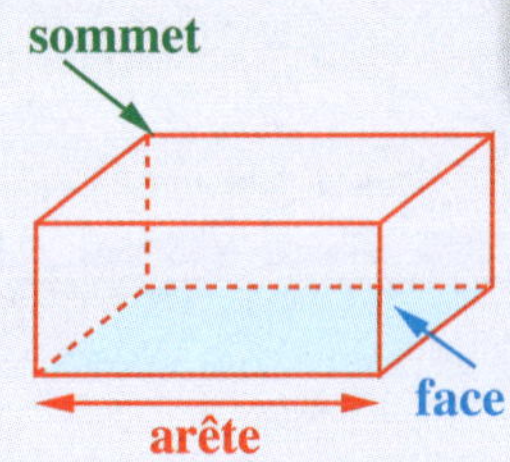

pavé

• Le cube

Le cube est un pavé particulier :
toutes ses faces sont des **carrés**.

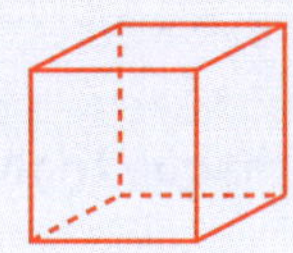
cube

• Le prisme

Dans un prisme, 2 des faces opposées **ne sont pas des quadrilatères** (ici, ce sont des triangles).
Les autres faces sont des rectangles ou des carrés.

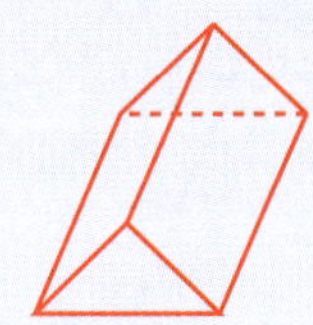
prisme

Savoir faire

• Construire le patron d'un pavé ou d'un cube

• Le patron est un **assemblage de rectangles** (ou de carrés) qui représentent le solide mis à plat.
• Les faces opposées sont **identiques** (**1** et **3** ; **2** et **4** ; **5** et **6**).
• Il existe **plusieurs possibilités** d'assemblages de rectangles (ou de carrés) pour construire le patron d'un pavé ou d'un cube.

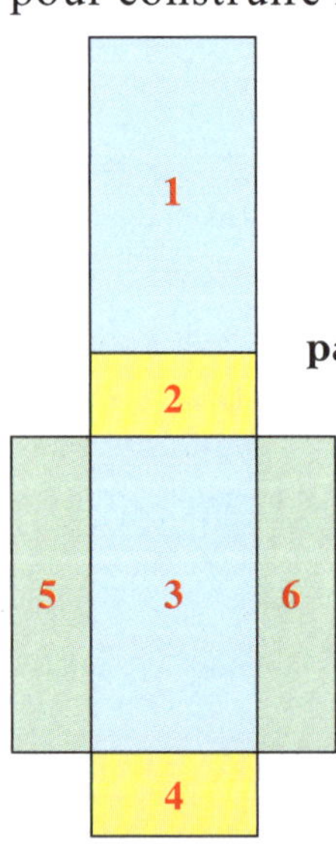

pavé

cube
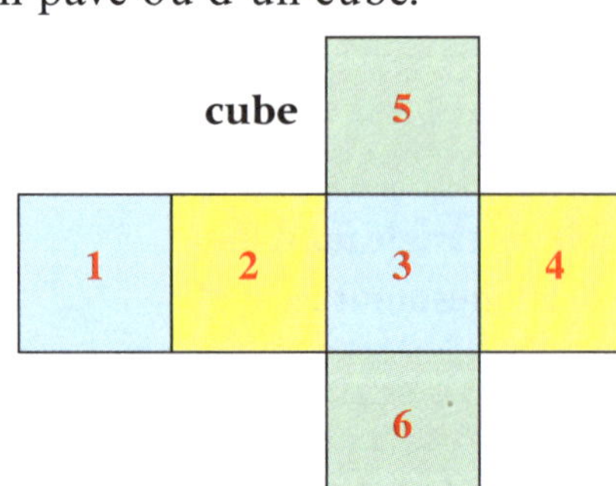

Faire

1 ★ ☐☐☐

Écris prisme, pavé ou cube sous les solides qui conviennent.

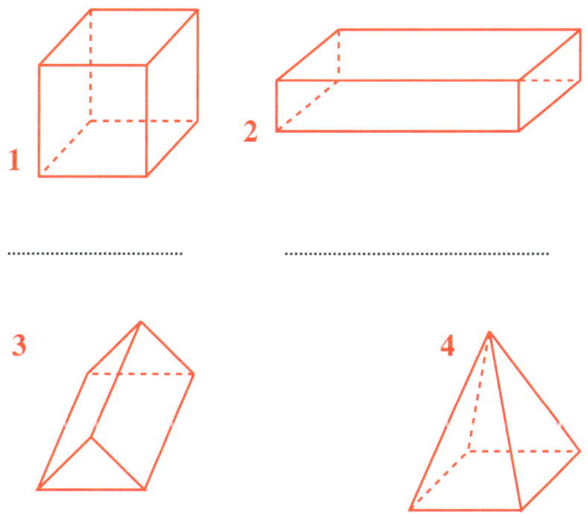

2 ★★ ☐☐☐

Reproduis le pavé à l'aide du quadrillage. Trace les arêtes cachées en pointillés.

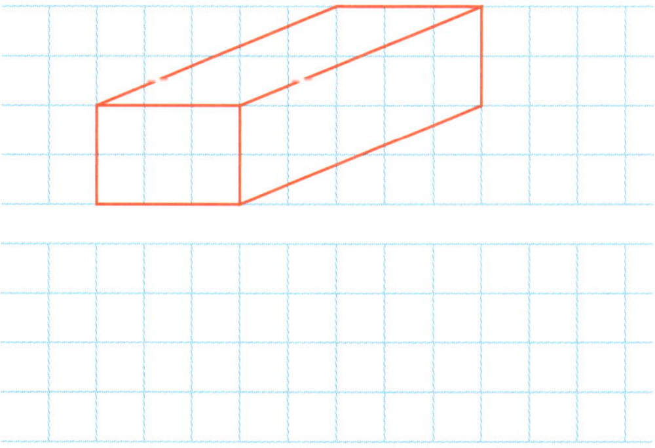

3 ★★ ☐☐☐

Termine la construction de ce prisme.

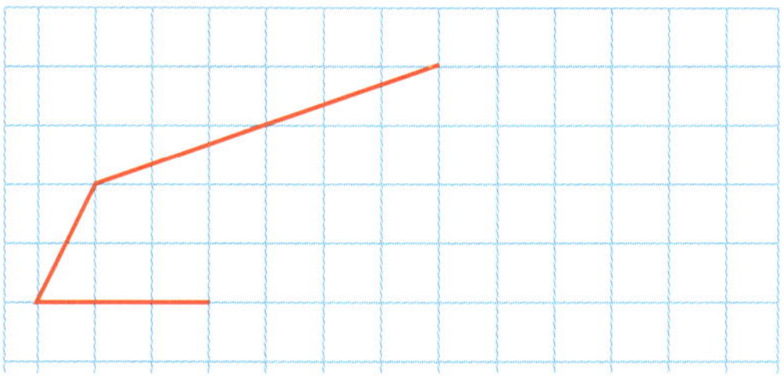

4 ★★ ☐☐☐

Quel est le patron d'un cube ?

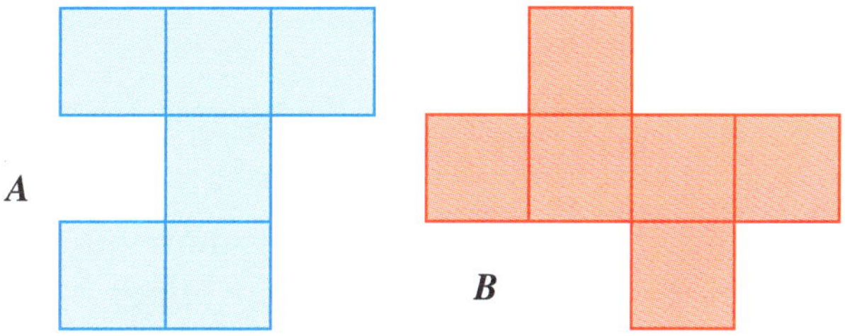

....

5 ★★★ ☐☐☐

Complète ce patron de pavé à l'aide du quadrillage.

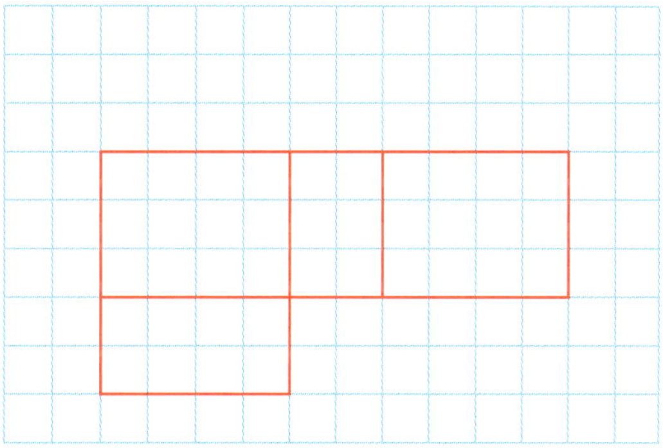

6 ★★★ ☐☐☐

Résous ce problème.

Romain décide de peindre toutes les faces de cette boîte et de recouvrir les arêtes de cette boîte de ruban adhésif de couleur.

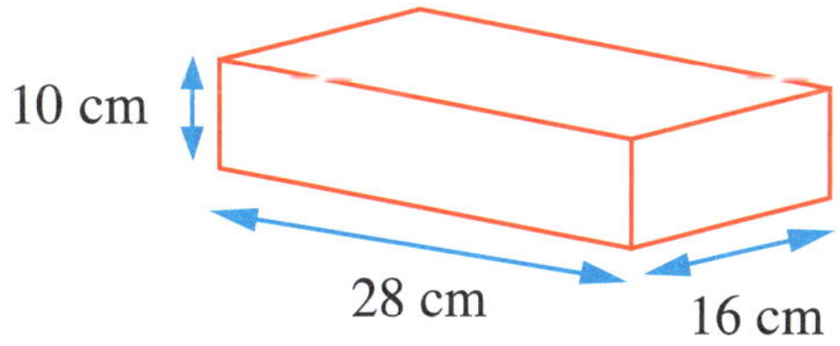

Quelle longueur de ruban adhésif devra-t-il poser ? (en cm et en mm) ....

....

....

....

Corrigés p. 214

Évalue ton travail et coche pour chaque exercice : ☑ réussi ☑ presque réussi ☑ à revoir

24

La symétrie

OBJECTIF • Comprendre la symétrie axiale

Savoir

• Symétrie par rapport à une droite

• Deux figures sont symétriques par rapport à une droite lorsque l'on peut les **superposer par pliage** suivant cette droite, appelée **axe de symétrie**.
• Dans une symétrie par rapport à une droite, la figure **conserve** sa **forme** et ses **dimensions**, mais **change** d'**orientation**.

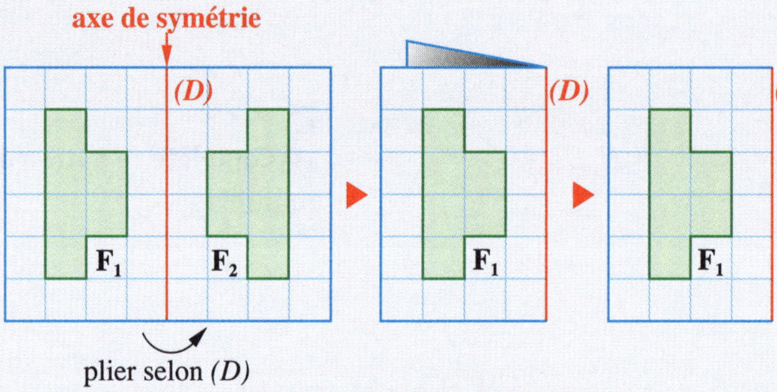

Les figures $\mathbf{F_1}$ **et** $\mathbf{F_2}$ sont symétriques par rapport à la droite *(D)*.

• Symétrie interne

Certaines figures possèdent **un ou plusieurs axes** de symétrie qui passent à **l'intérieur** de la figure.
Si on plie la figure suivant l'un de ces axes, les deux moitiés de cette figure se superposent.

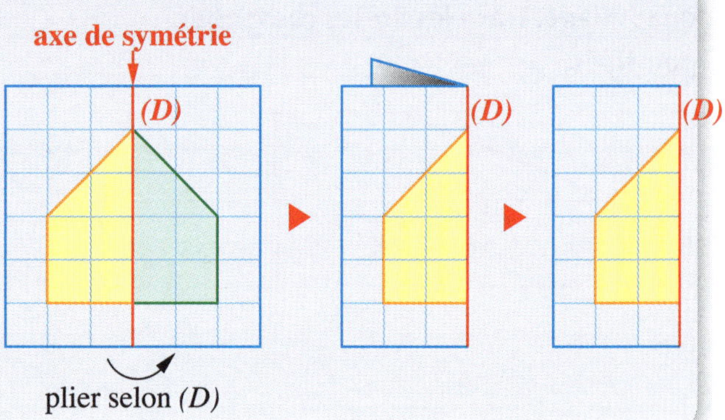

Savoir faire

• Construire le symétrique d'une figure

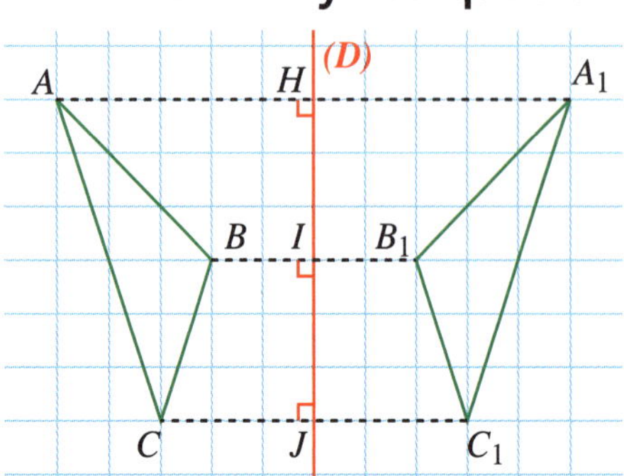

$A_1B_1C_1$ est le symétrique de ABC

Exemple : Construire le symétrique du triangle ABC par rapport à l'axe *(D)*.
1. Trace les segments AH, BI et CJ perpendiculaires à *(D)*.
2. Prolonge ces segments de façon à obtenir :
$A_1H = AH$; $B_1I = BI$; $C_1J = CJ$.
3. Joins les points A_1, B_1, C_1.

1 ★

Indique les figures qui sont symétriques par rapport à la droite *(D)*.

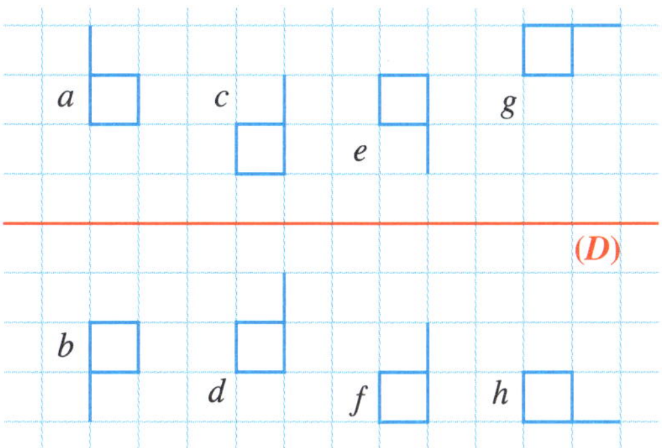

2 ★★

Trace l'axe (ou les axes) de symétrie des figures suivantes, quand c'est possible, puis complète le tableau.

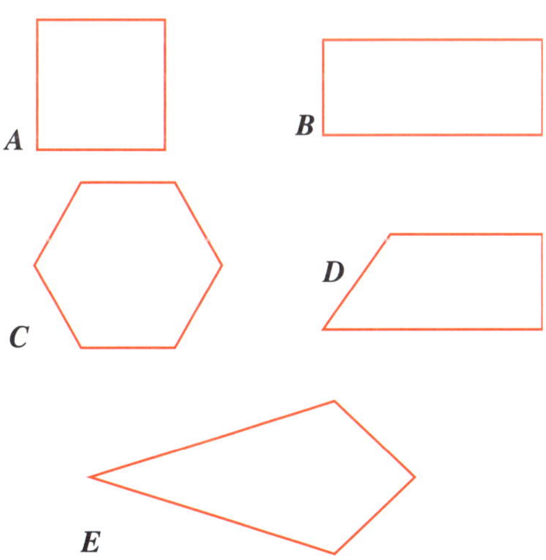

nombre d'axes de symétrie	nom de la figure
0	
1	
2	
3	
4	
plus de 4	

3 ★★

Construis le symétrique de chaque figure par rapport à la droite *(D)*.

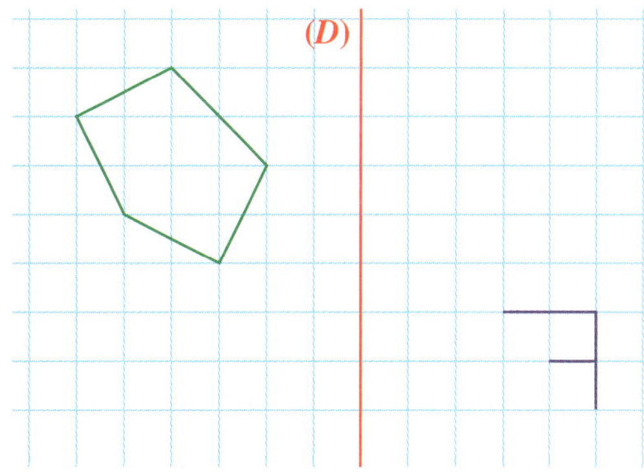

4 ★★★

Complète chaque figure en traçant son symétrique par rapport à l'axe donné.

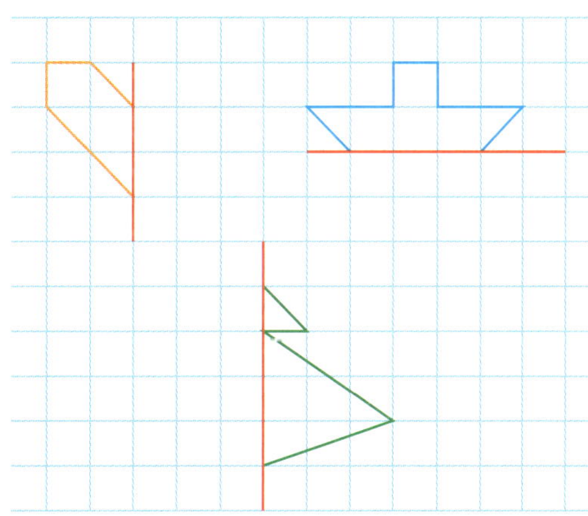

5 ★★★

Construis les symétriques F_1, F_2 et F_3 par rapport aux axes donnés.

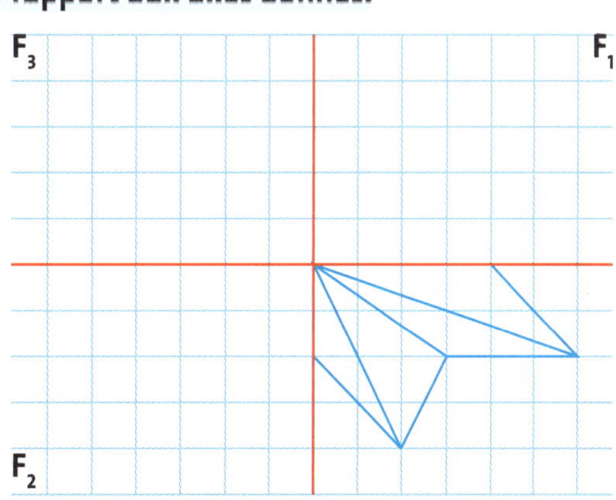

Corrigés p. 214

Évalue ton travail et coche pour chaque exercice : ☑ réussi ☑ presque réussi ☑ à revoir

25 Longueur / Masse / Contenance

OBJECTIF • Connaître et utiliser les unités de mesure de longueur, masse, contenance

Savoir

• Les unités

Les unités de mesure de **longueur**, de **masse** et de **contenance** sont le **mètre**, le **gramme**, le **litre** ainsi que leurs multiples et leurs sous-multiples.

	multiples				sous-multiples		
longueur	kilomètre km	hectomètre hm	décamètre dam	mètre m	décimètre dm	centimètre cm	millimètre mm
masse	kilogramme kg	hectogramme hg	décagramme dag	gramme g	décigramme dg	centigramme cg	milligramme mg
contenance		hectolitre hL	décalitre dL	litre L	décilitre dL	centilitre cL	millilitre mL

• Correspondance des unités

Tu passes d'une unité à une autre en **multipliant** ou en **divisant** par **10, 100, 1000**…

Exemples : 1 m = 10 dm (× 10) ; 200 g = 2 hg (: 100) ;
5,4 hL = 5 400 dL (× 1000).

Remarque Pour **diviser par** 10, 100, 1 000 un nombre terminé par **des zéros**, enlève 1, 2 ou 3 zéros à ce nombre. 340 : 10 = 34 ; 800 : 100 = 8 ; 45 000 : 1 000 = 45.

Savoir faire

• Convertir une mesure de longueur, de masse ou de contenance

1. Écris le nombre dans un **tableau de conversion**.
2. Transforme-le en le **multipliant** ou en le **divisant** par 10, 100, 1000…

Exemple : Convertis 65 m en cm.

	km	hm	dam	m	dm	cm	mm	
× 100			6	5				
			6	5	0	0		→ 6 500 cm

Exemple : Convertis 130 g en dag.

	kg	hg	dag	g	dg	cg	mg	
: 10		1	3	0				
		1	3					→ 13 dag

Exemple : Convertis 7,5 daL en cL.

	hL	daL	L	dL	cL	mL	
× 1 000		7,	5				
		7	5	0	0		→ 7 500 cL

Faire

1 ★ Convertis dans l'unité demandée.

70 m = ... dm = ... dam

400 cm = ... mm = ... m

8 000 m = ... hm = ... km

30 dm = ... m = ... mm

2 ★ Écris l'unité manquante.

4 km = 4 000 .... = 400 ....

0,35 dm = 35 .... = 3,5 ....

7 200 mm = 72 .... = 720 ....

3 ★★ Relie les masses identiques.

435 g •	• 43 g 5 dg
43,5 hg •	• 4 hg 35 g
4 350 cg •	• 435 dag
4,35 kg •	• 4 350 g

4 ★★ Complète.

7 hg + ... hg = 1 kg.

850 g + ... g = 1 kg.

6 cg + ... cg = 1 g.

999 mg + ... mg = 2 g.

5 ★★ Convertis dans l'unité demandée.

40 L = ... dL = ... daL

12, 4 dL = ... mL = ... cL

4 800 L = ... hL = ... daL

200 cL = ... L = ... mL

6 ★★ Effectue les calculs.

2 km + 500 m = ... hm.

50 dm – 50 mm = ... cm.

7 ★★ Effectue les calculs.

4 dg et 9 cg = ... mg.

8 kg 30 dag 200 g = ... hg.

8 ★★ Effectue les calculs.

3 L et 6 dL + 20 cL = ... dL

7000 mL + 50 dL et 2 daL = ... L

9 ★★ Résous ce problème sur ton cahier.

Pour fabriquer un scoubidou, il faut 4 fils de plastique de 50 cm chacun.

Quelle longueur de fil, en mètres, sera nécessaire pour fabriquer 28 scoubidous ?

10 ★★★ Résous ce problème sur ton cahier.

Au supermarché, une personne achète 2 packs de 6 bouteilles d'eau de 1,50 L et 1 pack de 12 bouteilles de 25 cL chacune.

Calcule, en litres, la quantité d'eau achetée.

11 ★★★ Résous ce problème sur ton cahier.

Un paquet de 2,930 kg contient :
- 2 plaquettes de beurre de 125 g l'une ;
- 3 boîtes de petits pois de 500 g chacune ;
- une boîte de biscuits.

Quelle est la masse de la boîte de biscuits ?

Corrigés p. 215

Évalue ton travail et coche pour chaque exercice : ☑ réussi ☑ presque réussi ☑ à revoir

26

Mesure des durées

OBJECTIF • Connaître et utiliser les unités de mesure des durées

Savoir

Il existe plusieurs unités de mesure de **durée** :

- l'**heure** (h), la **minute** (min), la **seconde** (s)

1 h = 60 min 1 min = 60 s 1 h = 60 × 60 = 3 600 s.

- le **jour** :

1 jour = 24 heures.

- la **semaine** :

1 semaine = 7 jours.

- l'**année** :

1 an = 365 jours (ou 366 les années bissextiles).

Savoir faire

• Convertir dans l'unité inférieure

1. les heures en minutes et les minutes en secondes

Multiplie par **60**.

Exemples : 3 h = 60 × 3 = 180 min ; 5 min = 60 × 5 = 300 s

2. les jours en heures

Multiplie par **24**.

Exemple : 2 jours = 24 × 2 = 48 h

• Convertir dans l'unité supérieure

1. les secondes en minutes et les minutes en heures

Divise par **60**.

Exemple : 258 s : 60 = 4 min 18 s

2 5 8	6 0
– 2 4 0	4
1 8	minutes
secondes	

Exemple : 365 min : 60 = 6 h 5 min

3 6 5	6 0
– 3 6 0	6
5	heures
minutes	

2. les heures en jours

Divise par **24**.

Exemple : 78 h : 24 = 3 jours 6 h

7 8	2 4
– 7 2	3
6	jours
heures	

1 ★ Exprime en minutes.

5 h = ... min.

7 h 40 min = ... min.

3 h 42 min = ... min.

23 h 43 min = ... min.

1 jour = ... min.

2 ★ Exprime en secondes.

4 min = ... s.

6 min 20 s = ... s.

32 min 16 s = ... s

2 h 4 min = ... s.

3 h 12 min 25 s = ... s.

3 ★ Exprime dans l'unité demandée.

4 jours = ... h.

2 années normales = ... jours.

21 jours = ... semaines.

4 ★★ Exprime en heures et minutes.

72 min = ...

380 min = ...

2 425 min = ...

5 ★★ Exprime en minutes et secondes.

80 s = ...

428 s = ...

1 670 s = ...

6 ★★ Classe les durées de la plus longue à la plus courte.

3 h 15 min   1 800 s   205 min

....

7 ★★ Résous ce problème.

La durée d'un film est de 145 min.

Pour l'enregistrer, dois-je prendre une cassette de deux heures ou de trois heures ?

....

8 ★★ Résous ce problème.

Le vainqueur d'une régate en mer a mis 176 heures pour effectuer son parcours.
Exprime cette durée en jours et heures.

....

9 ★★★ Résous ce problème.

Une caméra enregistre 24 images à la seconde.
De combien d'images sera constitué un film qui dure 15 minutes ?

....

10 ★★★ Résous le problème suivant.

Chaque semaine, Matthias prend 2 cours de tennis de 45 minutes chacun.
Calcule la durée des cours pris par Matthias pendant un trimestre de 12 semaines.
Exprime cette durée en heures.

....

....

....

Corrigés p. 215

Évalue ton travail et coche pour chaque exercice : ☑ réussi ☑ presque réussi ☑ à revoir

27 Périmètre du carré et du rectangle

OBJECTIF • Connaître et utiliser les formules du périmètre du carré et du rectangle

Savoir

- Le **périmètre** d'une figure est la **longueur** de la ligne qui limite cette figure.
- Le périmètre du triangle ABC est la mesure de la ligne brisée AB + BC + CA.

Le périmètre s'exprime avec une unité de longueur (m, cm,…).

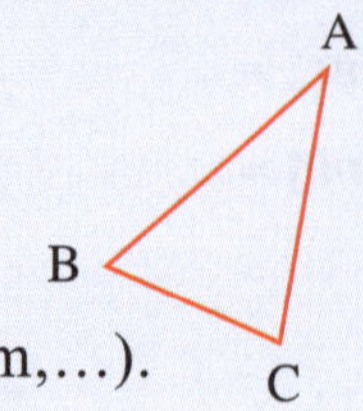

Savoir faire

• Calculer le périmètre du carré et du rectangle

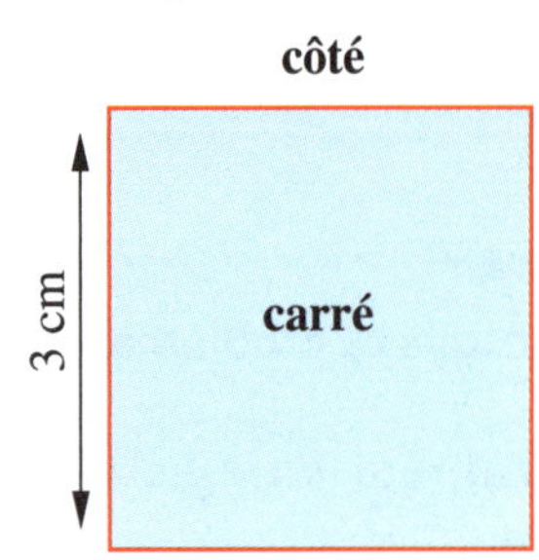

périmètre = côté × 4
= 3 × 4 = 12 (cm).

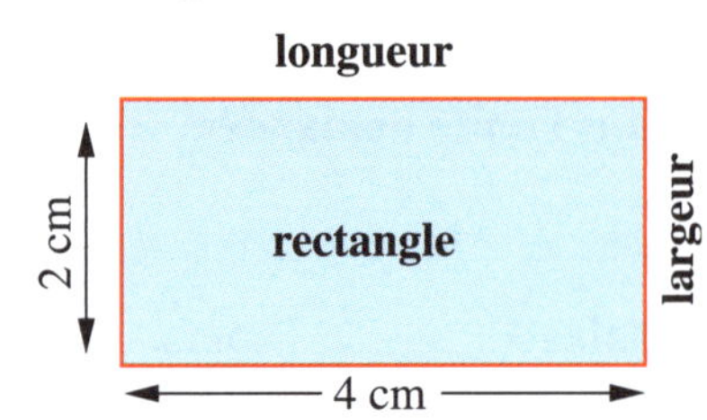

périmètre = (longueur + largeur) × 2
= (4 + 2) × 2 = 12 (cm).

• Calculer une dimension connaissant le périmètre

1. carré

- **côté = périmètre : 4**

Exemple : périmètre du carré = 20 cm
côté = 20 : 4 = 5 (en cm)

2. rectangle

- **longueur = (périmètre : 2) – largeur**

Exemple : périmètre du rectangle = 54 cm et largeur = 8 cm
longueur = (54 : 2) – 8
= 27 – 8 = 19 (en cm)

- **largeur = (périmètre : 2) – longueur**

Exemple : périmètre du rectangle = 68 cm et longueur = 23 cm
largeur = (68 : 2) – 23
= 34 – 23 = 11 (en cm)

1 ★

Calcule le périmètre :

a. d'un carré de 12 cm de côté ;

....

b. d'un rectangle de 18 m de long et de 11 m de large.

....

2 ★

Trouve la mesure du côté d'un carré de 648 m de périmètre.

....

3 ★★

Complète le tableau suivant.

	rectangle 1	rectangle 2	rectangle 3
périmètre (en m)	48		72
demi-périmètre (en m)		31	
longueur (en m)	18		29,5
largeur (en m)		12,5	

4 ★★

Résous ce problème.

Ce dessin représente 4 tables carrées mises côte à côte.

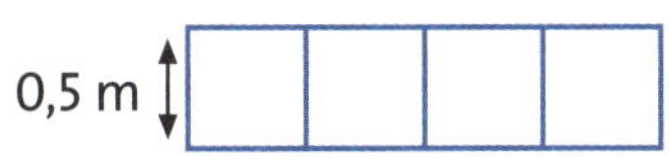

Calcule le périmètre d'une table (en m).

....

Calcule le périmètre de l'ensemble des 4 tables (en m).

....

....

5 ★★

Résous le problème suivant.

François veut poser une frise qui fera le tour de sa chambre.

Quelle longueur de frise doit-il acheter ?

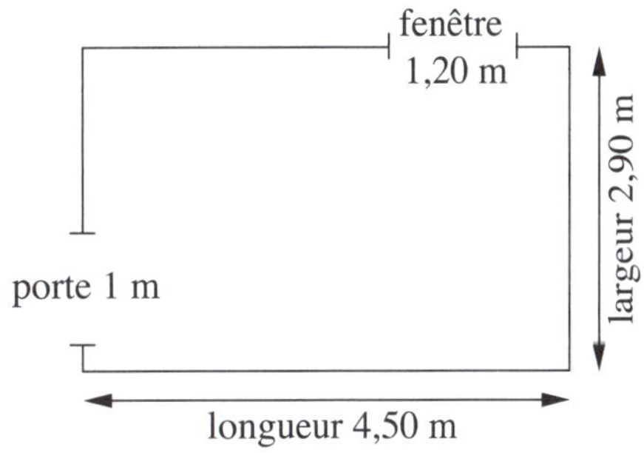

....

....

6 ★★★

Résous ce problème sur ton cahier.

On veut construire un rectangle dont le périmètre est le même que celui d'un carré de 6 cm de côté.

a. Quel est le périmètre de ce rectangle ?

b. Quelle est sa longueur sachant que sa largeur est de 4 cm ?

7 ★★★

Résous ce problème sur ton cahier.

Le périmètre total de la figure ABCD est 180 m.

Calcule les dimensions manquantes, puis le périmètre de la partie jaune.

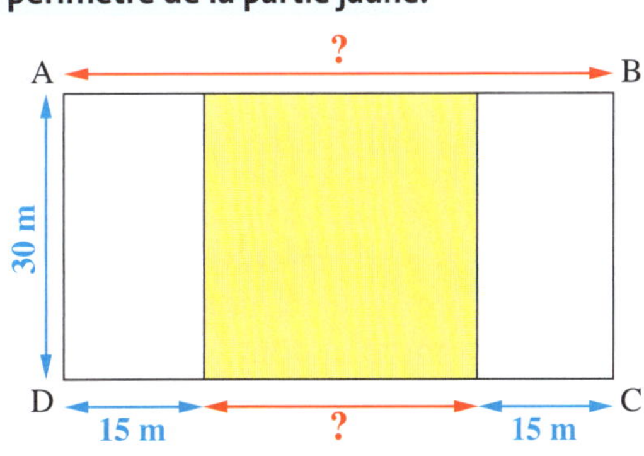

Corrigés p. 215

Évalue ton travail et coche pour chaque exercice : ☑ réussi ☑ presque réussi ☑ à revoir

28 Mesures d'aire : pavages

OBJECTIF • Mesurer ou estimer l'aire d'une surface grâce à un pavage effectif

Savoir

L'**aire** d'une figure est la mesure de son **étendue**.
L'aire du triangle ABC est colorée en jaune.
Il ne faut pas confondre l'aire avec la ligne qui la limite.

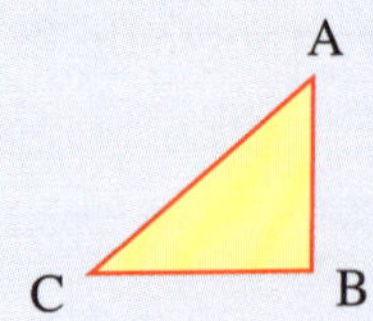

Une aire s'exprime avec une **unité** de mesure.

Exemple :

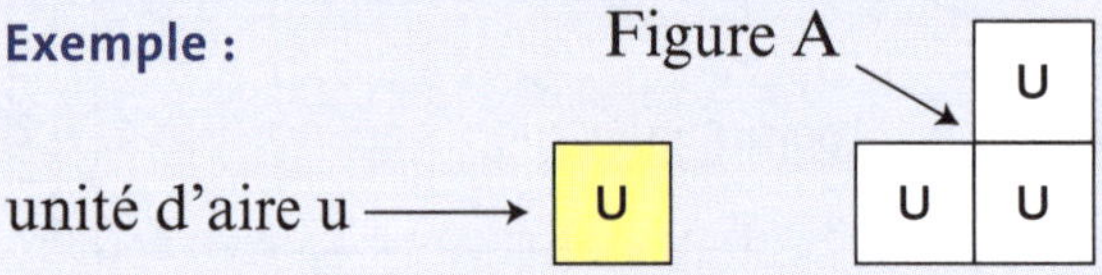

L'aire de la figure A est égale à 3 u.

Savoir faire

• Calculer l'aire d'une surface formée d'unités entières

Exemple :

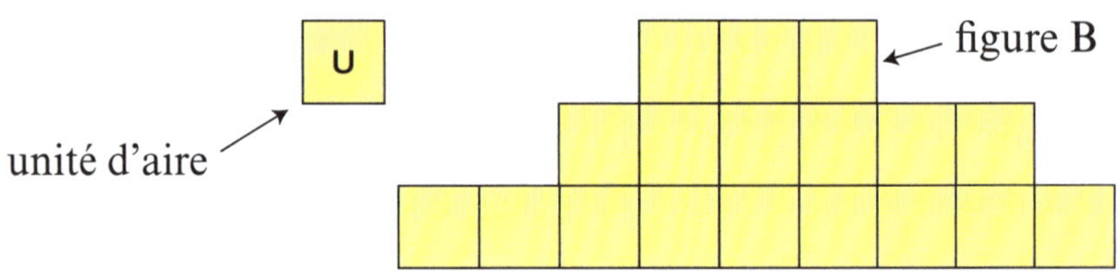

L'unité étant le carreau **u**, compte le **nombre total de carreaux** contenus dans la figure B.
L'aire de la surface B est égale à 18u.

• Calculer l'aire d'une surface formée d'unités non entières

Exemple :

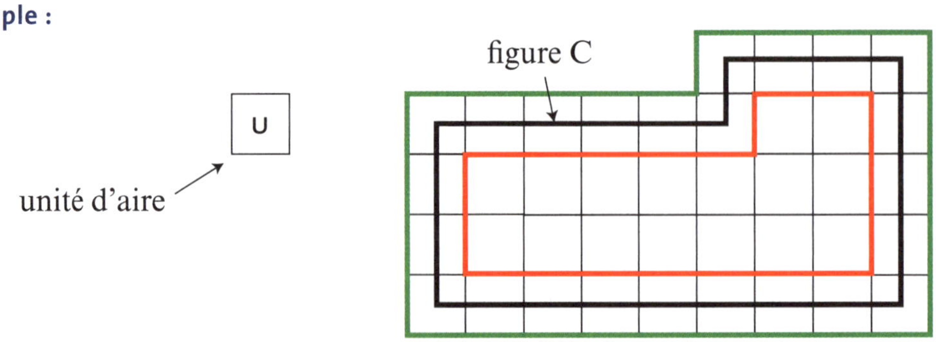

Procède par **encadrement**.

1. Compte le nombre d'**unités entières** délimitées par le **trait rouge** : **16 u**.
2. Compte le nombre d'**unités entières** délimitées par le **trait vert** : **40 u**.
3. Écris l'**encadrement** de l'aire de la figure C :

16 u < aire de C < **40 u**.

1 ★ ☐☐☐

Calcule l'aire de la surface jaune en prenant U comme unité.

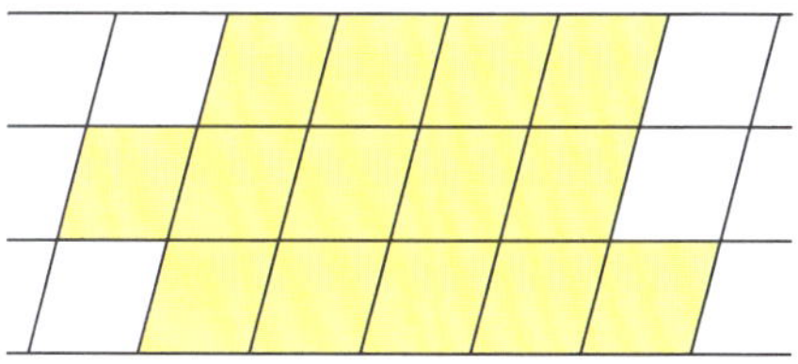

....

2 ★ ☐☐☐

u étant l'unité d'aire, donne l'aire de la figure A, en comptant le nombres d'unités entières délimitées par le trait rouge, puis celles délimitées par le trait vert.

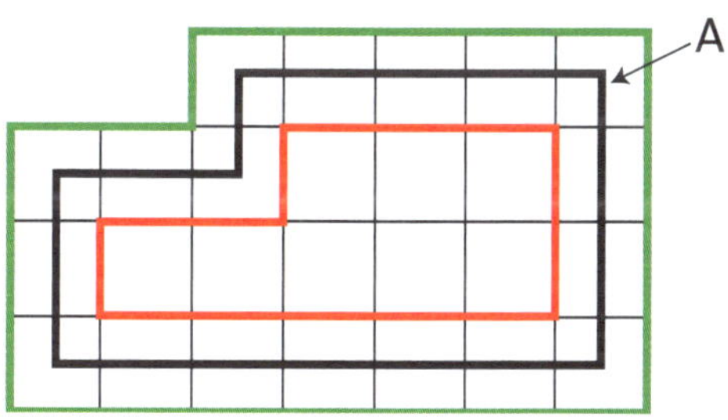

.... u < aire de A < .... u

3 ★★ ☐☐☐

Calcule l'aire de chacune des figures ci-dessous en prenant : u1 puis u2 comme unité d'aire.

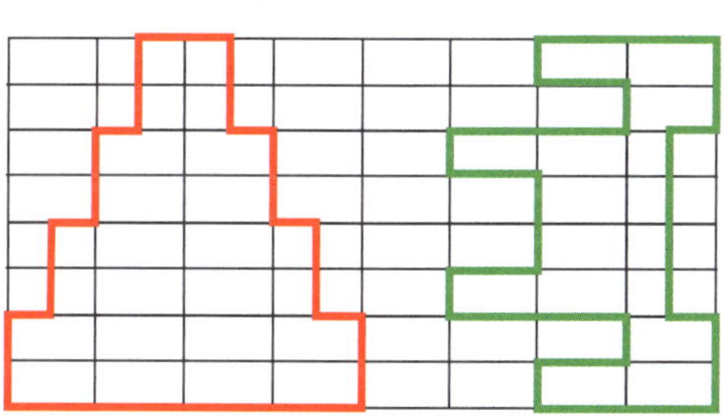

....

....

4 ★★ ☐☐☐

Donne l'aire de la figure ci-dessous sous la forme d'un encadrement en prenant U comme unité.

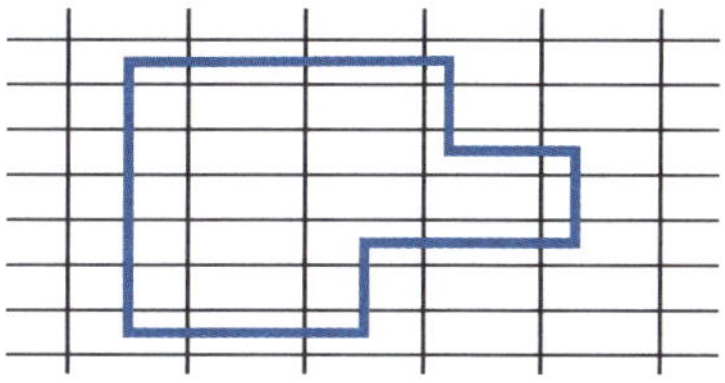

....

5 ★★★ ☐☐☐

Donne, par encadrement, l'aire de la figure délimitée par le cercle ; pour cela, termine les tracés rouge et vert. L'unité d'aire est le carreau.

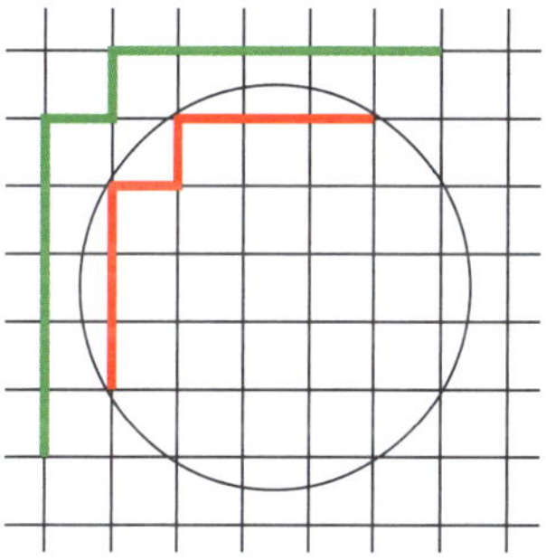

....

6 ★★★ ☐☐☐

Donne l'aire de la figure ci-dessous sous la forme d'un encadrement, en utilisant u1 puis u2 comme unité.

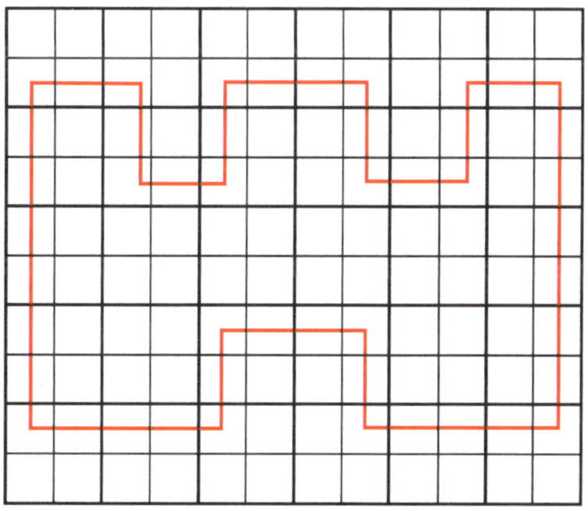

....

Corrigés p. 215

Évalue ton travail et coche pour chaque exercice : ☑ réussi ☑ presque réussi ☑ à revoir

Français
Maths
Hist.-Géo. Inst. civique et morale
Sciences
Anglais
Bilans
Corrigés

29

Les angles

OBJECTIF • Connaître, tracer, comparer des angles

Savoir

• Qu'est-ce qu'un angle ?

Un angle est formé de **deux demi-droites** ayant le même point d'origine. L'angle ci-contre se nomme $\widehat{xOy}$. O est le **sommet** de l'angle ; Ox et Oy sont ses côtés.

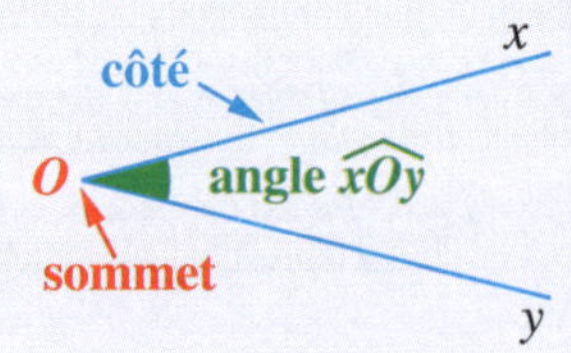

Il existe différents angles :

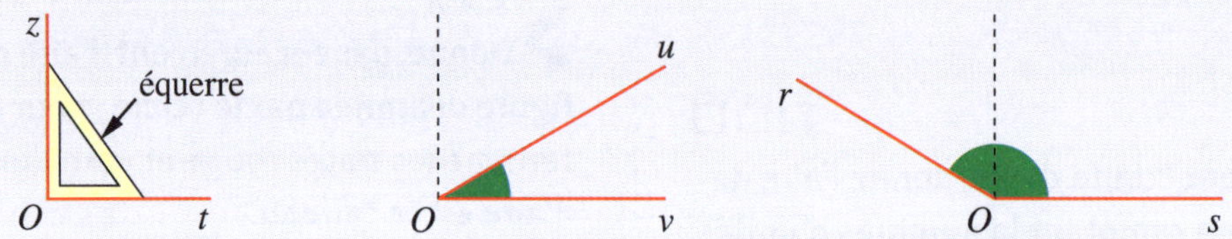

l'**angle droit** (On le mesure avec l'équerre.)	l'**angle aigu** (plus petit que l'angle droit)	l'**angle obtus** (plus grand que l'angle droit)

Savoir faire

• Vérifier qu'un angle est droit à l'aide de l'équerre

1. Place le **sommet** de l'angle droit de l'équerre sur le **sommet** de l'angle donné.

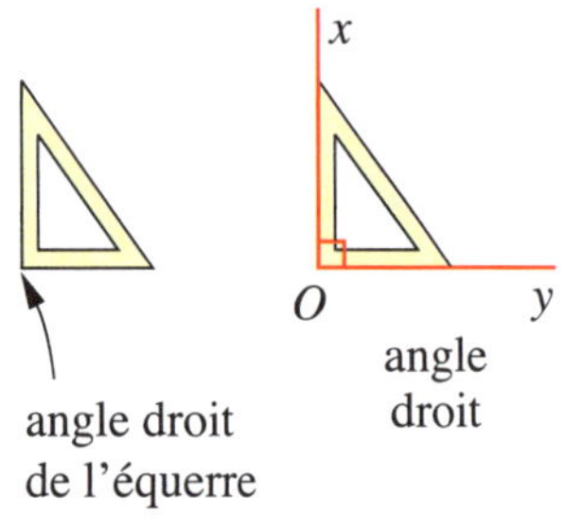

2. Superpose **un côté** de l'angle droit de l'équerre et **un côté** de l'angle donné.
Si l'**autre côté** de l'angle droit de l'équerre et le **deuxième côté** de l'angle donné se superposent, l'angle donné est droit.

3. Écris alors le symbole ⌝ dans l'angle droit.

• Comparer des angles à l'aide d'un gabarit

Pour comparer des angles, reproduis-les à l'aide de papier calque, puis découpe-les. Tu obtiens des **gabarits** d'angles.
Tu peux les comparer en les **superposant**.

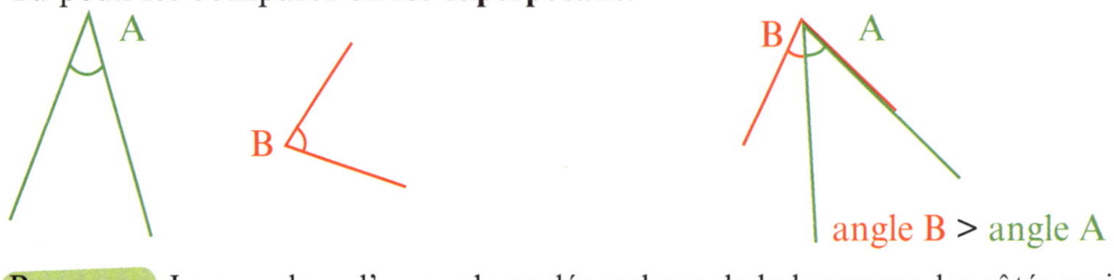

Remarque La grandeur d'un angle ne dépend pas de la longueur des côtés mais de leur écartement.

1 ★ ☐☐☐

Combien comptes-tu d'angles à l'intérieur des figures ci-dessous ?

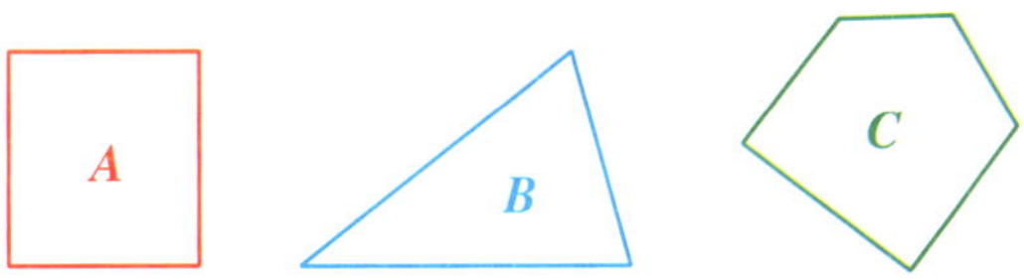

....

2 ★ ☐☐☐

Vérifie les angles ci-dessous à l'aide de ton équerre, puis complète le tableau avec des croix.

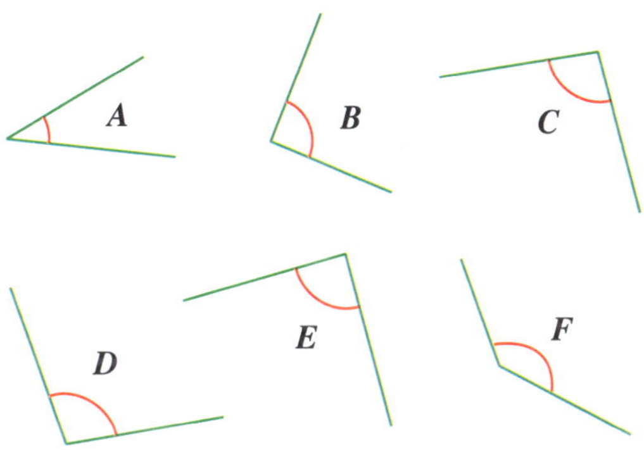

est un angle :	A	B	C	D	E	F
droit						
aigu						
obtus						

3 ★★ ☐☐☐

Trace un angle droit, un angle aigu, un angle obtus. Écris leur nom au-dessous.

4 ★★ ☐☐☐

Recherche les angles superposables dans chaque figure à l'aide de gabarits. Indique l'égalité des angles. (*Ex.* : $\widehat{A} = \widehat{C}$)

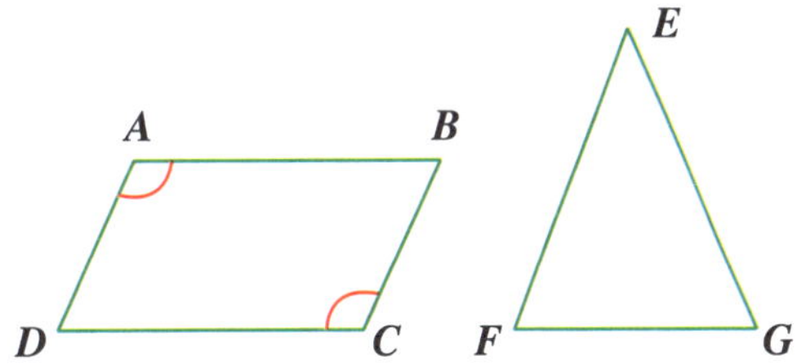

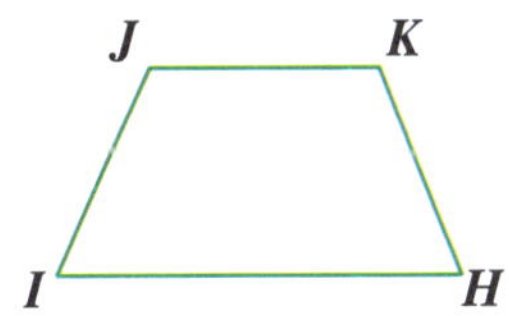

....

....

....

5 ★★★ ☐☐☐

Range ces angles du plus petit au plus grand en utilisant des gabarits.

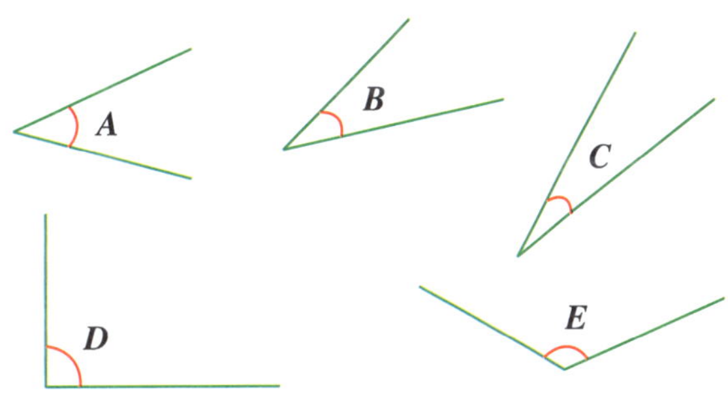

....

6 ★★★ ☐☐☐

Résous ce problème sur une feuille.
Construis les gabarits des angles $\widehat{xAy}$ et $\widehat{uCv}$.

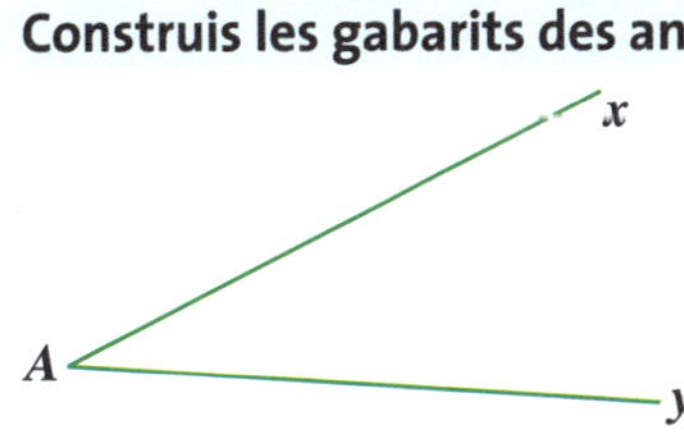

Colle-les l'un contre l'autre en faisant coïncider leur sommet et un côté. Que remarques-tu ?

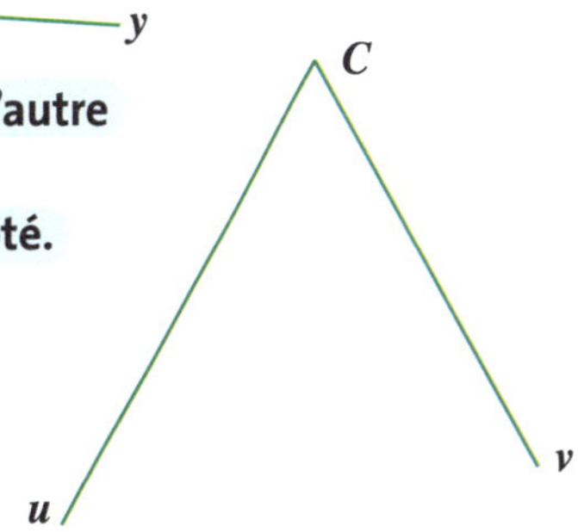

Français
Maths
Hist.-Géo. Inst. civique et morale
Sciences
Anglais
Bilans
Corrigés

Histoire-Géographie
Instruction civique et morale
Histoire des arts

Histoire

Géographie

Instruction civique et morale

Histoire des arts

1

Les Capétiens

OBJECTIF • Connaître l'œuvre des Capétiens

Savoir

Louis IX

Hugues Capet, premier roi de France

Hugues Capet est élu roi en 987. C'est le premier des Capétiens. Moins puissant que certains seigneurs, il n'est respecté que dans son domaine : Paris et sa région. Ses descendants vont agrandir et unifier le royaume de France.

Les autres grands Capétiens

- **Philippe Auguste** se fait obéir des seigneurs. Il fait la guerre au duc de Normandie, roi d'Angleterre, et lui enlève la **Normandie**, le **Maine** et l'**Anjou**. Il repousse les alliés du roi d'Angleterre à **Bouvines** (1214).
- **Louis IX** (Saint Louis), petit-fils de Philippe Auguste, assure la paix avec l'Angleterre. Respecté par ses sujets, il meurt en croisade en 1270.
- **Philippe IV le Bel**, petit-fils de Louis IX, impose son autorité au pape, enrichit le royaume et l'agrandit de la **Champagne**, de **Lyon** et de **Lille**.

Les croisades

En 600 apparaît une nouvelle religion fondée par le prophète Mahomet, l'**islam**, pratiquée par les **musulmans**. Vers 638, les musulmans turcs occupent la ville de Jérusalem, en Palestine, là où se trouve le tombeau du Christ. À partir de 1095, les chrétiens de France organisent des expéditions appelées **croisades** qui rassemblent des milliers de pélerins (à pied) et de chevaliers pour chasser les Turcs de Jérusalem.

Savoir faire

Comprendre une frise chronologique

Le règne des Capétiens

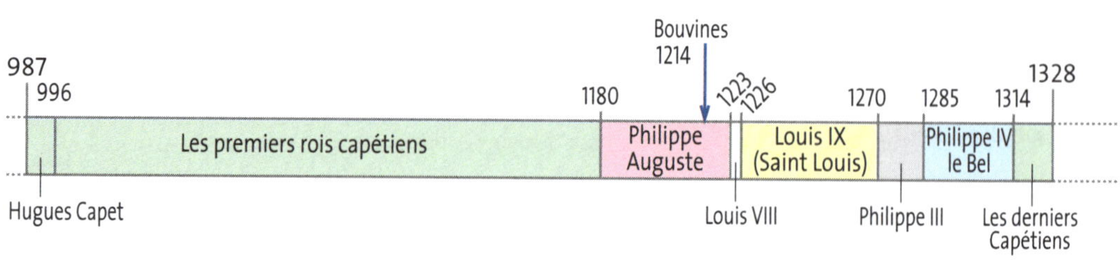

1. Certaines dates marquent **le début et la fin d'un règne**.

1180 1223 règne de Philippe Auguste.

2. D'autres dates marquent un **événement précis**.

1214, victoire de Bouvines.

3. Tu peux en **déduire** certaines informations.

De 987 à 1328, durée du règne des Capétiens : 341 ans.

1 ★

En observant la frise chronologique de la page de gauche, indique pour chacun des rois capétiens suivants, la durée de son règne.

Hugues Capet : ....

Philippe Auguste : ....

Louis VIII : ....

Louis IX : ....

Philippe III : ....

Philippe IV le Bel : ....

La France en 1328

2 ★★

Observe la carte puis réponds aux questions.

a. Autour de quelles grandes villes s'étendait le royaume de Hugues Capet en 987 ?

....

....

b. Quelles provinces furent rattachées à la France sous le règne des Capétiens ?

....

....

....

c. À qui appartenait la Guyenne ?

....

....

3 ★★★

Réponds aux questions suivantes.

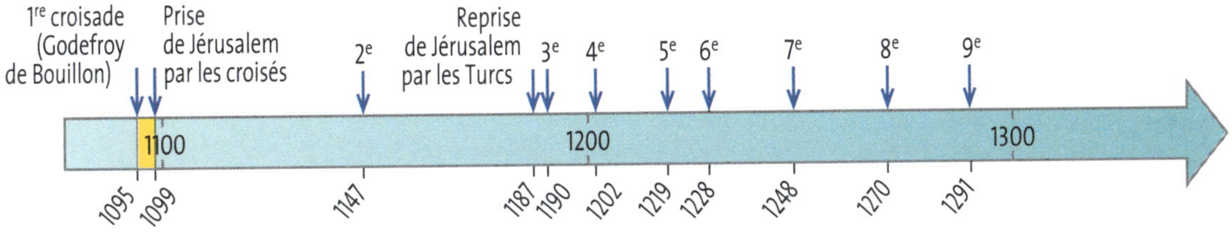

a. Combien y a-t-il eu de croisades ? Quand ont-elles commencé ? ....

b. Combien de temps a duré la 1re croisade ? Qui l'a organisée ? ....

c. Quel roi a participé à la 3e croisade ? ....

d. Quelle est la date de la dernière croisade ? ....

Corrigés p. 217

Évalue ton travail et coche pour chaque exercice : ☑ réussi ☑ presque réussi ☑ à revoir

2

La guerre de Cent Ans

OBJECTIF • Connaître les principaux faits et personnages de la guerre de Cent Ans

Savoir

En 1328, les Français et les Anglais se disputent **la succession de Charles IV** pour le trône de France. Les Français ne veulent pas d'un roi anglais. La guerre éclate.

• Les défaites françaises

Battus à **Crécy** (1346) et à **Poitiers** (1356), les Français signent, en 1360, le **traité de Brétigny**. Ils cèdent aux Anglais le Sud-Ouest de la France et les villes de Calais et de Crécy.

• Charles V et Charles VI

• **Charles V** et **Bertrand Du Guesclin** livrent aux Anglais une guerre d'usure, les obligeant à abandonner presque toutes leurs conquêtes sauf Bordeaux et Calais.
• Sous **Charles VI**, les combats reprennent. Les Anglais occupent presque tout le nord de la Loire. La France signe le **traité de Troyes** (1420). Elle doit reconnaître **Henri VI**, le futur roi d'Angleterre, comme héritier du trône de France.

Jeanne d'Arc à Orléans

• Charles VII et Jeanne d'Arc

En 1422, **Charles VII** se fait proclamer roi : il y a donc deux rois en France. **Jeanne d'Arc** délivre Orléans en 1429. Les Anglais sont chassés de France : en 1453, ils ne conservent que Calais.

Savoir faire

• Comprendre un arbre généalogique

Les causes de la guerre de Cent Ans

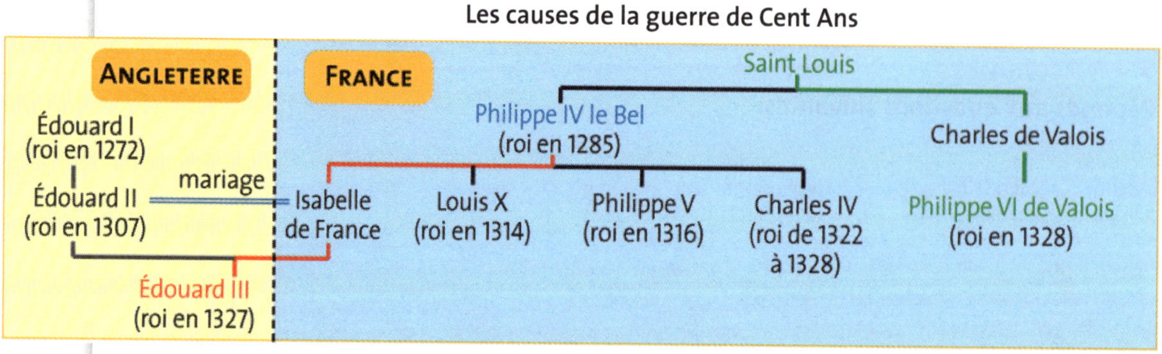

Cet arbre permet de voir que :
• les fils de **Philippe le Bel** n'ont pas de descendants ;
• **Philippe VI de Valois** est le neveu de Philippe le Bel ;
• **Édouard III** est le petit-fils de Philippe le Bel, donc son descendant le plus proche, mais il est roi d'Angleterre.

1 ★ Relie l'événement à la date où il a eu lieu.

Traité de Troyes qui livre la France aux Anglais •	• 1346
Jeanne d'Arc délivre Orléans •	• 1453
Défaite des Français à Crécy •	• 1429
Fin de la guerre de Cent Ans •	• 1420

2 ★★ Relie chaque carte à la légende qui lui correspond.

Possessions anglaises à la mort de Charles V	Possessions anglaises en 1360	France sous contrôle anglais à la mort de Charles VI
•	•	•
•	•	•

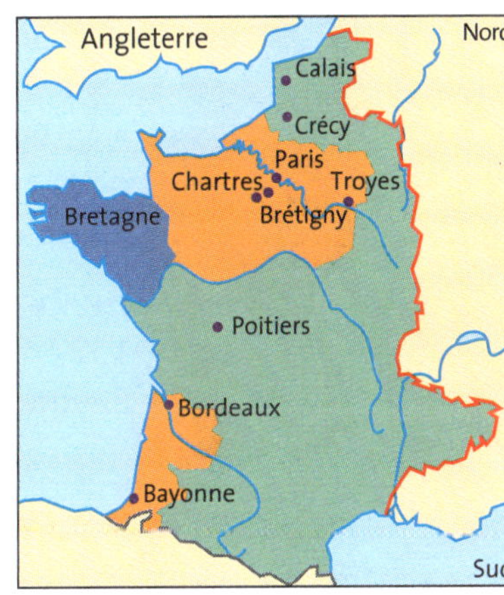

0 200 km — possessions anglaises

3 ★★★ Réponds à ces questions.

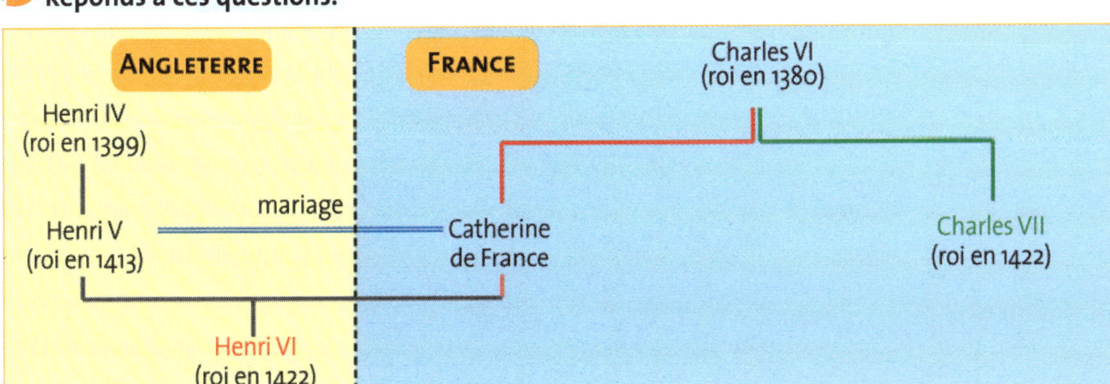

a. Quels sont les deux rois en France, en 1422 ? ....

b. Ce choix respecte-t-il le traité de Troyes ? ....

c. Qui aurait dû être roi de France ? ....

Corrigés p. 217

Évalue ton travail et coche pour chaque exercice : ☑ réussi ☑ presque réussi ☑ à revoir

3 Louis XI / Inventions et découvertes

OBJECTIF • Connaître les inventions et découvertes de la fin du Moyen Âge

Savoir

Louis XI succède à Charles VII en 1461. Il réduit les seigneurs à l'obéissance et en particulier **Charles le Téméraire**, dernier duc de Bourgogne. Louis XI ajoute la **Bourgogne**, la **Provence**, la **Picardie**, le **Maine** et l'**Anjou** à la couronne de France.

Louis XI

• Inventions et découvertes

De grandes inventions vont bouleverser le monde :

- le **papier**, fait à partir de **chiffon**, facilite l'utilisation de la presse à imprimer ;
- l'**imprimerie**, sous l'impulsion de Gutenberg permet la diffusion des livres et favorise ainsi l'instruction ;
- la **poudre à canon** rend inutile les fortifications des châteaux forts ;
- la **boussole** (qui sert aux navigateurs à s'orienter sur des océans inconnus) et le **gouvernail** arrière permettent aux navigateurs d'entreprendre de longs voyages.

En 1492, **Christophe Colomb** découvre l'Amérique. De 1519 à 1522, **Magellan** fait le tour du monde. En 1534, le français **Jacques Cartier** débarque sur les côtes du Canada.

Savoir faire

• Comprendre les informations d'une carte

Les grands navigateurs

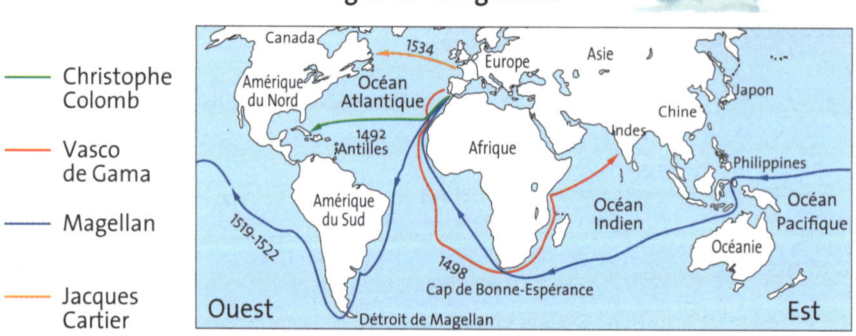

1. Christophe Colomb a débarqué aux **Antilles**.
2. Vasco de Gama est allé aux **Indes**.
3. Magellan a fait le **tour du monde en trois ans** en partant vers **l'Ouest**.
4. Jacques Cartier est parti de **France** et est arrivé au **Canada**.

Les autres navigateurs sont partis d'**Espagne** ou du **Portugal**.

Faire

1 ★

Complète cette carte avec les noms des provinces annexées au royaume par Louis XI.

Provinces dont la France s'enrichit définitivement pendant le règne de Louis XI.

2 ★★

Pour chacun des navigateurs suivants, relie son nom au but de son voyage. Aide-toi du *Savoir* et du *Savoir Faire*.

Christophe Colomb •	• les Indes
Jacques Cartier •	• les Antilles
Vasco de Gama •	• le tour du monde
Magellan •	• le Canada

3 ★★★

Observe la gravure et indique, pour chaque personnage, sa place dans l'atelier d'imprimerie à l'aide des numéros.

L'ouvrier tire sur la barre de presse ....

Un ouvrier encre la page ....

L'ouvrier grave la plaque de métal ....

Un ouvrier accroche les feuilles pour les sécher ....

Une imprimerie au XVIe siècle

Corrigés p. 217

Évalue ton travail et coche pour chaque exercice : ☑ réussi ☑ presque réussi ☑ à revoir

4

La Renaissance

OBJECTIF • Découvrir l'après Moyen Âge : l'époque de la Renaissance

Savoir

• Les guerres d'Italie

Charles VIII, **Louis XII** et **François Ier** cherchent à s'emparer de territoires en Italie. Malgré la victoire de François Ier à **Marignan** (1515), ces guerres sont des échecs. François Ier est fait prisonnier à Pavie en 1525. Malgré cela, elles vont permettre de découvrir de splendides palais et monuments enrichis de peintures et de sculptures.

• Les conséquences des guerres d'Italie

Rentrés en France, les rois vont vouloir reproduire ce qu'ils ont vu en Italie. C'est l'époque de la **Renaissance**, celle de la construction des **châteaux de la Loire** et du château de **Fontainebleau**. Les architectes **Pierre Lescot** et **Philibert Delorme**, le sculpteur **Jean Goujon**, l'émailleur **Bernard Palissy** sont les principaux artistes de cette époque. **Ronsard**, **Du Bellay**, **Rabelais**, **Montaigne** en ont été les grands écrivains.
François Ier fait venir en France le grand peintre et savant **Léonard de Vinci** (1452-1519).
Durant cette époque, **Ambroise Paré** approfondit la connaissance du corps humain et permet à la médecine de progresser.

Savoir faire

• Établir la biographie d'un personnage : Léonard de Vinci

Léonard de Vinci

1. **Note** à l'aide d'une encyclopédie ou de l'internet les grandes étapes de sa vie.
Léonard de Vinci est né à Vinci, près de Florence (Italie) en **1452**. Il est mort au manoir du Clos-Lucé à Amboise en **1519**.

2. **Dresse** la liste de ses œuvres les plus connues.
• Ses peintures : *La Vierge aux rochers* (1483), *la Joconde* (1503), *Saint Jean-Baptiste* (1513)…
• Ses inventions : recherche sur les sous-marins, le vol des avions, la mitrailleuse, le parachute…
• Ses études : traité sur la structure du corps humain.

3. **Regroupe** toutes les informations recueillies sur une fiche en mettant un titre et des sous-titres.
Tu peux aussi établir une frise chronologique.

Faire

1 ★ **Relie comme il convient.**

Ronsard •	• architecte
Pierre Lescot •	• peintre et savant
Bernard Palissy •	• écrivain
Léonard de Vinci •	• émailleur

2 ★★ **Écris les noms des châteaux de la Renaissance à l'emplacement qui convient.**

- Blois
- Chambord
- Azay-le-Rideau
- Amboise
- Chenonceaux

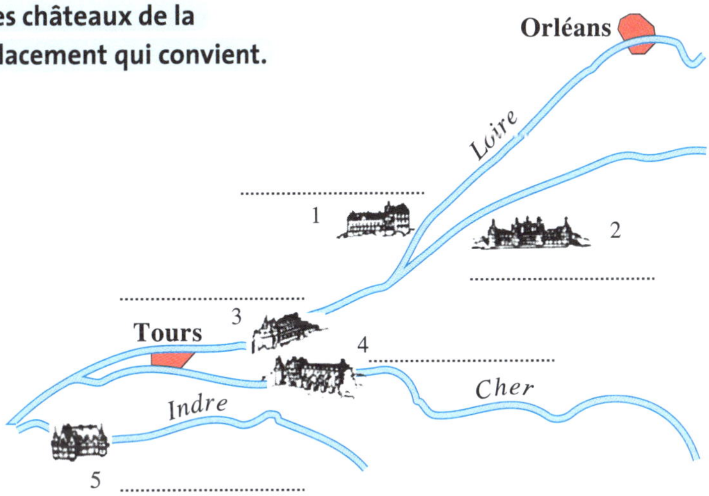

3 ★★ **Complète cette frise à l'aide des éléments suivants :**

Charles VIII – François Ier – Louis XI – Louis XII – Marignan – Pavie.

4 ★★★ **À la manière de celle de Léonard de Vinci, établis, sur une feuille, la biographie de François Rabelais à l'aide des renseignements ci-dessous. Tu peux l'enrichir en consultant une encyclopédie (sous-titres possibles : les étapes de sa vie ; ses études ; son œuvre).**

Naissance vers 1494 en Touraine, à la Devinière, près de Chinon. Mort à Paris, en avril 1553.
De 1520 à 1527, il est moine, apprend le grec et entre à l'abbaye de Maillezais.
De 1527 à 1530, il prend l'habit de prêtre. En 1530, il entreprend des études de médecine à Montpellier et est reçu bachelier.
À partir de 1534, il fait de nombreux voyages en Italie.
Rabelais a écrit deux grandes œuvres imaginaires, des sortes de contes :
1532 : *Pantagruel*, les aventures d'un géant, fils de Gargantua.
1534 : *Gargantua*, père de Pantagruel et géant lui aussi, longtemps en guerre contre Picrochole.

Corrigés p. 217

Évalue ton travail et coche pour chaque exercice : ☑ réussi ☑ presque réussi ☑ à revoir

5 Les guerres de religion : Henri IV / Louis XIII

OBJECTIF • Comprendre les guerres de religion

Savoir

Au XVIe siècle, des catholiques refusant le luxe de l'Église se séparent de Rome : ils deviennent des **protestants**.

• La guerre civile

Sous les règnes de Charles IX et de Henri III, une guerre civile oppose à plusieurs reprises catholiques et protestants. Dans la nuit du **24 août 1572**, des milliers de protestants sont assassinés : c'est le massacre de la **Saint-Barthélemy**.

• Henri IV et la fin des guerres de religion

Protestant, Henri IV se convertit au catholicisme pour être accepté par tous les Français. En 1598, il signe l'**édit de Nantes** qui accorde la liberté religieuse aux protestants. Henri IV a favorisé l'agriculture, le commerce et l'industrie. Il meurt assassiné en 1610.

Henri IV

• Louis XIII et Richelieu

Après la régence de sa mère, Marie de Médicis, Louis XIII choisit le **cardinal de Richelieu** comme Premier ministre. Richelieu oblige les grands seigneurs à obéir au roi. En 1635, il entreprend une guerre contre l'Espagne et l'Allemagne qui menacent la France. À sa mort, en 1643, l'**autorité du roi** est reconnue par tous.

Savoir faire

Le saccage d'une église

• Interpréter un document

1. **Dégage** l'impression générale.
Ce document nous montre plusieurs personnes **saccageant** un édifice.

2. **Analyse** les détails.
L'architecture du bâtiment et le style des statues indiquent qu'il s'agit d'une **église**.

3. **Interprète**.
Ce document illustre un épisode de la guerre entre catholiques et protestants : des protestants saccagent une église catholique.

1 ★

Qui a signé l'édit de Nantes ? (Coche la bonne réponse.)

❑ Richelieu ❑ Louis XIII ❑ Henri IV

Qu'a apporté l'édit de Nantes aux protestants ?

....

2 ★★

Observe la carte ci-dessous puis réponds aux questions.

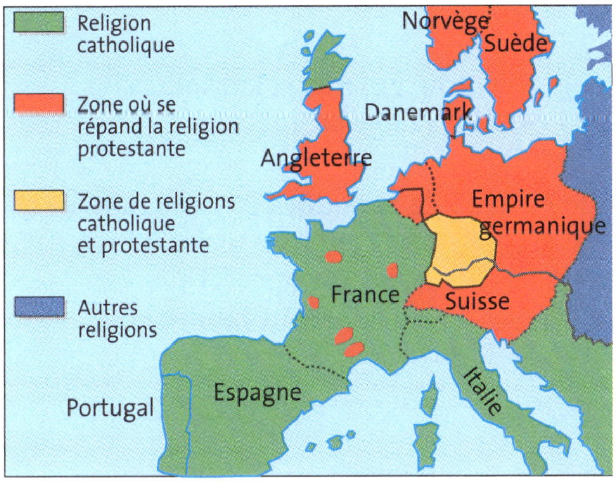

a. Dans quels pays le protestantisme s'est-il répandu ?

....

....

....

....

b. Quels sont les pays où seule subsiste la religion catholique ?

....

Henri IV

Louis XIII

Richelieu

Marie de Médicis

Henri III

3 ★★★

Complète les pointillés ci-dessous à l'aide des éléments suivants :

Henri IV – Louis XIII – régence de Marie de Médicis – Henri III – Saint-Barthélemy – édit de Nantes.

Écris les dates manquantes entre parenthèses.

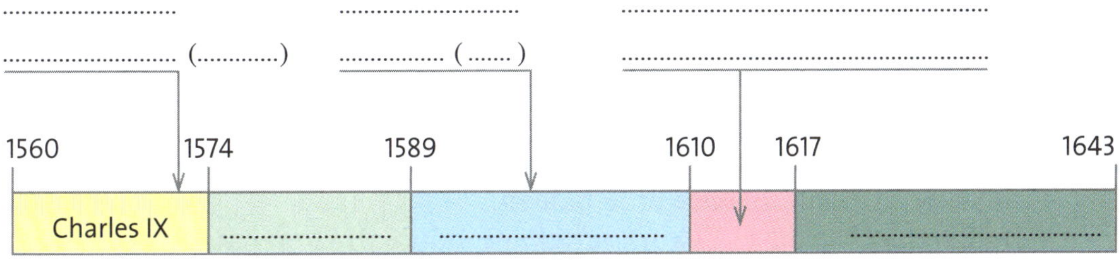

Corrigés p. 217

Évalue ton travail et coche pour chaque exercice : ☑ réussi ☑ presque réussi ☑ à revoir

Français Maths Histoire Sciences Anglais Bilans Corrigés

6 Le règne de Louis XIV

OBJECTIF • Connaître Louis XIV : un monarque absolu

Savoir

La régence d'Anne d'Autriche

Louis XIV n'a que cinq ans à la mort de son père, Louis XIII. Anne d'Autriche, sa mère, assure la régence avec le **cardinal Mazarin**. La France s'agrandit de l'**Alsace**, du **Roussillon** et de l'**Artois**.

Le règne de Louis XIV

• À la mort de Mazarin, Louis XIV gouverne en **roi absolu**, sans Premier ministre. **Il supprime l'édit de Nantes** en 1685. Les protestants s'enfuient à l'étranger.

• Louis XIV fait construire le **château de Versailles** et y organise de somptueuses fêtes. Les plus grands artistes sont au service du roi (La Fontaine, Molière…). **Colbert**, ministre de Louis XIV, développe le commerce avec les pays étrangers. La Flandre et la Franche-Comté viennent agrandir la France.

La colonisation

À la fin du règne de Louis XIV, la France possède des colonies aux Antilles (Martinique, Guadeloupe). On y envoie travailler des esclaves capturés en Afrique et vendus pour travailler dans les plantations : c'est la **Traite des Noirs**.

Louis XIV

Savoir faire

Interpréter un texte d'époque

Au XVIIe siècle

Départ de Paris le 3 mai 1680 : « Le temps est beau à merveille, la route délicieuse. » Orléans, 8 mai : « Notre essieu rompit hier dans un lieu merveilleux. Nous fûmes deux heures sans nous ennuyer. La lune nous accompagnera sur la Loire, où nous embarquerons demain. »

Texte de madame de Sévigné.

1. **Lis** le texte.
2. **Déduis-en** une information.

• Ce texte nous renseigne sur les moyens de transport utilisés au XVIIe siècle : ici, la diligence et le bateau.

• De Paris à Orléans (120 km), le voyage a duré du 3 mai au 8 mai, soit 5 jours.

Faire

1 ★ **En t'aidant du *Savoir* et d'un livre de géographie, écris les noms des cinq régions qui sont venues agrandir la France sous Louis XIV.**

La France en 1715 ☐☐☐

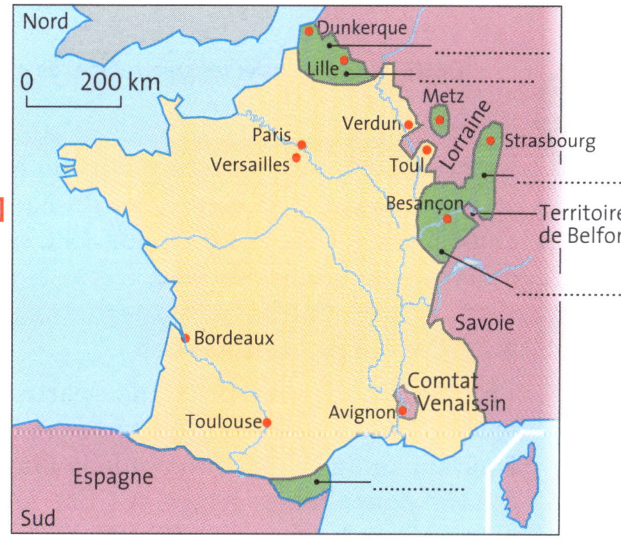

2 ★★ ☐☐☐ **Après Louis XIV, quels territoires manque-t-il encore à la France pour qu'elle ait son étendue actuelle ?**

....

....

....

....

3 ★★ ☐☐☐ **Réponds en t'aidant de la carte ci-dessous.**

a. À partir de quels ports la France fait-elle du commerce ?

....

b. Vers quel pays ?

....

....

c. Qui envoie-t-elle travailler aux Antilles ?

....

4 ★★★ ☐☐☐ **Classe les productions françaises à l'aide de la carte de l'exercice 3.**

Industries textiles

....

Industries métallurgiques

....

Industries alimentaires

....

Mines et carrières

....

Corrigés p. 217

Évalue ton travail et coche pour chaque exercice : ☑ réussi ☑ presque réussi ☑ à revoir

7

Le territoire français

OBJECTIF • Différencier les grands types de paysages français et les principales zones de climats

Savoir

La France peut être inscrite dans un **hexagone** (figure à 6 côtés). Elle est baignée par **trois mers** (mer du Nord, Manche, mer Méditerranée) et **un océan** (océan Atlantique). Elle est largement ouverte vers l'Europe du Nord, de l'Est et du Sud.

• Bassins, plaines et vallées

La France comprend en grande partie des bassins, des plaines et des vallées : **Bassin parisien** arrosé par la Seine ; vallée de la **Loire** ; **Bassin aquitain** au Sud-Ouest où coule la Garonne ; vallée du **Rhône** entre le Massif central et les Alpes. À l'Est, la plaine d'**Alsace** limitée par le Rhin, et, au Nord, la plaine de **Flandre** constituent des voies de communication importantes avec les pays voisins.

• Les zones montagneuses

La partie montagneuse est principalement constituée par les **montagnes jeunes** : Alpes, Jura et Pyrénées. Les autres massifs montagneux sont **anciens et usés** : Massif central, Vosges, Massif armoricain, Ardennes.

Le **mont Blanc**, dans les Alpes, est le plus haut sommet français. Il culmine à 4 810 m.

Savoir faire

• Localiser les zones de climats en France

1. **Observe** les températures indiquées sur la carte :
- la **zone océanique** (type Brest) a des hivers doux et des étés tièdes ;
- la **zone continentale** (type Strasbourg) a des hivers froids et des étés chauds ;
- la **zone méditerranéenne** (type Nice) a des hivers très doux et des étés très chauds ;
- le **climat montagnard** (type mont Aigoual) est très froid en hiver et tiède en été.

2. **Conclus.**

Dans l'ensemble, la France est un pays au **climat tempéré** (ni trop chaud, ni trop froid).

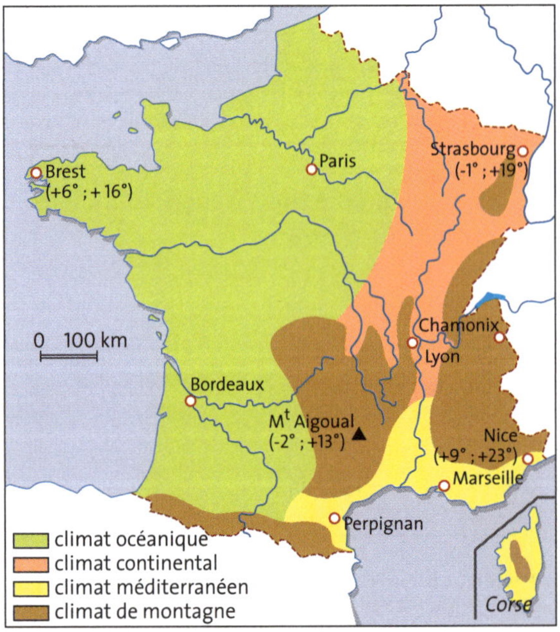

1 ★

En t'aidant du modèle, trace le contour de la France. Reporte les distances.

☐☐☐

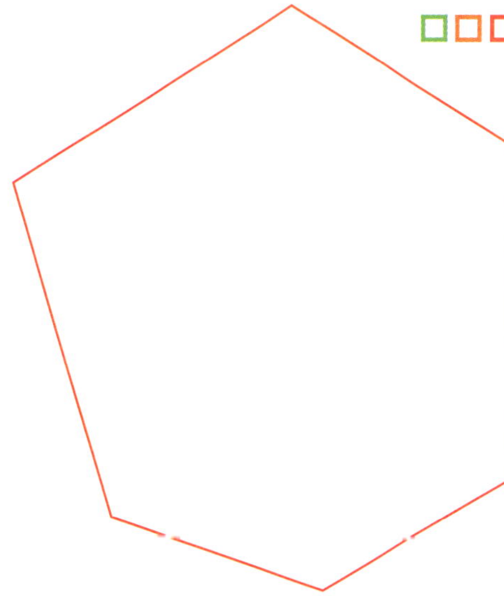

2 ★★

☐☐☐

Relie chaque type de climat à ses caractéristiques.

climat océanique •	• hivers froids étés chauds
climat continental •	• hivers très froids étés tièdes
climat méditerranéen •	• hivers doux étés tièdes
climat de montagne •	• hivers très doux étés très chauds

3 ★★

☐☐☐

Indique, pour chaque ville, le type de climat.

Paris : ....

Lyon : ....

Bordeaux : ....

Chamonix : ....

Perpignan : ....

Marseille : ....

4 ★★★

☐☐☐

a. Place sur la carte les numéros et les lettres comme il convient.

1 Bassin parisien	2 Plaine d'Alsace
3 Vallée du Rhône	4 Bassin aquitain
5 Plaine de Flandre	6 Plaine du Languedoc
Ⓐ Massif central	Ⓑ Vosges
Ⓒ Alpes	Ⓓ Ardennes
Ⓔ Massif armoricain	Ⓕ Jura
Ⓖ Massif corse	Ⓗ Pyrénées

b. Dans la liste ci-dessus, souligne en bleu les montagnes anciennes et en rouge les montagnes jeunes.

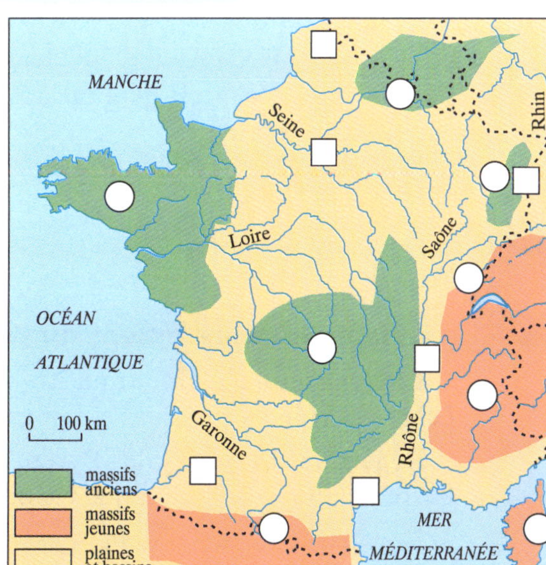

Corrigés p. 218

Évalue ton travail et coche pour chaque exercice : ☑ réussi ☑ presque réussi ☑ à revoir

Régions et départements

OBJECTIF • Connaître l'organisation administrative de la France

Savoir

● Les régions

La France compte 27 régions (22 en France métropolitaine et 5 en France d'outre-mer : la Guadeloupe, la Martinique, la Guyane, la Réunion, Mayotte).

La plupart de ces régions correspondent à des **régions naturelles** (Bretagne, Alsace, ...), d'autres ont été créées par **souci administratif** (le Massif central a été réparti dans 4 régions : Auvergne, Limousin, Bourgogne, Midi-Pyrénées). Le **préfet de région** (sous l'autorité du Premier ministre) et le **conseil régional** (élu au suffrage universel) administrent la région depuis le chef-lieu de région.

● Les départements

La France est découpée en 101 départements (96 en France métropolitaine et 5 en outre-mer : Guadeloupe, Mayotte, Martinique, Guyane, Réunion).
Ces départements portent des noms de **rivières** (Ain, Oise, Orne,...), de **montagnes** (Hautes-Pyrénées, Hautes-Alpes...), de **position** géographique (Nord...), de **province d'origine** (Savoie, Vendée...), d'une **mer** (Manche).

Le **préfet** et le **conseil général** administrent le département depuis le chef-lieu de département.

Savoir faire

● Repérer un département sur la carte de France

1. **Cherche** à quel élément naturel te fait penser le nom du département.
Le nom « Hautes-Pyrénées » fait penser à la montagne « Pyrénées ».

2. **Repère** sur la carte « les Pyrénées ».
Cette chaîne se trouve dans le Sud, à la frontière espagnole.

3. **Localise** le département. Il est en contact avec les Pyrénées-Atlantiques, le Gers et la Haute-Garonne.

Faire

1 ★

Complète par les mots qui conviennent.

La région est administrée par le .... (sous l'autorité du Premier ministre) et le .... (élu au suffrage universel). Les principaux services publics se trouvent au .... de la région. Le département est administré par le .... et le ....

2 ★★

Colorie, sur la carte du *Savoir* les départements suivants. Utilise des couleurs variées.

Loire-Atlantique (44) ; Corse-du-Sud (20 B) ; Gard (30) ; Jura (39) ; Landes (40) : Vosges (88) ; Nord (59) ; Bouches-du-Rhône (13) ; Essonne (91) ; Ain (1) ; Finistère (29) ; Yonne (89) ; Isère (38) ; Territoire-de-Belfort (90).

3 ★★★

Écris les noms des régions métropolitaines sur la carte muette de l'exercice 4. Aide-toi d'un atlas ou d'un livre de géographie. Colorie-les à ton idée.

Alsace	Aquitaine	Auvergne	Bourgogne
Bretagne	Centre	Champagne-Ardenne	Corse
Franche-Comté	Ile-de-France	Languedoc-Roussillon	Limousin
Lorraine	Midi-Pyrénées	Nord-Pas-de-Calais	Basse-Normandie
Haute-Normandie	Pays de la Loire	Picardie	Poitou-Charentes
Provence-Alpes-Côte d'Azur	Rhône-Alpes		

4 ★★★

Indique les départements qui composent chacune des régions ci-dessous.

Ile-de-France : ....
....
....

Midi-Pyrénées : ....
....
....

Limousin : ....
....
....

Picardie : ....
....
....

Bourgogne : ....
....
....
....

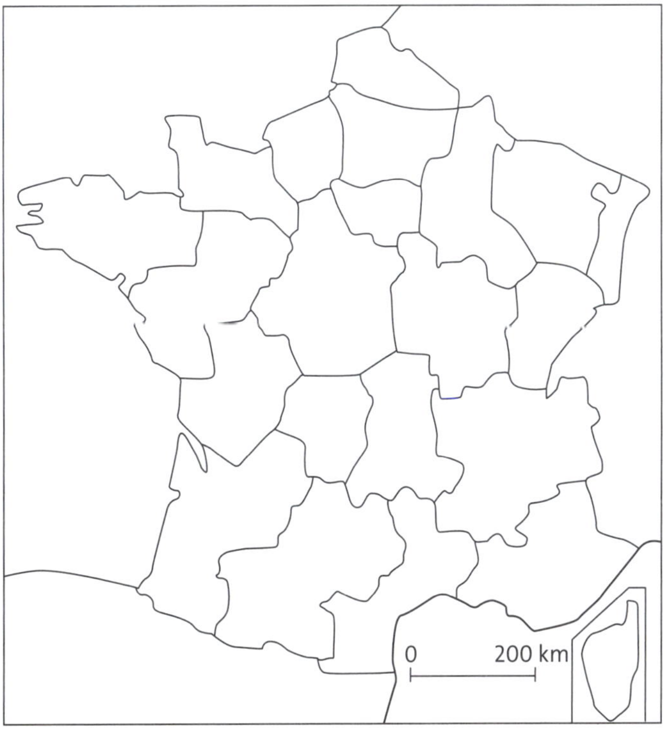

Corrigés p. 218

Évalue ton travail et coche pour chaque exercice : ☑ réussi ☑ presque réussi ☑ à revoir

9 La place de la France en Europe

OBJECTIF • Situer la France en Europe et dans l'Union européenne

Savoir

• La France et l'Europe

• L'Europe est **le plus petit** des continents. Il est limité à l'Est par **les monts Oural** et la **mer Caspienne** et au Sud par la **mer Méditerranée.**

• La France est située **à l'Ouest** de l'Europe. Elle présente une façade maritime importante et de nombreuses frontières avec les autres États, ce qui facilite le trafic des personnes et des marchandises.

• Parmi les pays de l'Union européenne, la France vient en 1re position pour sa superficie (551 000 km^2) et au 2e rang pour sa population (65 millions d'habitants).

• La France et l'Union européenne (UE)

• 27 pays d'Europe forment l'**Union européenne**, constituant ainsi une des premières puissances mondiales.

• La France joue un rôle moteur dans l'UE. C'est un pays à l'avant-garde des **technologies nouvelles** (TGV, centrales nucléaires, Airbus…). Elle occupe la première place pour la production de **blé**, de **maïs**, la deuxième pour le **vin**, la **betterave à sucre**, la **viande** et les **automobiles**.

Savoir faire

• Savoir localiser la France en Europe

Carte de l'Europe

1. Repère la France. Elle est située à l'extrémité Ouest de l'Europe.

2. Nomme les mers qui la baignent : mer du Nord, Manche, océan Atlantique, Méditerranée…

3. Cite les pays limitrophes : Belgique, Allemagne, Luxembourg, Suisse, Italie, Espagne…

4. Conclus. La France a une position géographique privilégiée en Europe.

Faire

□□□

1 ★

Écris dans les cadres les noms des États de l'Union européenne. Aide-toi d'un livre de géographie ou d'un atlas.

Allemagne, Autriche, Belgique, Bulgarie, Chypre, Danemark, Espagne, Estonie, Finlande, France, Grèce, Hongrie, Irlande, Italie, Lettonie, Lituanie, Luxembourg, Malte, Pays-Bas, Pologne, Portugal, République tchèque, Roumanie, Royaume-Uni, Slovaquie, Slovénie, Suède.

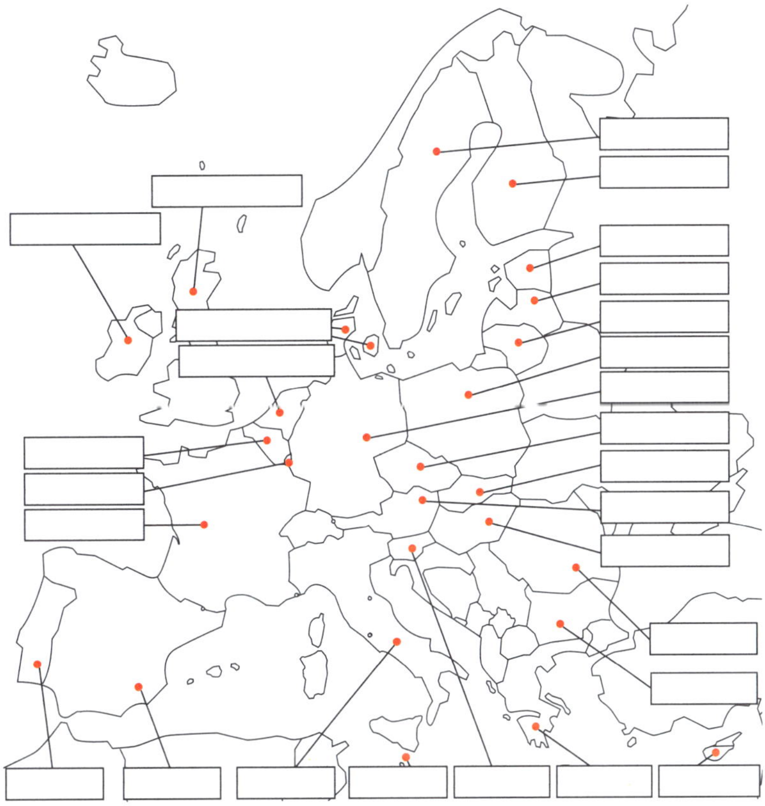

□□□

2 ★★

a. **Écris les noms des pays de l'Union européenne qui ont une frontière commune avec la France.**

....

b. **Cite cinq États de l'Europe qui ne font pas partie de l'UE.**

....

□□□

3 ★★★

Écris les noms des États qui correspondent à ces 27 capitales de l'Union européenne. Aide-toi d'un atlas ou d'un dictionnaire.

Amsterdam	....	Helsinki	....	Prague	....
Athènes	....	La Valette	....	Riga	....
Berlin	....	Lisbonne	....	Rome	....
Bratislava	....	Ljubljana	....	Sofia	....
Bruxelles	....	Londres	....	Stockholm	....
Bucarest	....	Luxembourg	....	Tallinn	....
Budapest	....	Madrid	....	Varsovie	....
Copenhague	....	Nicosie	....	Vienne	....
Dublin	....	Paris	....	Vilnius	....

Corrigés p. 218

Évalue ton travail et coche pour chaque exercice : ☑ réussi ☑ presque réussi ☑ à revoir

10 L'Europe : relief, fleuves, climats

OBJECTIF • Connaître la géographie physique de l'Europe

Savoir

Le relief

Du Nord au Sud, on trouve :

- des **massifs montagneux anciens** (Alpes scandinaves, monts d'Ecosse) ;
- une longue et vaste **plaine** qui part de la France (Bassin aquitain, Bassin parisien) et qui va, en s'élargissant, jusqu'aux monts Oural ;
- une **chaîne de montagnes jeunes** qui sépare cette plaine de la mer Méditerranée : Pyrénées, Alpes (mont Blanc 4808 m), Carpates…

Les fleuves

Les fleuves de l'**Ouest** et du **centre** (le **Rhin,** l'**Elbe,** le **Danube**) ont un régime assez régulier et sont en grande partie navigables.
Les fleuves **méditerranéens** (le **Pô,** l'**Èbre**) ont un régime irrégulier.
Les fleuves de **Russie** (la **Volga**, le **Dniepr**) gèlent en partie en hiver.

Le climat

Le climat européen est variable. Il est **océanique** à l'Ouest (hiver doux, été frais), **continental** à l'Est (été chaud, hiver rigoureux), **méditerranéen** au Sud (hiver doux, été chaud). L'Europe, à mi-distance entre le pôle Nord et l'équateur, est située dans une **zone tempérée** (ni trop chaude, ni trop froide).

Savoir faire

Situer les éléments du relief de l'Europe

1. **Repère** les massifs montagneux. Ils sont dans l'ensemble situés au Sud.
2. **Observe** la grande plaine européenne qui part de la France (Bassin aquitain) et qui va en s'élargissant vers l'Est.
3. **Localise** les fleuves européens. Ils sont de longueur inégale. Les plus longs sont la **Volga** (3 690 km) et le **Danube** (2 850 km).

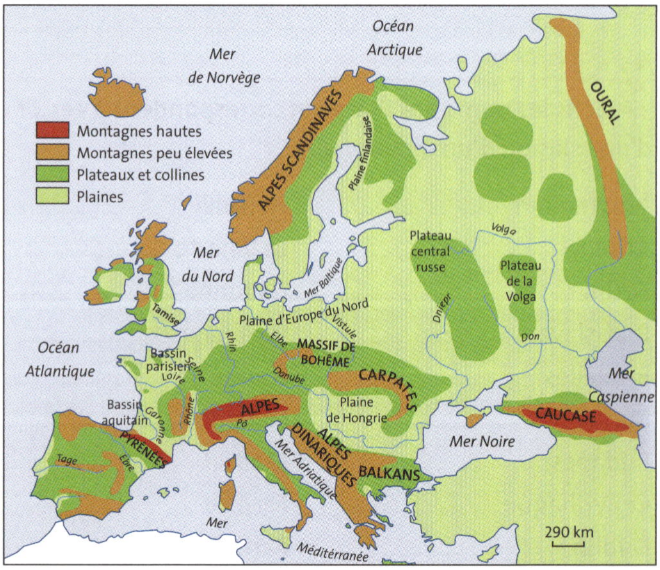

1 ★

a. **Voici des températures relevées dans trois villes d'Europe : Moscou (Russie), Dublin (Irlande) et Athènes (Grèce). Complète le tableau.**

hiver	été	type de climat	nom de la ville
+5°	+15°		
–7°	+24°		
+9°	+27°		

b. **Coche la réponses exacte.**

En raison de sa position sur la Terre, on peut dire que le climat de l'Europe est un climat :

❑ froid ❑ tempéré ❑ chaud

2 ★★

Observe la carte puis écris le numéro qui correspond à chaque élément de l'Europe.

- ☐ Alpes
- ☐ Carpates
- ☐ Caucase
- ☐ Oural
- ☐ Alpes scandinaves
- ☐ Plaine d'Europe du Nord
- ☐ Plateau de la Volga
- ☐ Mer du Nord
- ☐ Océan Atlantique
- ☐ Mer Méditerranée
- ☐ Mer Noire
- ☐ Volga
- ☐ Rhin
- ☐ Danube

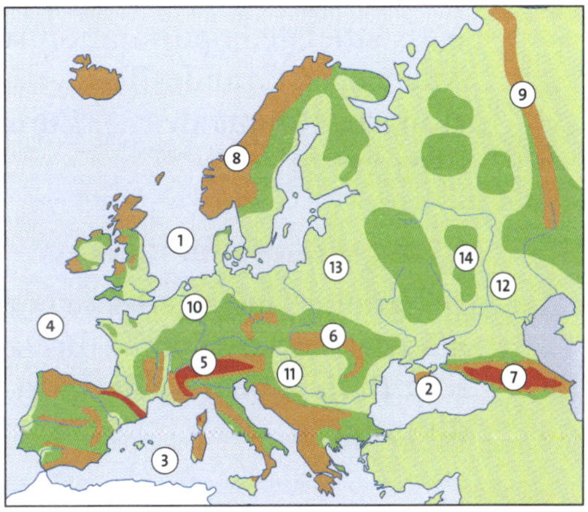

3 ★★★

Observe bien cette carte du Rhin puis cache-la et réponds aux questions.

a. Complète.

Le Rhin prend sa source en .... au mont .... Il a une longueur de .... km. Il se jette dans la .... Ses affluents de droite sont le .... et la .... ; celui de gauche la ....

b. Indique les noms de quatre pays traversés ou bordés par le Rhin.

....

c. Mets dans l'ordre de 1 à 5 ces villes traversées par le Rhin.

Cologne – Rotterdam – Bâle – Mayence – Duisbourg

....

Corrigés p. 218

Évalue ton travail et coche pour chaque exercice : ☑ réussi ☑ presque réussi ☑ à revoir

Français
Maths
Géographie
Sciences
Anglais
Bilans
Corrigés

11 La population en France et en Europe

OBJECTIF • Connaître la répartition et l'évolution de la population en France et en Europe

Savoir

• La population française

La France compte actuellement **65 millions d'habitants**, nombre qui croît chaque année.

La population se concentre autour des **grandes villes** (Paris, Marseille, Lyon, Toulouse, Nice…), dans les **régions touristiques** (Côte d'Azur, Pays basque…), dans les régions industrielles (Nord, Lorraine…) , et dans les **grands ports** (Le Havre, Nantes, Bordeaux, Marseille).

• La population en Europe

En raison d'un phénomène d'immigration, la population de l'Europe ne cesse d'augmenter.

L'essentiel de la population se regroupe en **Europe de l'Ouest** (France, Allemagne, Grande-Bretagne, Pays-Bas,…), **Europe centrale** (Pologne, Hongrie, Roumanie,…), **Europe méditerranéenne** (Italie, Portugal, Espagne…) .

• Les grandes métropoles

Les grandes **métropoles** se concentrent essentiellement dans les régions industrielles de Grande-Bretagne et d'Allemagne. Les grandes capitales sont **Paris**, **Londres**, **Berlin** et **Moscou**. **Istanbul** est une grande ville turque d'Europe.

Savoir faire

• Lire et interpréter des graphiques

La répartition de la population française par sexe en 2007

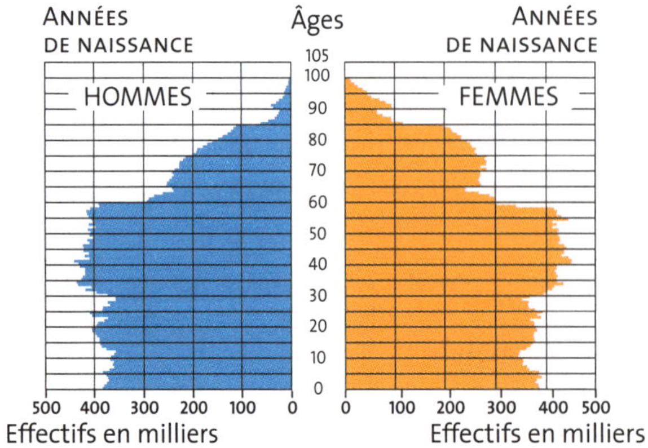

1. Observe :

- Les **âges** sont indiqués en colonne au milieu du graphique.
- Le nombre d'**hommes** se lit vers la gauche, celui des **femmes** vers la droite.

Le nombre d'hommes de 40 ans est supérieur à 400 000.

2. Constate :

- La population des deux sexes est la plus importante pour les gens de 30 à 60 ans.
- Elle diminue nettement après 60 ans.

Faire

1 ★

a. **Combien la France compte-elle d'habitants actuellement ?**

....

b. **La population française augmente régulièrement. Elle a baissé à trois reprises : en 1870, de 1914 à 1918, de 1940 à 1944. Peux-tu expliquer pourquoi ?**

....

2 ★★

Réponds aux questions par VRAI ou FAUX à l'aide de la carte.

	VRAI	FAUX
A. La population est répartie d'une façon égale sur le territoire.		
B. Les zones les plus peuplées correspondent souvent aux grandes villes.		
C. Le Centre est une région très peuplée.		
D. Les côtes sont en général assez peuplées.		
E. En général, les vallées des grands fleuves sont peuplées.		
F. En Corse, la densité de population est faible.		
G. La population des zones montagneuses est à forte densité.		

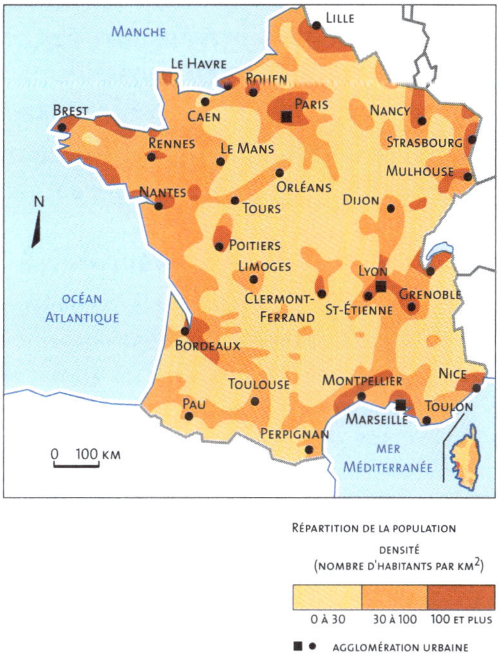

3 ★★★

Réponds aux questions sur ton cahier à l'aide de la carte.

a. Nomme les villes d'Europe de plus de 5 millions d'habitants. Pour chaque ville, indique le nom du pays correspondant.

b. Dans quel pays compte-t-on le plus de villes de 2,5 à 5 millions d'habitants ?

c. Cite trois États n'ayant aucune ville de plus d'1,5 million d'habitants.

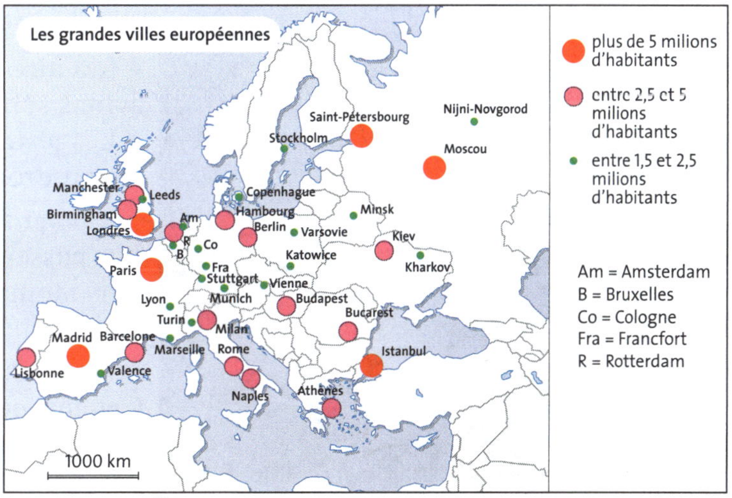

Corrigés p. 219

Évalue ton travail et coche pour chaque exercice : ☑ réussi ☑ presque réussi ☑ à revoir

12 Se déplacer en France et en Europe

OBJECTIF • Étudier trois modes de déplacement en France et en Europe : la route, l'air et le rail

Savoir

• L'importance des moyens de transports

L'économie d'un pays est liée au bon fonctionnement des **moyens de transport**. La facilité d'accès d'une région favorise l'implantation d'entreprises et de commerces.

• Le **réseau ferroviaire** européen est en pleine transformation. D'un côté, on tente de favoriser le transport des **marchandises** en créant des lignes permettant le transport des camions, de l'autre, on améliore le transport des **voyageurs** en construisant des trains à grande vitesse.
Le réseau ferroviaire français est le plus dense d'Europe.

• Le **réseau routier européen**, malgré la construction de nombreuses autoroutes, devient vite saturé en raison de l'augmentation du trafic des camions.
Le **réseau routier français** est très important avec ses autoroutes, ses routes nationales et départementales.

• **Le réseau aérien** est surtout réservé aux voyageurs.
Roissy et Orly sont les deux grands aéroports de la région parisienne.

Savoir faire

• Comprendre le fonctionnement d'un aéroport

1. **Repère** les différentes parties de l'aéroport.

• Les **bâtiments** où les passagers se rassemblent (l'aérogare) sont en forme d'ovale.

L'aéroport de Roissy 2

• Des **routes** permettent aux passagers d'accéder à ces bâtiments.

• Les **aires** de stationnement des avions sont juste à côté de l'aérogare.

• Les **pistes** d'envol et d'atterrissage sont à droite de la photo.

2. **Comprends** le fonctionnement.
Les passagers **entrent** dans l'aérogare puis montent dans les avions à l'aide de passerelles.

3. **Conclus**.
Cet aéroport est **fonctionnel**. Tout est fait pour que ce soit pratique pour les passagers.

Faire

1 ★ Observe cette carte des voies ferrées en France puis réponds aux questions.

☐☐☐

a. À partir de quelle ville partent les grandes lignes de chemin de fer ? ....

b. Combien de lignes spéciales pour TGV partent de Paris ? ....

c. Réponds par OUI ou par NON.
On peut aller sur une ligne spéciale pour TGV de Paris à :

Marseille : ....

Tours : ....

Lille : ....

Strasbourg : ....

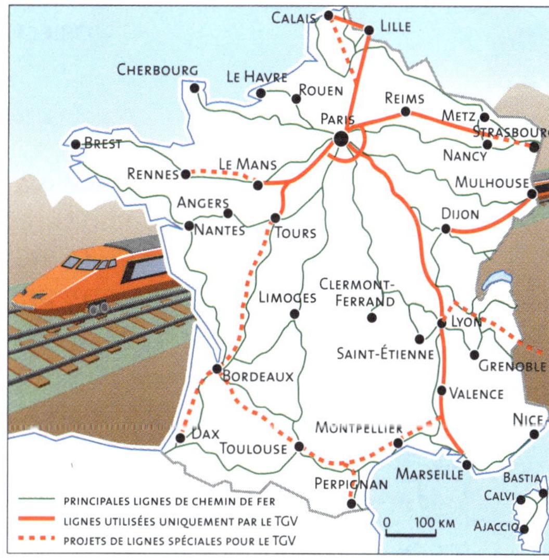

2 ★★ Observe cette carte puis réponds aux questions.

☐☐☐

a. Dans quelle partie de l'Europe trouve-t-on le plus d'autoroutes ?

❑ Europe de l'Est
❑ Europe de l'Ouest

b. Dans quels États y a-t-il le plus d'autoroutes ? (Aide-toi d'une carte d'Europe.)

❑ Royaume-Uni ❑ France
❑ Espagne ❑ Danemark
❑ Belgique et Pays-Bas
❑ Italie

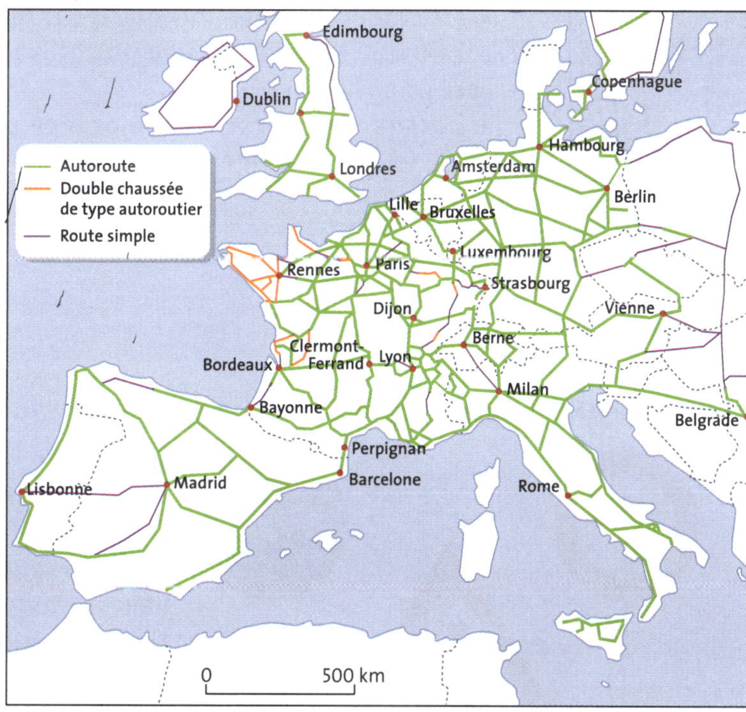

3 ★★ Réponds aux questions.

☐☐☐

....

a. Réponds par OUI ou par NON.
Peut-on directement aller uniquement par autoroute :
de Paris à Berlin en passant par Bruxelles ? ....
de Bordeaux à Lisbonne par la route la plus courte ? ....
de Vienne à Madrid par Berne et Perpignan ? ....

b. Quels États traverse-t-on pour aller d'Edimbourg à Belgrade par Lyon et Milan ? ....

....

Corrigés p. 219

Évalue ton travail et coche pour chaque exercice : ☑ réussi ☑ presque réussi ☑ à revoir

13

La sécurité routière

OBJECTIF • Savoir circuler à pied ou à bicyclette en toute sécurité

Savoir

Circuler à bicyclette

• Lorsque l'on circule à bicyclette, il faut savoir que :
– les autres véhicules représentent un **danger pour soi-même**,
– un cycliste est un **danger pour les autres usagers** de la route.
Circuler à bicyclette oblige à **respecter la réglementation** de la circulation, en particulier les **interdictions** du code de la route.

• Comme toute personne utilisant un véhicule, un cycliste doit rester **maître de sa bicyclette** et **évaluer les risques** dus à l'état de la route (gravillons, trous…) ou aux conditions météorologiques (pluie, vent, neige…).

Respecter les feux tricolores

• La couleur **rouge** indique une interdiction de passer.
• La couleur **verte** indique qu'il est possible de passer.
• La couleur **orange** indique qu'il faut s'arrêter.
• Lorsque le feu est **rouge** pour les véhicules et les cyclistes, il est **vert** pour les piétons.
• Lorsque le feu est **vert** ou **orange** pour les véhicules et les cyclistes, il est **rouge** pour les piétons.

Savoir faire

Reconnaître les principaux panneaux routiers

1. **Observe le panneau 1.** C'est un disque bordé d'un **cercle rouge**. Il interdit de tourner à droite.

2. **Observe le panneau 2.** C'est un **disque bleu** sur lequel est dessinée une bicyclette. Il signale une piste cyclable **obligatoire**.

3. **Observe le panneau 3.** Il est **triangulaire** et signale un **danger** (passage pour piétons).

4. **Conclus.**

• Les panneaux ronds avec un cercle rouge sont des panneaux d'**interdiction**.

• Les panneaux ronds à fond bleu sont des panneaux d'**obligation**.

• Les panneaux triangulaires sont des panneaux de **danger**.

Faire

1 ★ □□□

Dans chaque situation, colorie l'un des deux piétons comme il convient, puis indique ce que doivent faire le cycliste et le piéton.

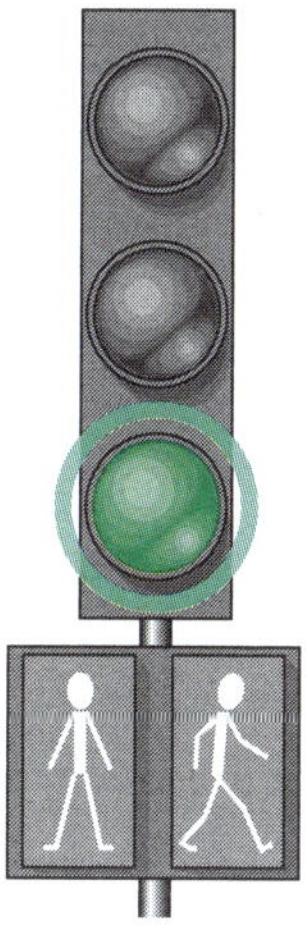

Le cycliste

....

Le piéton

....

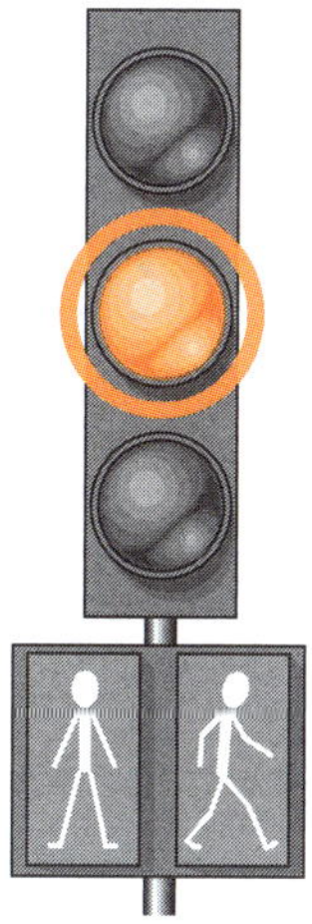

Le cycliste

....

Le piéton

....

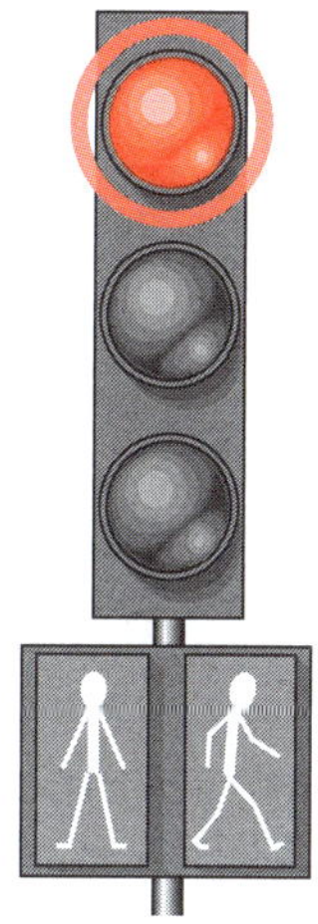

Le cycliste

....

Le piéton

....

2 ★★ □□□

Relie chaque panneau à l'étiquette qui convient.

panneaux d'interdiction

panneaux d'obligation

panneaux de danger

3 ★★★ □□□

Souligne les bonnes attitudes.

Piéton

a. Traverser une rue en courant.
b. Utiliser les passages pour piétons.
c. Jouer sur la route.
d. Regarder à gauche puis à droite avant de traverser.

Cycliste

e. Slalomer entre les voitures.
f. Rouler sur le côté droit de la route.
g. Tendre le bras pour tourner.
h. Vérifier le bon état de sa bicyclette.

Corrigés p. 219

Évalue ton travail pour chaque exercice
☑ réussi ☑ presque réussi ☑ à revoir

14

Les gestes de premier secours

OBJECTIF • Savoir intervenir lors de petits accidents

Savoir

Tu dois à ton âge être capable d'apporter les **premiers soins** à la suite de petits accidents de la vie quotidienne.

Petite coupure, éraflure

- **Nettoyer** la plaie à l'eau et au savon.
- Retirer les **corps étrangers** (cailloux, morceaux de verre ou de bois…).
- Faire **asseoir** la personne.
- Tamponner la plaie avec une compresse imbibée de **produit antiseptique** (Dakin par exemple).
- Laisser **sécher**.
- Mettre un **pansement** pour protéger la coupure de la poussière.

Brûlure

- **Refroidir** la brûlure en la mettant sous l'eau froide pendant 10 minutes.
- **Faire** asseoir la personne.

Bosse au front

- Faire **asseoir** la personne.
- Mettre sur la bosse un sac en plastique rempli de **glaçons**.
- Appliquer ensuite une **pommade** spéciale.

Piqûre d'insectes

- Faire **asseoir** la personne.
- Appliquer une **pommade calmante**.

Si les premiers soins ne suffisent pas ou si la situation paraît grave, appeler les secours.

17

police

À partir d'un téléphone fixe.

15

SAMU

18

pompier

À partir d'un portable, en France ou en Europe.

Savoir faire

Donner l'alerte en cas d'accident grave

- **Téléphone** au bon numéro.
- **Présente-toi** en donnant ton nom et ton prénom.
- **Indique** l'adresse précise de l'accident (ville, rue, n° d'appartement, étage, code d'entrée de l'immeuble…).
- **Précise** la nature de l'accident (chute, blessure, brûlure…).
- **Décris** les risques éventuels (incendie, effondrement, explosion…).
- **Indique** le nombre de blessé(s) et décris si possible l'état dans lequel il(s) se trouve(nt).
- **Ne raccroche pas** tant que les secours ne te l'ont pas demandé.

Faire

1 ★

Relie chaque type de blessure au soin qu'il convient d'apporter.

a. Appliquer une pommade calmante.	• coupure •	c. Refroidir sous l'eau le plus longtemps possible.
	• brûlure •	
b. Appliquer de la glace puis passer une pommade.	• bosse au front •	d. Laver à l'eau, désinfecter puis protéger.
	• piqûre d'insectes •	

2 ★

Réponds aux questions suivantes.

a. Que faut-il faire si une blessure n'arrête pas de saigner, si une brûlure te semble importante ou si la personne blessée ne se sent pas bien ? ....

Donne le numéro des pompiers : .... ; du SAMU : .... ; de la police : ....

b. Quel numéro dois tu composer sur ton téléphone portable pour signaler un accident ou appeler des secours ? ....

3 ★★

Recherche pour quelle raison il vaut mieux faire asseoir une personne à qui l'on va apporter les premiers soins.

....

4 ★★★

En cas de saignement de nez d'un camarade, renseigne-toi sur l'attitude qu'il faut adopter. Numérote les actions dans l'ordre de 1 à 3. Barre ce qu'il ne faut pas faire.

a. ❑ Si le saignement ne s'arrête pas, appeler les secours pour demander conseil.
b. ❑ Appuyer fortement sur la narine qui saigne et faire mettre la tête légèrement en avant.
c. ❑ Faire asseoir.
d. ❑ Faire mettre la tête légèrement en arrière.

5 ★★★

Lis la situation suivante puis réponds aux questions.

Ton camarade a fait une mauvaise chute à vélo et tu préviens les secours. Après avoir fait le bon numéro et t'être présenté, tu demandes aux secours de venir très vite. Tu précises que ton camarade est couché sur le sol, qu'il ne peut pas se relever, qu'il a très mal à la jambe et à la tête, qu'il ne se sent pas bien du tout. Puis tu raccroches le téléphone.

a. Qu'as-tu oublié de dire au téléphone ?

....

b. Qu'est ce que tu n'aurais jamais dû faire ?

....

Corrigés p. 219

Évalue ton travail pour chaque exercice ☑ réussi ☑ presque réussi ☑ à revoir

15

La nation française

OBJECTIF • Connaître les étapes de la formation de la France ; définir l'identité française

Savoir

De la monarchie à la république

Le pouvoir de diriger la France se transmettait de père en fils sous la royauté.
Le renversement de la royauté par le peuple en 1789 a transformé la France en république. C'est le peuple qui vote et **qui choisit ses représentants**. Le président de la République est élu au suffrage universel.

La constitution territoriale de la France

Les frontières de la France se sont déplacées durant les siècles passés à la suites de **mariages** ou de **guerres**.

La nationalité française

Les enfants nés d'un **parent français** ou d'un parent **né en France** ont droit automatiquement à la nationalité française.

La langue française

L'**Académie française** à été créée en 1635 pour définir et protéger la langue française. Le français est devenu la langue de plus de 130 millions de personnes à travers le monde.

Savoir faire

Constater l'agrandissement progressif du territoire français

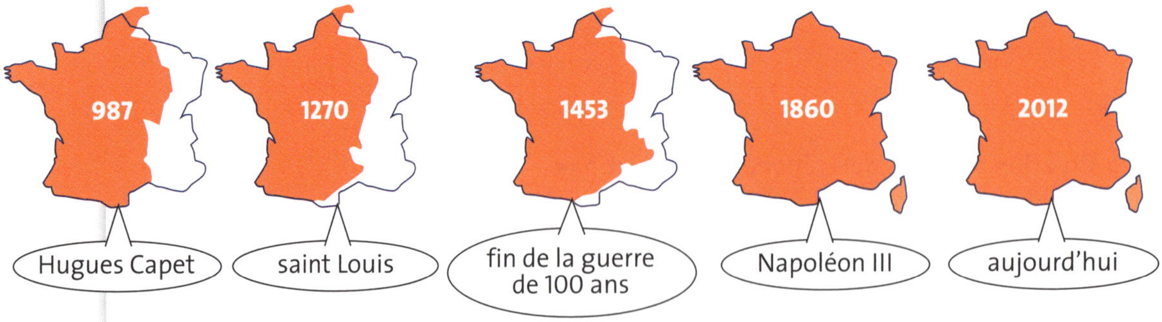

1. **Tu peux constater** que depuis Hugues Capet (le premier roi de France), notre territoire n'a cessé de s'agrandir.
2. **Tu peux voir** qu'en 1860, les frontières de la France étaient les mêmes que celles d'aujourd'hui.
3. **Tu peux en conclure** qu'il a fallu presque 1 000 ans pour que la France ait ses frontières d'aujourd'hui.

Faire

1 ★
Relie les étiquettes comme il convient.

Dans une monarchie •	• Le pouvoir de diriger le pays se transmet de père en fils.
Dans une république •	• C'est un vote qui désigne la personne chargée de diriger le pays.

2 ★
Quelles ont été les principales causes des modifications des frontières de la France durant les siècles passés ?

....

3 ★★
Réponds par oui ou non aux affirmations suivantes.

a. Un enfant né en France est obligatoirement de nationalité française. **oui** **non**
b. Un enfant né en France de parents français est de nationalité française. **oui** **non**
c. Un enfant né à l'étranger de parent(s) né(s) en France est français. **oui** **non**

4 ★★
Réponds aux questions suivantes.

Le français est la langue officielle de la France. Mais il existe encore des langues utilisées dans certaines régions françaises et que l'on peut apprendre à l'école.

a. Recherche-en une ou deux. ....

b. Recherche, en Europe, des pays où l'on parle le français. Cites-en deux.

....

5 ★★
À quelle époque le territoire français a-t-il les mêmes frontières qu'aujourd'hui ? Coche la case qui convient.

❑ saint Louis ❑ Napoléon III ❑ 1453 ❑ Hugues Capet

6 ★★★
Quelles sont les deux dernières régions françaises à être rattachées au territoire français sous Napoléon III ? Souligne les bonnes réponses.

La Savoie – la Bretagne – le Comté de Nice – la Normandie

Corrigés p. 219

Évalue ton travail pour chaque exercice
☑ réussi ☑ presque réussi ☑ à revoir

16

L'Union européenne

OBJECTIF • Connaître l'Union européenne et quelques-unes de ses réalisations

Savoir

L'Union européenne (UE) est composée de **vingt-sept États-membres**. Son objectif est de permettre la **libre circulation** des hommes, des marchandises et des capitaux entre les pays européens.

• La construction de L'Europe

• À l'initiative de la France (Jean Monnet), 6 pays de l'Europe occidentale s'unissent en **1957** pour créer la communauté économique européenne (CEE) : la France, L'Allemagne, la Belgique, les Pays-Bas, le Luxembourg et l'Italie.

• Le 1er janvier **1986**, 12 États forment la CEE. Cette Europe des douze devient un grand marché unique dont l'ouverture officielle a lieu le 1er janvier 1993 après la signature du **traité de Maastricht** : l'Union européenne est née (UE).

• Depuis le 1er janvier 2007, l'UE est formée de **27 États** (voir carte du *Savoir faire*).

• L'Europe en marche

• Depuis le 1er janvier 2011, 17 États de l'UE utilisent une monnaie unique : l'**euro**. Malgré des difficultés dues à des différences de fonctionnement de la vie publique et de la démocratie, la **coopération européenne** existe dans de grandes réalisations comme l'avion Airbus, la fusée Ariane, le tunnel sous la Manche…

• Aujourd'hui, l'UE est la 1re puissance économique mondiale, devant les États-Unis et la Chine.

Savoir faire

• Retrouver le titre d'une carte

1. Observe la carte.
Les pays colorés correspondent à la liste des 27 pays de l'UE.

2. Observe les dates.
Ce sont celles de la construction de l'Europe en 7 étapes.

3. Déduis-en le titre.
« De l'Europe des 6 à l'Europe des 27 »

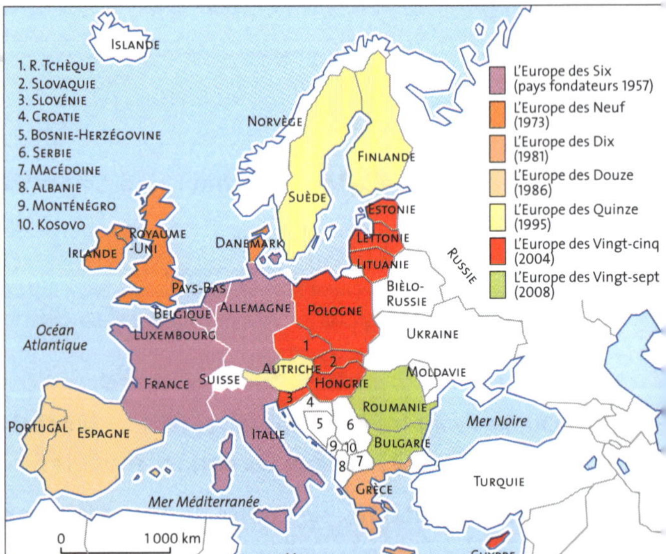

1 ★ Pour chaque photographie, indique de quelle réalisation européenne il s'agit.

☐☐☐

....

....

....

2 ★★ Parmi tous ces pays d'Europe, encadre ceux qui font actuellement partie de l'UE. Surligne en rouge les 6 pays qui l'ont fondée.

☐☐☐

Allemagne	Espagne	Liechstensten	Portugal
Andorre	Estonie	Lituanie	République tchèque
Autriche	Finlande	Luxembourg	Roumanie
Belgique	France	Macédoine	Royaume-Uni
Biélorussie	Grèce	Malte	Russie
Bosnie-Herzégovine	Hongrie	Moldavie	Slovaquie
Bulgarie	Irlande	Monaco	Slovénie
Chypre	Islande	Norvège	Suède
Croatie	Italie	Pays-Bas	Suisse
Danemark	Lettonie	Pologne	Vatican
			Ukraine

3 ★★★ Réponds aux questions.

☐☐☐

a. Dresse la liste des 17 États qui ont adopté l'euro.

....

....

....

....

b. Quels sont les pays de l'UE qui n'ont pas encore adopté l'euro ?

....

....

....

L'UE et la zone euro

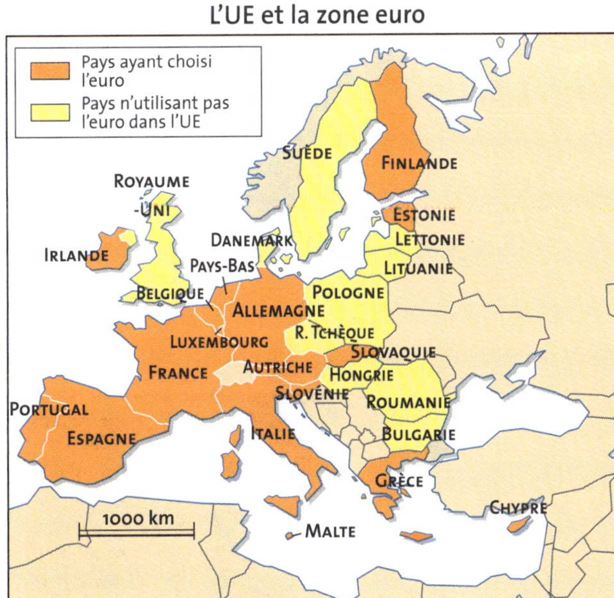

Corrigés p. 219

Évalue ton travail pour chaque exercice ☑ réussi ☑ presque réussi ☑ à revoir

17 L'art au Moyen Âge

OBJECTIF • Connaître des œuvres de référence en relation avec une époque, une forme d'expression.

Savoir

• L'architecture : les maisons de ville au Moyen Âge

Les maisons des villes sont **hautes** de plusieurs étages. Leurs murs sont constitués de grosses poutres en bois (les **colombages**) et d'un mélange de terre et de paille (le **torchis**).
Ces maisons sont construites en **encorbellement** c'est-à-dire que les étages supérieurs, plus grands, surplombent la rue.
Au rez-de-chaussée, les ateliers et boutiques sont ouverts sur la rue : des **enseignes** permettent de les signaler.
La marchandise est disposée sur des **étals**. La nuit, un **auvent** en bois permet de les fermer.

• L'art des troubadours

Dans le sud de la France, au XIIe s., les **troubadours** (appelés **trouvères** dans le nord) inventent des **poèmes** destinés à être chantés, accompagnés par un **luth,** au cours des banquets ou fêtes organisés par des seigneurs.
Ces poèmes célèbrent la **bravoure** des chevaliers (les **chansons de geste**) ou mettent à l'honneur la **conquête amoureuse** (l'**amour courtois**).

Savoir faire

• Apprendre l'art de la calligraphie

À partir du XIIe s., les **moines** copient les textes en écriture **gothique** (lettres avec des traits épais ou fins et des angles). Certains **manuscrits** (textes écrits à la main) sont décorés de dessins miniatures faits à la plume et colorés de couleurs vives et de peinture dorée : les **enluminures**. Au Moyen Âge, on a pris aussi l'habitude d'agrandir la première lettre d'une page ou d'un paragraphe et de l'orner d'enluminures : on nomme cette lettre une **lettrine**.

Faire

1 ★ Écris les mots suivants au bon endroit.

☐☐☐

encorbellement – colombage – torchis – enseigne – étal.

....

....

....

2 ★★ Réponds aux questions suivantes.

☐☐☐

a. Comment se nomment les poètes chanteurs du Moyen Âge ? ....

b. Quel est le nom de l'instrument de musique qu'ils utilisent pour s'accompagner ? ....

c. Quels textes vantent l'héroïsme et le courage des chevaliers ? ....

3 ★★★ a. Complète le texte à trous en t'aidant des mots en gras du *Savoir faire*.

☐☐☐

Au Moyen Âge, les .... copient les textes à la main en écriture .... : les lettres sont formées de traits .... ou fins. Les .... sont ornés de dessins colorés appelés .... Souvent, la première lettre d'une page est plus grande que les autres et richement décorée : c'est la ....

b. Complète le dessin par les mots *lettrine* et *enluminure*.

....

....

Corrigés p. 220

Évalue ton travail et coche pour chaque exercice : ☑ réussi ☑ presque réussi ☑ à revoir

18 Châteaux et théâtre au XVIe et XVIIe siècles

OBJECTIF • Connaître des créations artistiques en rapport avec les XVIe et XVIIe siècles

Savoir

Les châteaux de plaisance

Au Moyen Âge, les châteaux forts étaient un moyen de **défense**.
À partir de la Renaissance, la façon de faire la guerre ayant changé, ils deviennent des châteaux de **plaisance**.
Les murs sont percés de nombreuses **fenêtres** avec des balcons. Des **frontons** et des **colonnes** apparaissent pour décorer des façades.

Les jardins à la française

Les jardins sont organisés de façon symétrique. Ils sont ornés de **bassins**, et de **statues**. Les buissons et arbustes sont taillés selon des **formes géométriques**. On y trouve des arbres exotiques (orangers, palmiers…)

Château de Villandry

L'Orangerie du Château de Versailles

Savoir faire

Comprendre le théâtre classique

Molière est un auteur de **théâtre** qui vit à la cour du roi Louis XIV (XVIIe s.). Il crée des **comédies** où l'on se **moque** des **défauts** des individus. (*L'Avare*, *Le Malade imaginaire*,…). Le théâtre **classique** obéit à des **règles précises** et s'inspire du **théâtre antique** (théâtre grec). De nombreux spectacles mêlent la **musique**, le **théâtre** et la **danse**.

Faire

1 ★

Coche les bâtiments qui ont une architecture de style Renaissance.

☐ ☐ ☐ ☐

2 ★★

Complète le texte à trous avec les mots suivants : *taillés – exotiques – symétriques – statues.*

À la Renaissance, de nombreux châteaux sont agrémentés de jardins aux formes .... De chaque côté des allées, il y a des parterres de buissons .... et des bassins ornés de .... On y cultive aussi des plantes .... (orangers, citronniers...).

3 ★★

Coche les jardins à la française.

☐ ☐ ☐ ☐

4 ★★★

a. À l'aide d'un dictionnaire (des noms propres), recherche puis souligne les pièces de théâtre écrites par Molière.

Le Médecin malgré lui – L'Avare – Le Cid – Dom Juan – Phèdre – Lorenzaccio – Les Fourberies de Scapin

b. Observe les illustrations suivantes. Écris le nom des pièces de Molière représentées.

....

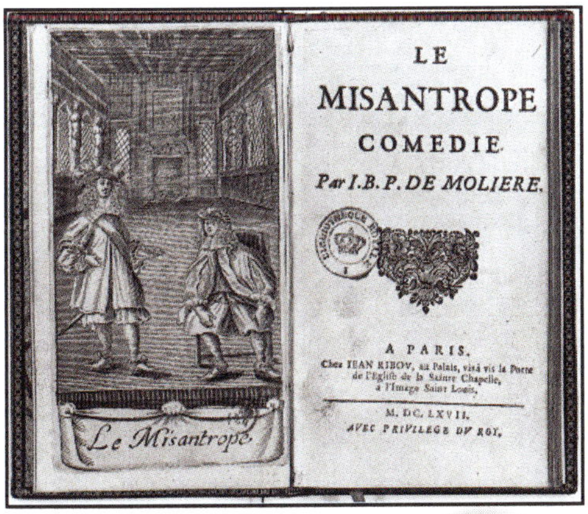

....

Corrigés p. 220

Évalue ton travail et coche pour chaque exercice : ☑ réussi ☑ presque réussi ☑ à revoir

Sciences

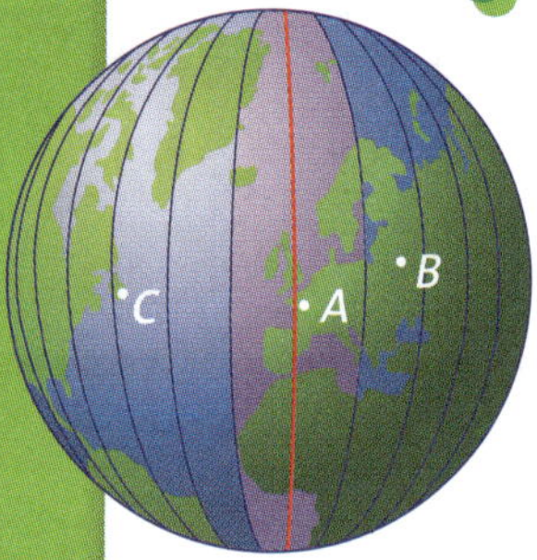

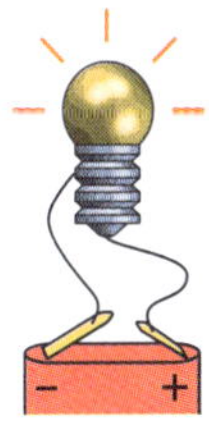

1

La Terre tourne

OBJECTIF • Connaître le principe de rotation de la Terre et ses effets sur l'heure dans le monde

Savoir

• La rotation de la Terre

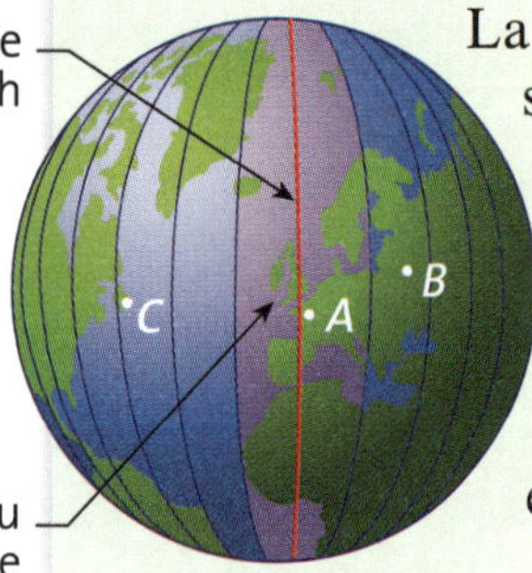

La Terre est une **sphère**. Elle effectue une **rotation** (un tour sur elle-même) en 24 heures, ce qui provoque l'alternance du jour et de la nuit. En raison de cette rotation et de la forme de la Terre, il ne peut pas être la même heure sur tous les points du globe à un moment donné. Comme la Terre tourne d'Ouest en Est, le point B situé à l'Est de A est « **en avance** » par rapport à A et le point C situé à l'Ouest de A est « **en retard** » par rapport à A. C'est le **décalage horaire**.

• Les fuseaux horaires

Pour des raisons de commodité, les hommes ont découpé la surface du globe en 24 portions : les **fuseaux horaires**. Chacun d'eux s'étend d'un pôle à l'autre. Toutes les régions situées à l'intérieur d'un même fuseau horaire ont la même heure. Il y a une différence d'**une heure** entre deux fuseaux voisins.

Savoir faire

• Comprendre le décalage horaire

La carte des fuseaux horaires

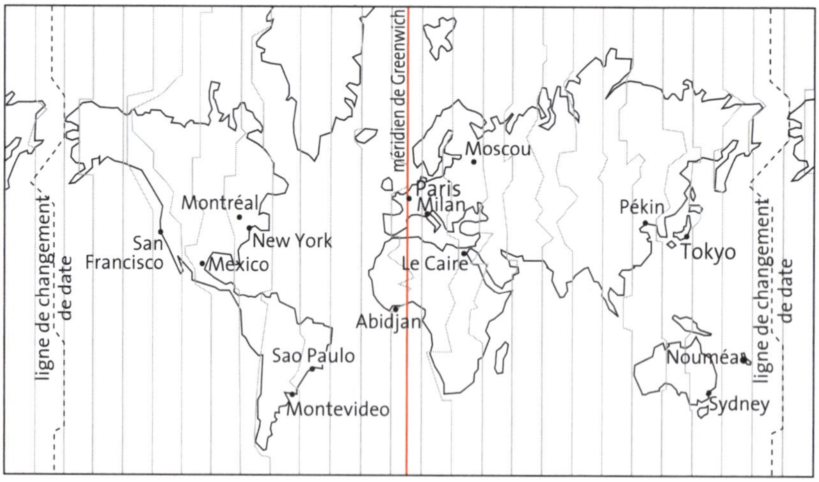

1. **Repère** deux fuseaux horaires et deux villes (une dans chaque fuseau), par exemple Paris et Tokyo.
2. **Compte** le nombre de fuseaux horaires qui séparent les deux villes.
Il y en a 9, donc le décalage horaire est de 9 heures.
3. **Ajoute** ces 9 heures puisque Tokyo est à l'Est de Paris.
Quand il est 14 h à Paris, il est : 14 h + 9 h = 23 h à Tokyo.

Faire

1 ★

Lis le texte puis réponds aux questions.

Je prends mon repas de midi à Paris. À ce moment, je pense à mes deux correspondants : Bruce le New-Yorkais et Tchang qui habite à Pékin.

a. Lequel se prépare à aller dormir ?

....

b. Lequel commence seulement sa journée ?

....

2 ★

Complète en utilisant la carte du *Savoir faire*.

Quand il est 15 heures à Moscou (Russie), il est :

.... h au Caire (Égypte),
.... h à Mexico (Mexique),
.... h à Nouméa (Nouvelle-Calédonie),
.... h à Tokyo (Japon),
.... h à Milan (Italie).

Quand il est 12 heures à Montréal (Canada), il est :

.... h à Abidjan (Côte-d'Ivoire),
.... h à San Francisco (États-Unis),
.... h à Sydney (Australie),
.... h à Sao Paulo (Brésil).
.... h à Montevideo (Uruguay).

3 ★★

Réponds aux questions.

Voici la Terre et les fuseaux horaires vus à la verticale du pôle Nord.

a. Écris l'heure pour chaque fuseau horaire.

b. Place les initiales des villes suivantes :

- Los Angeles, 8 h de retard sur Paris ;
- Moscou, 3 h d'avance sur Paris ;
- New York, 5 h de retard sur Paris ;
- Pékin, 8 h d'avance sur Paris.

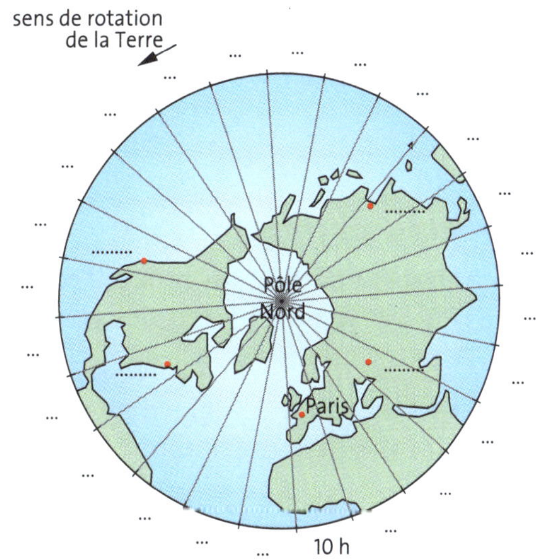

4 ★★

Dans les pages jaunes de l'annuaire du téléphone, on trouve cet avertissement :

NE RÉVEILLEZ PAS VOS CORRESPONDANTS !

Explique ce qui se passerait si, de Paris à 10 heures du matin, tu téléphonais à un cousin habitant à Los Angeles, aux États-Unis.

....

....

5 ★★★

Réponds aux questions.

Monsieur Leroy va de Paris à New York en avion. Il part le 10 juillet à 14 heures de l'aéroport d'Orly. La durée du vol est de 8 heures.

a. Quelle heure marquera l'horloge de l'aéroport de New York à sa descente d'avion ?

....

Deux jours après, Monsieur Leroy repart pour Paris à 13 heures. Le voyage dure 8 heures, là aussi.

b. Quelle sera l'heure affichée par l'horloge de Roissy à son arrivée ?

....

c. Quelle est la durée apparente de ce deuxième voyage ?

....

Corrigés p. 220

Évalue ton travail et coche pour chaque exercice : ☑ réussi ☑ presque réussi ☑ à revoir

2

L'eau

OBJECTIF • Différencier les trois états de l'eau

Savoir

Les trois états de l'eau

Dans la nature, on rencontre l'eau sous trois formes différentes :

- l'état **liquide** : l'eau des rivières, des mers, des océans, la pluie, l'eau du robinet...
- l'état **solide** : la glace de la banquise, les glaciers dans les montagnes, les glaçons du congélateur...
- l'état **gazeux** : la vapeur d'eau présente dans l'air et qui est invisible mais que l'on voit lorsqu'elle se transforme en gouttelettes d'eau (nuages, brouillard...) si l'air se refroidit.

Savoir faire

Réaliser des expériences

Les changements d'état de l'eau

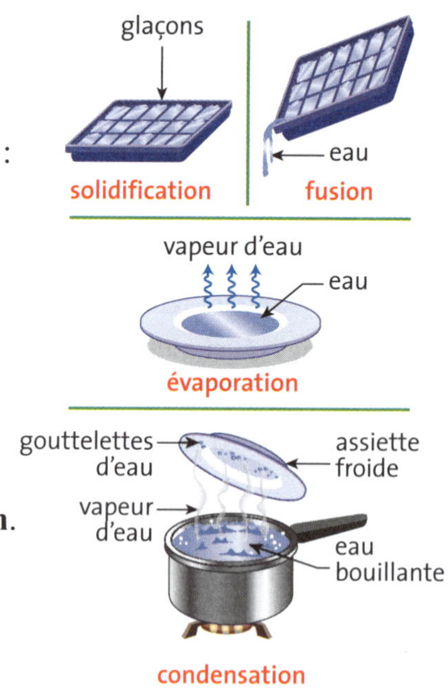

- **Expérience 1**

Mets de l'eau dans un bac à glaçons et place-le au congélateur. Au bout d'une heure environ, l'eau se transforme en **glace** : c'est la **solidification**.
Retire le bac du congélateur. La glace se transforme en **eau** ; c'est la **fusion**.

- **Expérience 2**

Verse de l'eau dans une assiette. Peu à peu, l'eau disparaît de l'assiette. Elle s'est transformée en un gaz invisible, la **vapeur d'eau**.
Cette transformation s'appelle l'**évaporation**.

- **Expérience 3**

Fais bouillir de l'eau dans une casserole : c'est l'**ébullition** ; l'eau se transforme là aussi en vapeur d'eau. Place une assiette froide au-dessus de la casserole ; elle se couvre de gouttelettes d'eau. La **vapeur d'eau** s'est transformée en **eau** : c'est la **condensation**.

- **Conclusion**

Selon la température, l'eau se trouve à l'état **liquide**, à l'état **solide** (glace) ou à l'état **gazeux** (vapeur d'eau).

Faire

1 ★

□□□

Par quelles transformations passe-t-on de l'eau à la vapeur d'eau ? Coche les bonnes cases.

❑ condensation ❑ ébullition ❑ fusion

❑ solidification ❑ évaporation

2 ★

□□□

Complète le schéma ci-dessous en y plaçant les noms suivants : ***eau liquide – vapeur d'eau – glace – fusion – condensation – solidification – évaporation.***

on refroidit	on réchauffe
vapeur d'eau	glace
....	....
↓	↓
eau liquide	....
↓	↓
....	....
↓	↓
....	....

3 ★★

□□□

Retrouve les noms manquants et complète. Renseigne-toi si c'est nécessaire.

Lorsque la vapeur d'eau se condense, elle se transforme en fines gouttelettes d'eau :

a. sur les herbes froides, c'est la ....

b. dans l'air, près du sol, elles constituent le ....

c. dans le ciel, ce sont les ....

d. sur les vitres en hiver, c'est la ....

4 ★★★

□□□

Dans le schéma, place les flèches indiquant comment s'effectue le circuit de l'eau et place les mots :

condensation
évaporation
solidification
fusion.

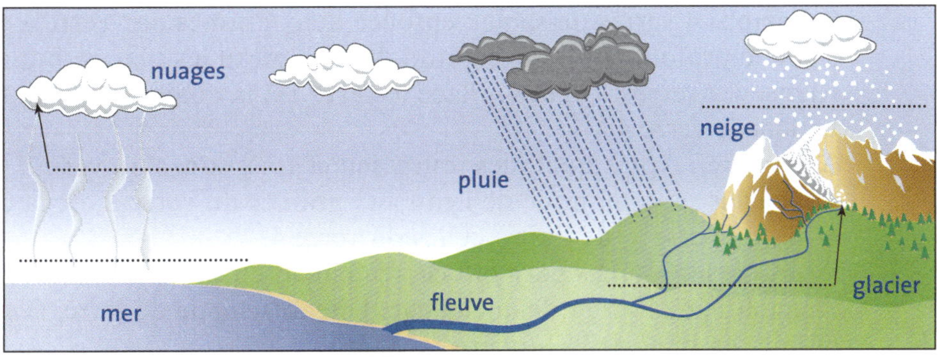

Corrigés p. 220

Évalue ton travail et coche pour chaque exercice : ☑ réussi ☑ presque réussi ☑ à revoir

Français
Maths
Hist.-Géo. Inst. civique et morale
Sciences
Anglais
Bilans
Corrigés

3

Les plantes

OBJECTIF • Connaître les stades et conditions de développement d'une plante

Savoir

• Le développement de la plante

Au contact de la terre humide, la graine absorbe de l'eau et gonfle (A). Son **tégument** (enveloppe) se déchire et la **radicule** (petite racine) grandit (B). Elle deviendra la **racine principale**.
Ensuite, la **tigelle** (petite tige) apparaît. Elle sort de terre en portant les deux **cotylédons** qui servent de réserves de nourriture (C). Puis les feuilles de la **gemmule** s'ouvrent (D).
Une fois vides, devenus inutiles, les cotylédons se détachent (E). La plante a terminé sa germination. Elle continue à se développer.

Le haricot

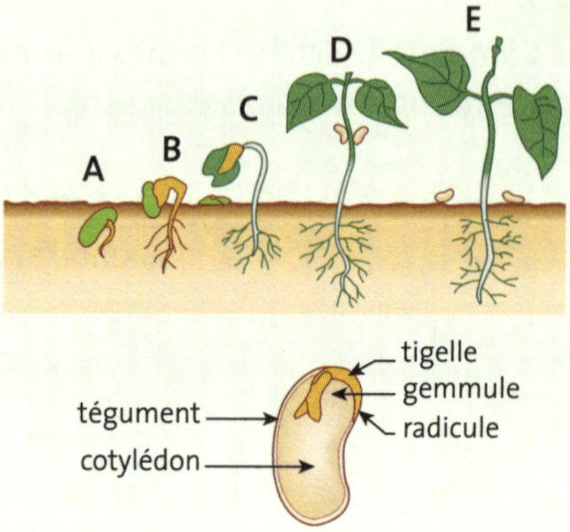

• La reproduction de la plante

La **fleur** contient les organes reproducteurs de la plante :
• les **étamines** (organe mâle) terminées par des sacs à **pollen** (sorte de poudre jaune),
• le **pistil** (organe femelle) qui contient des **ovules**.
Quand le pollen vient se fixer sur les ovules, il y a **fécondation** puis formation de **graines**.

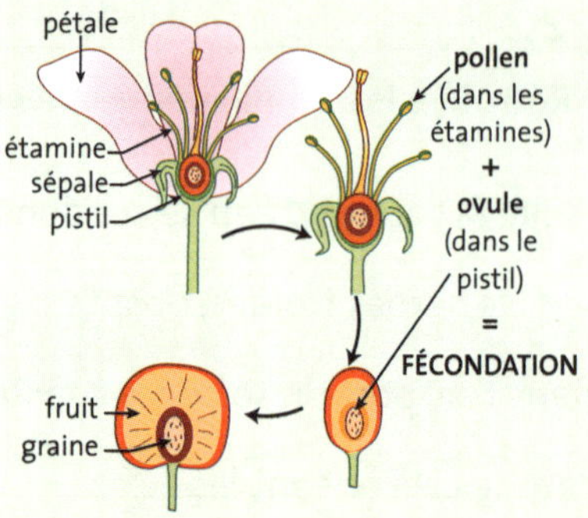

Savoir faire

• Connaître les conditions d'une bonne germination

1. **Remplis** 4 verres de sable ; enfonce deux graines par verre à environ 3 cm de profondeur à l'exception du n° 4 où tu les places tout au fond. Arrose les verres 1, 3 et 4. Place le verre 1 à la chaleur, le 3 au frais et bouche le verre 4.
2. **Observe** : Après quelques jours, seules les graines du verre 1 ont levé.
3. **Conclus** : Il a manqué de l'eau aux graines du verre 2, de la chaleur à celles du verre 3, de l'air à celles du verre 4.
Pour que les graines germent correctement elles doivent recevoir de l'**humidité**, de l'**air** et de la **chaleur**. Une fois sortie de terre, la plante aura besoin, en plus, de la lumière du Soleil.

Faire

1 ★

Légende le croquis avec les mots : *racines – feuilles – tige – cotylédons.*

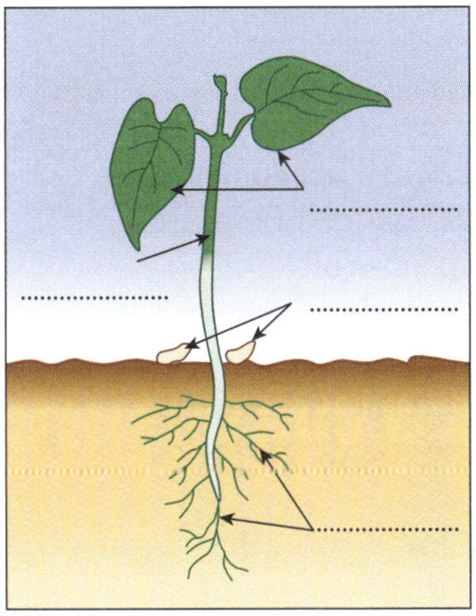

2 ★

Relie comme il convient.

cotylédons •	• petite racine
tégument •	• petite tige
gemmule •	• réserve de nourriture
tigelle •	• enveloppe
radicule •	• petites feuilles

3 ★★

Remets les phrases dans l'ordre à l'aide des lettres en partant de la mise dans le sol de la graine.

a. La tigelle sort de terre, portant les deux cotylédons.

b. La graine se gonfle d'eau.

c. Les feuilles de la gemmule s'ouvrent.

d. Devenus inutiles, les cotylédons se détachent et tombent.

e. Le tégument se déchire et la radicule grandit.

....

4 ★★

Légende le schéma en écrivant les noms : *pétale – sépale – étamine – pistil – sac à pollen – ovule.*

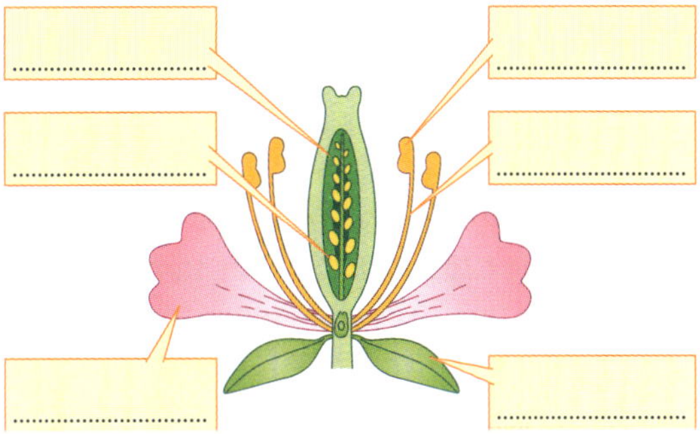

5 ★★★

Complète le texte.

La .... contient les organes reproducteurs de la plante.

Les .... sont l'organe mâle. Elles portent le ....

Le .... est l'organe femelle. Il contient les ....

La fixation du pollen sur les ovules provoque la ...., amenant la formation de graines.

6 ★★★

Souligne l'élément manquant.

a. En hiver, les plantes ne germent pas ; quel élément manque-t-il ?
humidité – air – chaleur

b. Dans le désert, lequel des trois éléments fait défaut ?
humidité – air – chaleur

c. Ma petite sœur a mis des graines dans un pot rempli de terre. Elle ferme le pot à l'aide du couvercle. Que va-t-il leur manquer pour germer ?
humidité – air – chaleur

Corrigés p. 221

Évalue ton travail et coche pour chaque exercice : ☑ réussi ☑ presque réussi ☑ à revoir

4

Les animaux

OBJECTIF • Comprendre le cycle de vie des animaux

Savoir

● Comment naissent les animaux

La plupart des animaux ont une reproduction sexuée, par l'**accouplement** d'un mâle et d'une femelle. Après sa **fécondation** par une cellule mâle (le **spermatozoïde**), la cellule femelle (l'**ovule**) devient un **œuf**.
Chez les poissons et la plupart des reptiles, les petits se développent dans cet œuf à l'**extérieur** de la mère.
Chez les mammifères, l'œuf se développe de façon **interne** et les petits sortent vivants du ventre de leur mère, après une période de **gestation** (le temps où elle porte ses petits en elle).
Certains animaux passent par un stade larvaire : la **larve** subit des **métamorphoses** avant d'atteindre le stade adulte (voir *Savoir faire*).

● Le développement des animaux

Les oiseaux et les mammifères **nourrissent** leurs petits et les **élèvent**. Chez les mammifères, la mère les allaite grâce à ses mamelles.
Pour de nombreuses autres espèces (la truite, la couleuvre par exemple), les petits sont **livrés à eux-mêmes** dès la naissance.

Savoir faire

● Comprendre le principe des métamorphoses

1. Observe.

La grenouille

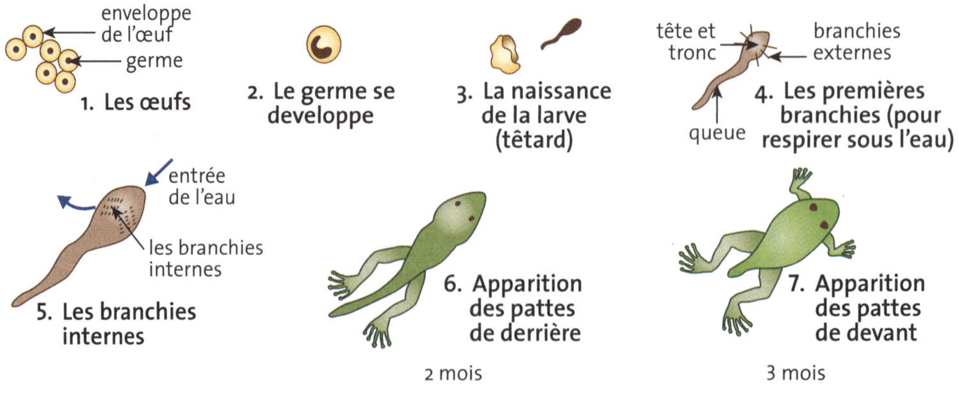

2. Conclus.

Les transformations de la larve à la grenouille portent le nom de **métamorphoses**.

Faire

1 ★ **Complète les phrases à l'aide du *Savoir*.** ☐☐☐

De nombreux animaux obtiennent des petits par l'.................................. d'un .... et d'une ....

Après sa fécondation par un ...., l'..................... devient un œuf.

2 ★★ **Complète par interne (I) ou externe (E) selon que le développement de l'œuf se fait à l'intérieur ou à l'extérieur de la mère. (Tu peux t'aider d'une encyclopédie.)** ☐☐☐

le pigeon ( )	le gardon ( )
la pingouin ( )	le dauphin ( )
le chat ( )	le mouton ( )

3 ★★ **Indique l'ordre du développement de la grenouille en complétant par les lettres du schéma. Complète ensuite la phrase.** ☐☐☐

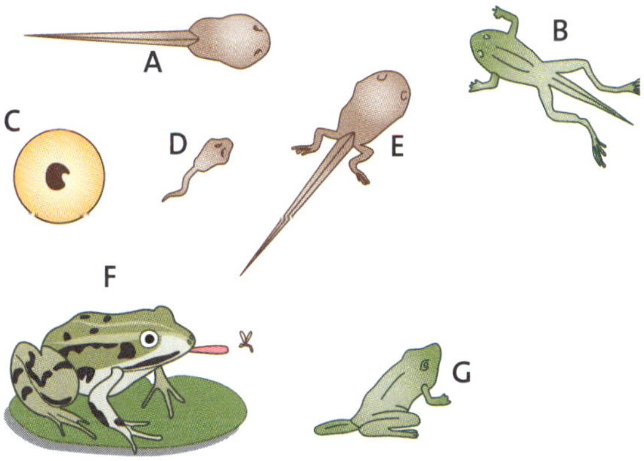

1 : .... / 2 : .... / 3 : .... / 4 : .... /

5 : .... / 6 : .... / 7 : ....

La transformation d'un têtard en grenouille est une ....

4 ★★ **Coche les affirmations exactes.** ☐☐☐

☐ La gestation est la durée pendant laquelle une femelle de mammifère porte ses petits.

☐ Les oiseaux laissent leurs petits se débrouiller seuls dès la naissance.

☐ Les serpents allaitent leurs petits.

☐ Chez les animaux à métamorphoses, les petits sont très différents des adultes.

5 ★★★ **Voici quatre étapes de la métamorphose du ver à soie. Relie les dessins aux noms qui correspondent.** ☐☐☐

A 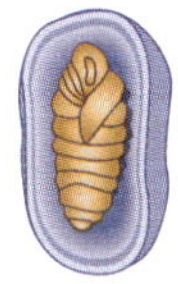 • • adulte (bombyx)

B  • • chrysalide

C  • • chenille (ver à soie)

D  • • œuf

Réponds à ces questions à l'aide d'un livre de sciences.

a. De quoi se nourrit le ver à soie ?

....

b. Qu'est-ce que la chrysalide ?

....

c. Comment s'appelle son enveloppe ?

....

d. De quoi est-elle formée ?

....

Corrigés p. 221

Évalue ton travail et coche pour chaque exercice : ☑ réussi ☑ presque réussi ☑ à revoir

5 La classification des animaux

OBJECTIF • Comprendre le regroupement des animaux selon leurs caractères

Savoir

On classe les animaux en deux grands groupes :
- les **vertébrés** qui possèdent une colonne vertébrale (le chat, le pigeon, la truite, la vipère...).
- les **invertébrés** qui n'en possèdent pas (l'escargot, l'araignée, le ver de terre...).

Chacun de ces groupes en contient d'autres plus petits (voir *Savoir faire*).

Savoir faire

Lire un arbre de classification des animaux

1. Observe.

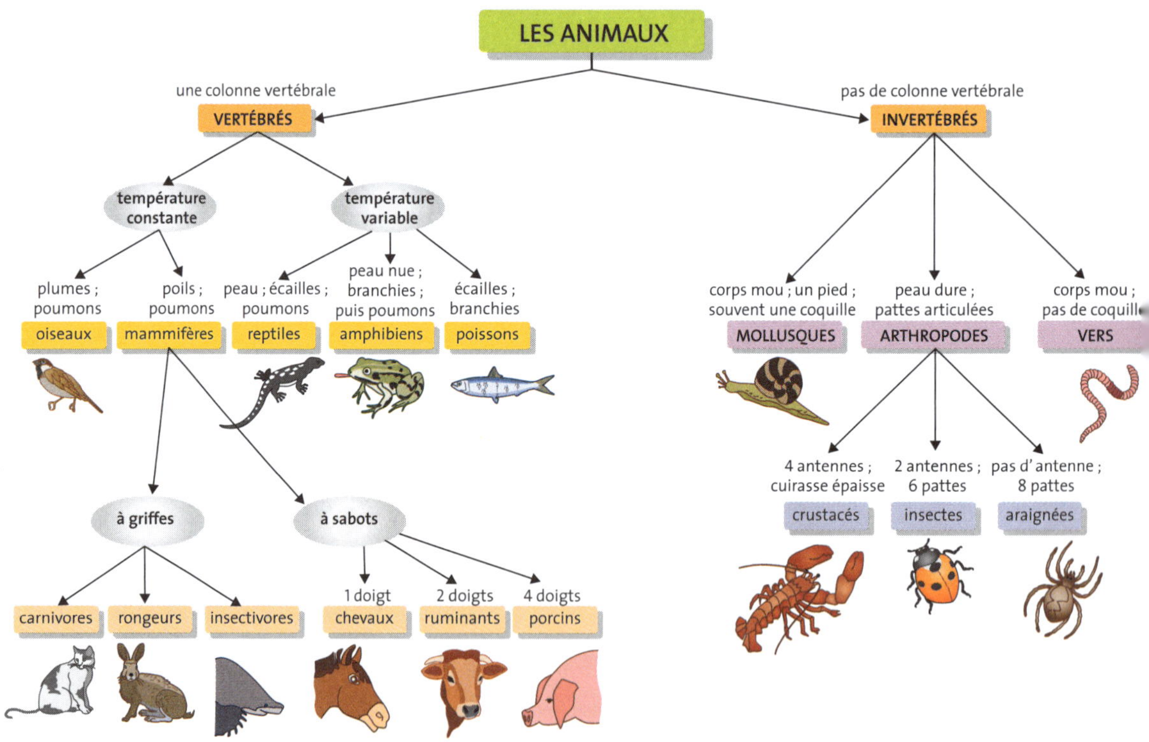

L'arbre ci-dessus permet de dresser la carte d'identité d'un animal. Par exemple, le **lapin** est un **vertébré**. C'est un mammifère à **température constante** qui possède des poils, des poumons et des griffes. Il fait partie du groupe des **rongeurs**.

2. Conclus.

Le monde animal est un ensemble de groupes où les espèces sont classées selon leurs **points communs** (leurs ressemblances).

Faire

1 ★

Quel animal correspond à chaque carte d'identité ?

a. vertébré à température variable, à la peau recouverte d'écailles et muni de poumons ; en France, sa morsure est dangereuse.

animal : ....

b. invertébré avec un corps mou, sans coquille visible, il vit surtout sous terre.

animal : ....

2 ★★

Sers-toi du *Savoir faire* pour établir les cartes d'identité des animaux suivants.

la truite : ....

....

l'escargot : ....

....

la langouste : ....

....

3 ★★

Réponds aux questions suivantes.

a. De quel grand groupe font partie la guêpe, le crabe et le scorpion ?

....

b. Donne le nom de deux mammifères à griffes : un rongeur et un carnassier.

....

c. Quelle différence y a-t-il entre un ver et un reptile ?

....

d. Cite trois vertébrés à température constante et à sabots.

....

4 ★★★

Observe ce graphique qui montre le développement des vertébrés depuis leur apparition sur Terre. Complète les affirmations et réponds aux questions.

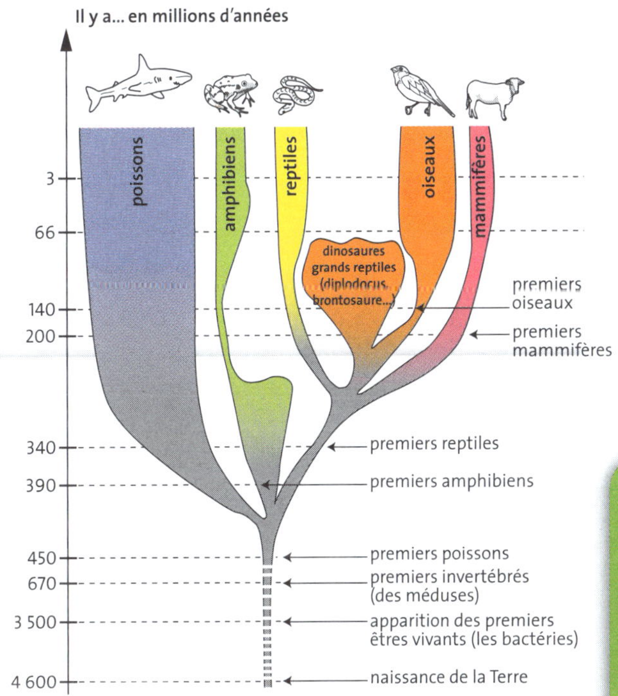

a. Les premiers vertébrés (les poissons), sont apparus il y a environ .... années.

b. Les amphibiens ont été les premiers vertébrés à quitter le milieu aquatique ; ils sont apparus voici environ .... années.

c. Il y a environ 65 000 000 années, les .... ont brusquement disparu.

d. Quelle classe de vertébrés est la plus importante de nos jours ? ....
la moins importante? ....

e. Retrouve, de mémoire, l'ordre d'apparition de ces animaux sur la Terre. Numérote de 1 à 5.

❑ reptiles ❑ oiseaux ❑ poissons
❑ mammifères ❑ amphibiens

Corrigés p. 221

Évalue ton travail et coche pour chaque exercice : ☑ réussi ☑ presque réussi ☑ à revoir

6 La respiration / La circulation du sang

OBJECTIF • Connaître les échanges entre l'appareil respiratoire et l'appareil circulatoire

Savoir

• Les mouvements respiratoires

Lors de l'**inspiration**, le diaphragme et les muscles de la cage thoracique permettent l'augmentation du volume des poumons qui se gonflent et aspirent l'air extérieur. Lors de l'**expiration**, l'air est rejeté vers l'extérieur.

• Les échanges gazeux

À chaque inspiration, l'**oxygène** de l'air pénètre dans le sang au niveau des **alvéoles pulmonaires** et va se fixer sur les globules rouges. En même temps, les globules rouges abandonnent du **dioxyde de carbone**, gaz produit par le fonctionnement de nos organes et qui est un poison pour notre corps.

Coupe du cœur

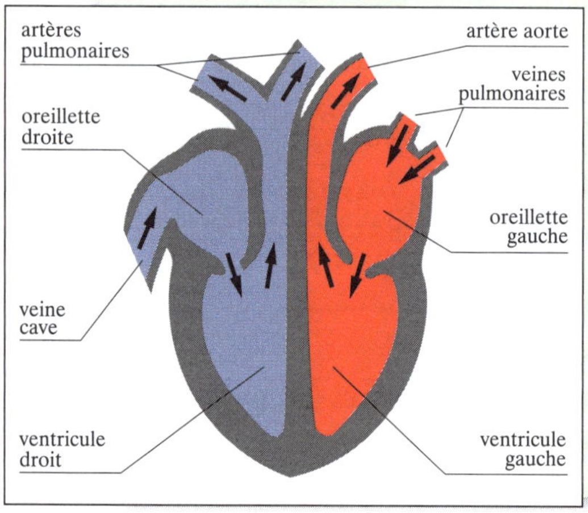

• Le cœur et le sang

• Le **cœur**, par ses contractions répétées, fait **circuler** le sang dans tout l'organisme, à l'intérieur des **artères**, des **veines** et des **capillaires** (vaisseaux très fins).

• Le **sang** apporte à tous nos organes des **substances nutritives** et l'**oxygène** dont ils ont besoin. Il les débarrasse des **déchets** qu'il évacue par les reins (urine), la peau (sueur) et les poumons (dioxyde de carbone).

Savoir faire

Les échanges gazeux

gaz \ quantité	air inspiré (100 litres)	air expiré (100 litres)
oxygène	21 litres	16 litres
dioxyde de carbone	traces	5 litres
azote	79 litres	79 litres

• Établir un tableau de données

1. **Écris horizontalement** les noms des rubriques qui figureront dans le tableau et trace les colonnes.
2. **Écris verticalement** les noms des différents gaz et trace les lignes.
3. **Complète** le tableau avec les données.

1 ★

Complète ce croquis de l'appareil respiratoire en plaçant les noms suivants : *bronche – pharynx – nez – trachée artère – alvéoles – poumon gauche – diaphragme – cage thoracique.*

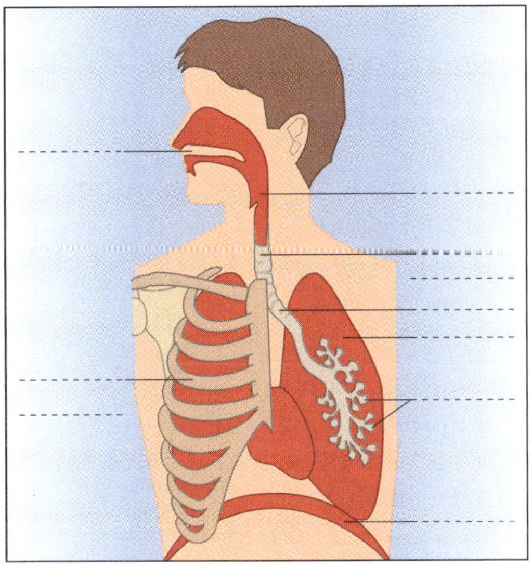

2 ★★

Complète le croquis à l'aide du texte et le texte à l'aide du croquis.

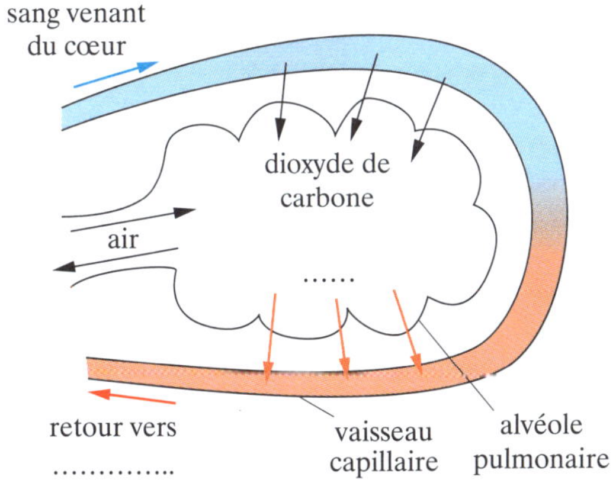

Au niveau des .... ,

le sang qui vient du ....

se débarrasse du ....

et se charge d'oxygène.

Il retournera ensuite vers le cœur avant d'être distribué aux organes.

3 ★★

Complète ce schéma de l'appareil circulatoire, puis oriente les flèches vertes.

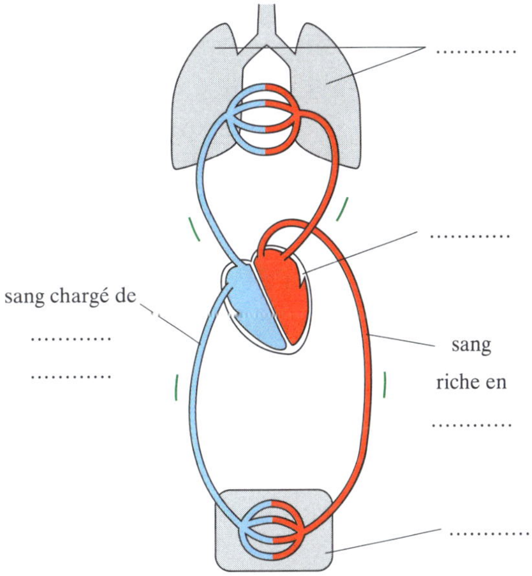

4 ★★★

Dresse un tableau semblable à celui du *Savoir faire*, pour présenter les mesures ci-dessous. (Tu peux placer tes propres mesures dans le tableau.)

Loïc et Elsa comptent les battements de leur cœur en une minute :

a. au repos ;

b. après 10 min de course d'endurance ;

c. après une course rapide sur 200 m.

Loïc trouve 78 ; 130 et 182.

Elsa trouve 84 ; 142 et 185.

Corrigés p. 221

Évalue ton travail et coche pour chaque exercice : ☑ réussi ☑ presque réussi ☑ à revoir

7 Circuits électriques

OBJECTIF • Réaliser des circuits électriques simples

Savoir

Les composants de base d'un circuit électrique

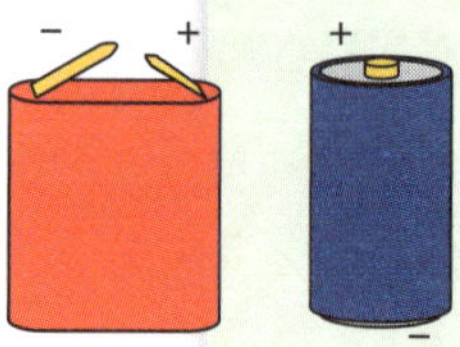

pile plate pile ronde

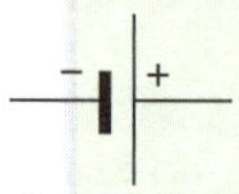

symbole de la pile

• **La pile**
C'est une source de courant, un **générateur** électrique.
Elle comporte deux **bornes** (+ et –).

• **Les fils électriques**
Ce sont les **conducteurs** du courant. Ils sont le plus souvent formés d'un fil de cuivre gainé dans du plastique **isolant**.

Remarque Les métaux et l'eau sont **conducteurs** d'électricité.
Le bois, le liège, le plastique et le verre sont **isolants**.

• **L'ampoule**
Elle est constituée d'un **filament** métallique enfermé dans une ampoule de verre. Ce filament s'échauffe fortement au passage du courant. Le courant circule grâce à un fil conducteur. Il entre par le plot et ressort par le culot (ou inversement).

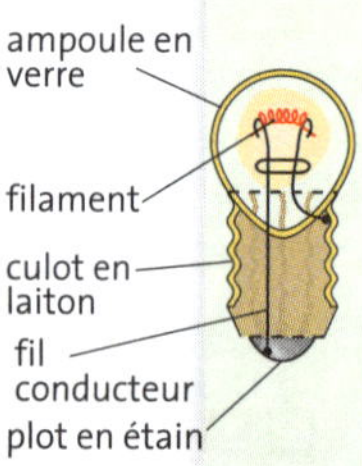

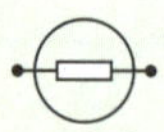
symbole de l'ampoule

Des circuits électriques simples

Dans un circuit fermé, le courant va **de la borne + vers la borne –** de la pile.

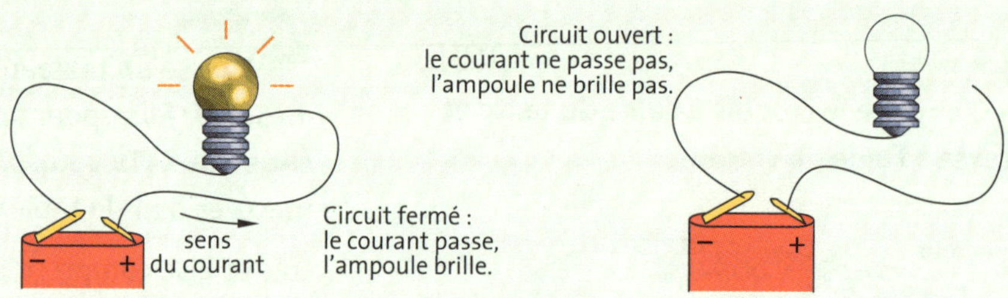

Savoir faire

Réaliser des montages, analyser, schématiser

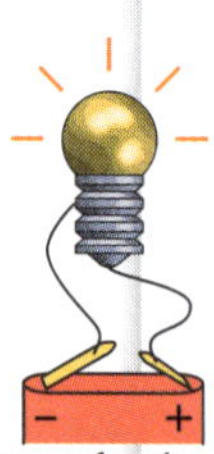

ampoule témoin

réaliser des montages	analyser	schématiser
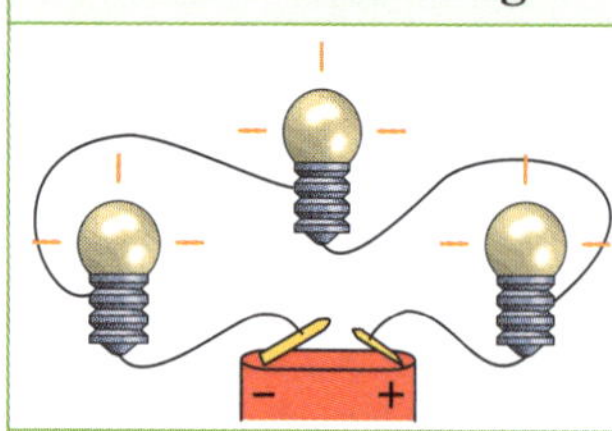	Chaque ampoule brille moins que l'ampoule témoin. En supprimant une ampoule, on ouvre le circuit et les deux autres s'éteignent. Ces trois ampoules sont branchées **en série**.	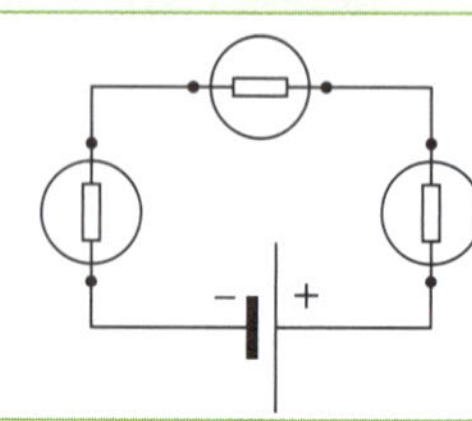
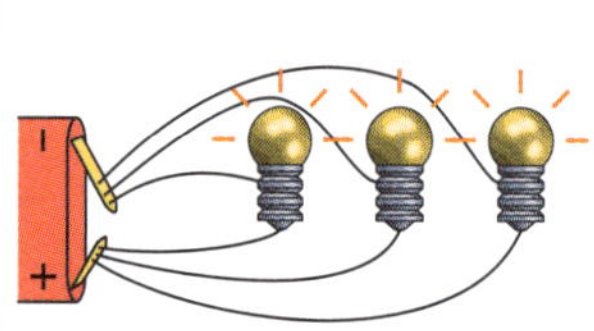	Chacune des trois ampoules brille autant que l'ampoule témoin. Si l'on supprime une ampoule, les autres continuent à fonctionner. Ces trois ampoules sont branchées **en parallèle**.	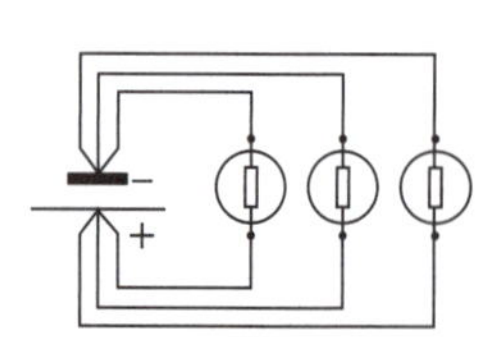

1 ★ Place les fils correctement de façon que l'ampoule s'allume.

2 ★★ Observe le montage présenté ci-dessous.

a. S'agit-il d'un branchement en série ou en parallèle ? ....

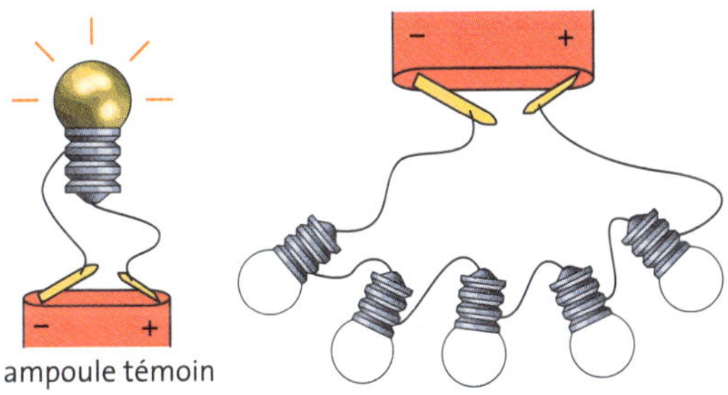

b. Chaque ampoule éclairera-t-elle autant que l'ampoule témoin ? Réponds par une phrase.

....

....

3 ★★ Réalise le schéma du montage de l'exercice 2. Aide-toi du *Savoir faire*.

4 ★★★ Observe les montages puis explique pourquoi l'ampoule ne s'allume pas.

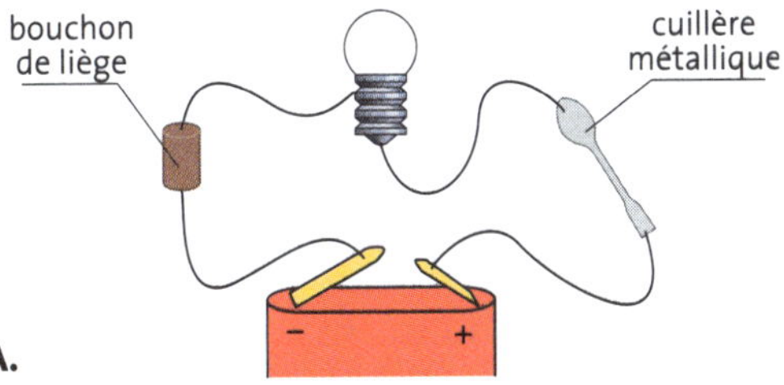

A.

....

....

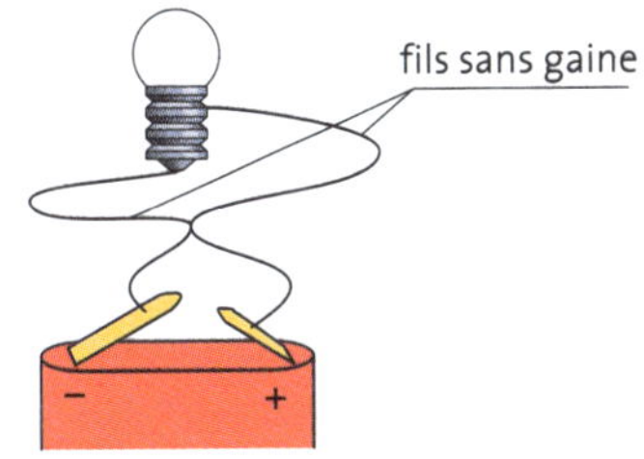

B.

....

....

Pourquoi peut-on dire que, dans le montage B, il y a un court-circuit ?

....

....

Repasse en rouge le trajet du courant électrique.

5 ★★★ Indique si les ampoules s'allument.

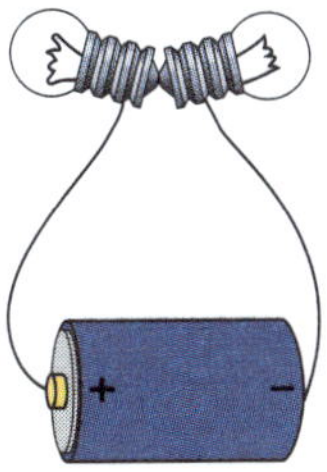

❑ oui ❑ non

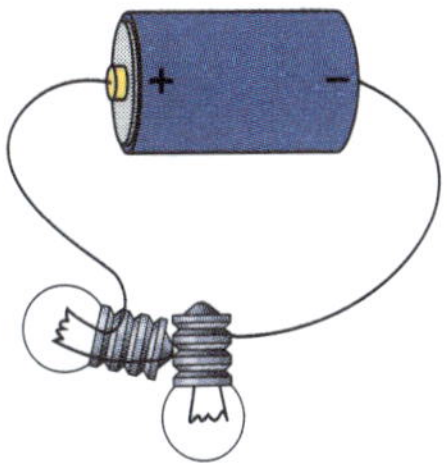

❑ oui ❑ non

Si une ampoule ne s'allume pas, rectifie le montage sur une feuille pour qu'elle éclaire.

Corrigés p. 222

Évalue ton travail et coche pour chaque exercice : ☑ réussi ☑ presque réussi ☑ à revoir

8

Internet

OBJECTIF • Maîtriser les principes de base de l'internet

Savoir

• L'ordinateur

Un ordinateur est capable de faire de très nombreux calculs en un temps extrêmement court. Pour fonctionner, il a besoin de **logiciels** (ou programmes) et de **périphériques** (par exemple, l'imprimante ou le modem).

• Réseaux et services

• Les ordinateurs fonctionnent souvent en **réseaux** : ils sont connectés (reliés) entre eux par le réseau téléphonique.
• À la tête du réseau se trouve le **serveur** qui contient des milliers d'informations : les horaires des trains ou des avions, les prévisions météorologiques, etc.
• Au bout des réseaux, se trouvent les **terminaux** qui peuvent recueillir toutes ces informations.

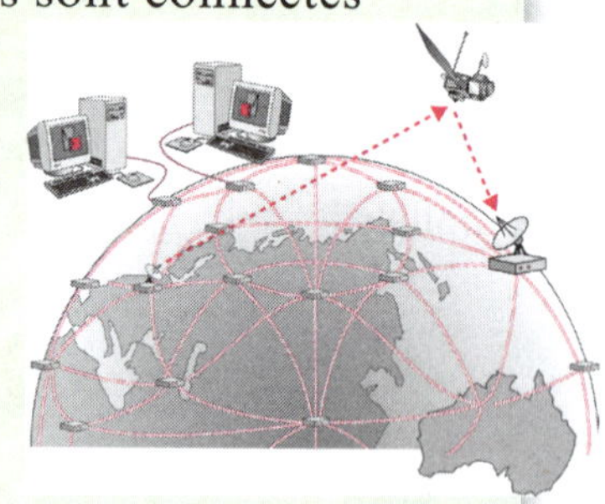

• L'internet

L'internet est un **réseau mondial** d'ordinateurs reliés entre eux.
• Il permet, par la **messagerie électronique**, d'envoyer un courrier (courriel) instantanément n'importe où dans le monde.
• Avec le **WEB (World Wide Web)**, on peut trouver des informations sur tous les sujets.
• Les courriels ou les informations récupérées sur les sites du web (en les **téléchargeant**) sont enregistrées sur le disque dur de l'ordinateur.

Savoir faire

• Se connecter à un réseau

Pour te connecter à l'internet, il te faut un **ordinateur**, une **ligne téléphonique** ou le **câble**, un **modem** et un **fournisseur d'accès**. Il te faut surtout un navigateur (les plus utilisés sont Mozilla Firefox et Internet Explorer). Par exemple, pour se connecter sur le site des éditions Bordas, dont l'adresse est www.editions-bordas.fr :
• allume l'ordinateur,
• clique sur l'icône du navigateur qui se trouve sur le bureau,
• entre l'adresse www.editions-bordas.com dans la barre adresse, puis tape sur la touche « Entrée » du clavier.

Faire

1 ★

Relie chaque terme à son explication. Renseigne-toi si besoin est.

A. logiciel •
B. modem •
C. imprimante •
D. télécharger •
E. fournisseur d'accès •
F. icône •
G. bureau •

• 1. copier sur son ordinateur les données d'un serveur lointain
• 2. programme informatique permettant à l'ordinateur d'accomplir une tâche particulière
• 3. écran d'accueil, juste après l'allumage de l'ordinateur
• 4. appareil produisant des documents sur papier
• 5. société proposant un accès payant à l'internet
• 6. petit dessin symbolisant un fichier, un logiciel ou une action
• 7. appareil qui permet d'échanger des informations

2 ★★

Que peut-on faire avec l'internet ? Coche les bonnes réponses.

❑ Trouver des informations.
❑ Envoyer un courrier.
❑ Envoyer des photos.
❑ Regarder la télévision.
❑ Téléphoner.
❑ Envoyer un colis.
❑ Écouter la radio.
❑ Écouter de la musique.

3 ★★★

Réponds aux questions en inscrivant le numéro qui correspond. Fais-toi aider si nécessaire.

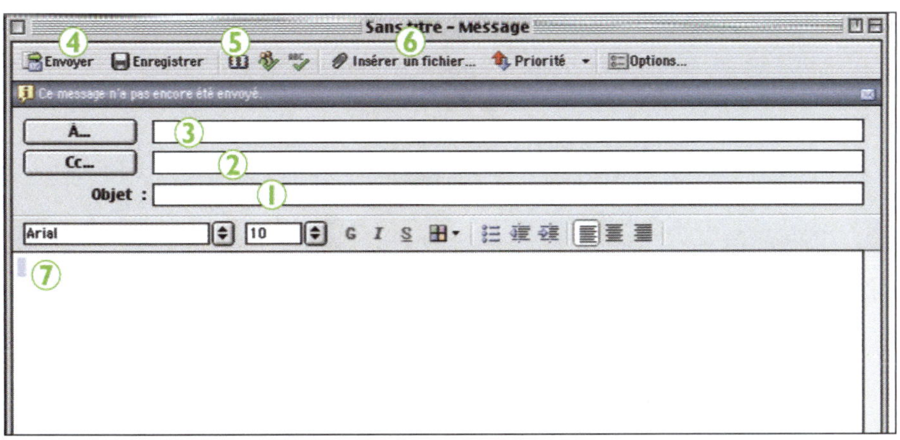

a. Où vas-tu écrire ton message ? ....
b. Où vas-tu écrire l'adresse de la personne à qui tu veux envoyer ton message ? ....
c. Où vas-tu écrire le titre de ton message ? ....
d. Où vas-tu écrire l'adresse de la personne à qui tu veux adresser une copie ? ....
e. Où vas-tu cliquer pour ouvrir ton carnet d'adresses ? ....
f. Où vas-tu cliquer pour envoyer une pièce jointe ? ....
g. Où vas-tu cliquer pour envoyer ton message ? ....

Corrigés p. 222

Évalue ton travail et coche pour chaque exercice : ☑ réussi ☑ presque réussi ☑ à revoir

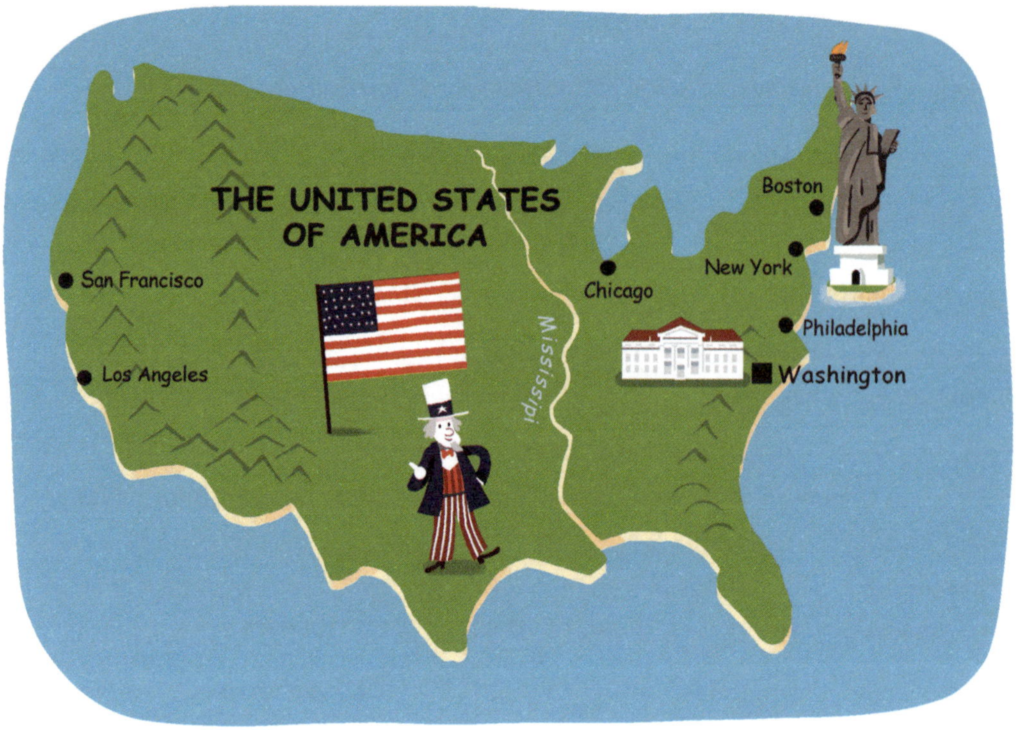
THE UNITED STATES
OF AMERICA
San Francisco
Los Angeles
Chicago
Boston
New York
Philadelphia
Washington
Mississipi

SCOTLAND
NORTHERN
IRELAND
Edinburgh
Belfast
Dublin
Nottingham
Cardiff
London
Thames
IRELAND
WALES
ENGLAND
GREAT BRITAIN

Anglais

1

Les sentiments / Feelings

OBJECTIF • Savoir employer le vocabulaire des sentiments

Savoir

Voici des adjectifs qualificatifs qui expriment des sentiments :

sad
(triste)

happy
(heureux)

tired
(fatigué)

angry
(en colère)

scared
(effrayé)

Savoir faire

• Exprimer des sentiments

Le verbe **être** au présent + l'adj. qualificatif
I'm happy (je suis heureux).
She' angry (elle est en colère).
They're scared (ils sont effrayés).

• Conjuguer le verbe Être (to be)

I am (I'm)
You are (you're)
He is (he's), she is (she's), it is (it's)

We are (we're)
You are (you're)
They are (they're)

L'INFO CULTURELLE

On célèbre la **Saint-Valentin** aux États-Unis et en Grande-Bretagne. Le 14 février, chaque année, on offre des cadeaux et on envoie des cartes à tous ceux qu'on aime. Aux États-Unis, les enfants ont pour habitude de la fêter en classe pour se témoigner leur amitié. Quand on est amoureux, on dit à la personne aimée : « *Be my Valentine!* »

Faire

1 ★ Dessine l'expression du visage qui correspond au sentiment.

☐☐☐

This is Sarah.
She's happy.

This is Lizzy.
She's sad.

This is Sue.
She's tired.

This is Rick.
He's angry.

This is David.
He's scared.

2 ★★ Remplace le nom par le pronom qui convient, suivi du verbe.

☐☐☐

My brother is nine. .... nine.
The three birds are blue. .... blue.
Peter is in the classroom. .... in the classroom.
Alice is American. .... is American.
My brother and my father are journalists. .... journalists.

3 ★★★ Regarde cette image de la fête d'Halloween. Écris des phrases pour décrire les sentiments des enfants.

☐☐☐

Jim : ....

Lisa : ....

Tim and Paul : ....

Paula : ....

Corrigés p. 223

Évalue ton travail et coche pour chaque exercice : ☑ réussi ☑ presque réussi ☑ à revoir

2 Les jeux et jouets / Games and toys

OBJECTIF • Maîtriser le vocabulaire des jeux et jouets

Savoir

Voici certains noms de jeux.

Savoir faire

Demander à quelqu'un ce qu'il possède

Have you got + nom ?
Have you got a cat? (As-tu un chat ?)
Have you got a bike? (As-tu un vélo ?)

Dire ce que quelqu'un possède

I've (have) got + nom
She's (has) got + nom
He's (has) got + nom
I've (have) got a kite (j'ai un cerf-volant).
He's (has) got a red skateboard (il a un skateboard rouge).
She's (has) got nice rollerblades (elle a de beaux rollers).

L'INFO CULTURELLE

Les Australiens font principalement du **sport** dans leur **temps de loisir**. Leur pays, grâce à ses côtes nombreuses, est un paradis pour toutes les activités nautiques. Mais ce qu'ils aiment par-dessus tout est d'assister à un match de **footy**, mélange de rugby et de foot. Ce sport est très spectaculaire et demande un grand engagement physique de la part de ses 18 joueurs.

1 ★

Remets les mots en ordre pour reconstituer les phrases.

got big a I've ball.

....

skateboards. yellow She's two got

....

red kite. got and He's a pink

....

2 ★★

Complète les phrases avec I've got, he's got, she's got.

I'm Judy; .... a black cat.

My sister Ann likes dogs; .... a white dog.

My friend Tim loves football; .... a big brown ball.

My dad plays rugby; .... big hands.

3 ★★★

Écris la réponse à la question.

Exemple :

Have you got any pets?

Have you got any yellow kites?

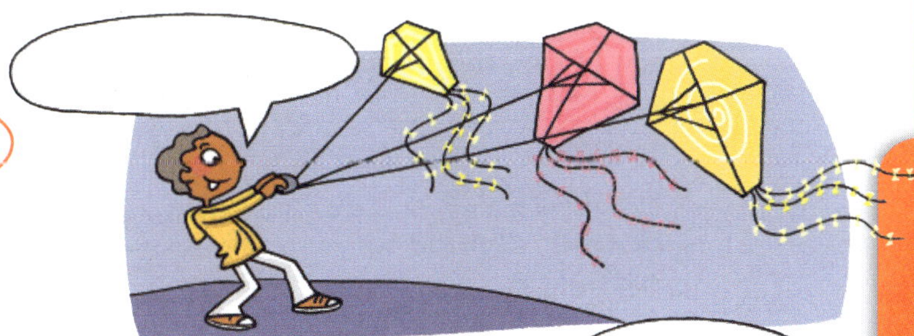

Have you got any brothers and sisters?

Have you got a bike?

Corrigés p. 223

Évalue ton travail et coche pour chaque exercice :
☑ réussi ☑ presque réussi ☑ à revoir

3

Combien... ? / How many...?

OBJECTIF • Savoir employer la question *Combien... ?* et y répondre

Savoir

Voici les nombres de 11 à 20.

11 eleven	12 twelve	13 thirteen	14 fourteen	15 fifteen
16 sixteen	17 seventeen	18 eighteen	19 nineteen	20 twenty

Savoir faire

• Poser la question : *combien y a-t-il de...*

How many + nom + are there ?

How many sweaters are there? (Combien de pulls y a-t-il ?)

• Répondre à la question : *combien y a-t-il de...*

• Au pluriel, **there are + nombre + nom au pluriel**

There are fifteen sweaters.

• Au singulier, **there is + one + nom au singulier**

There is one cap.

L'INFO CULTURELLE

On trouve dans les **pays Anglophones** de très **grandes villes**.
Ces chiffres vont peut-être te surprendre !
Mumbaï, en Inde, a une population de près de 15 millions d'habitants. New York en possède près de 8 millions. À Sydney, la plus vieille ville d'Australie, vivent 4 millions de personnes, et plus près de nous, Londres en compte près de 8 millions aujourd'hui.

1 ★ Remets les mots en ordre et relie-les aux nombres correspondants.

vetewl •	• 11
nrteheit •	• 15
wyetnt •	• 18
getnehei •	• 20
levene •	• 17
nesvetnee •	• 12
tfeneif •	• 13

2 ★★ Entoure la bonne réponse.

There is
eleven kites in the sky.
There are

There are
one yellow cap in the shop.
There is

There are
fifteen candles on my birthday cake.
There is

There is
one bird in my garden.
There are

3 ★★★ Écris en lettres la somme que possède chaque personnage.

This is Sue's pocket money, she's(has) got .... euros.

This is Mark's pocket money, he's(has) got .... euros.

This is Luke's pocket money, he's(has) got .... euros.

This is Melody's pocket money, she's(has) got .... euros.

Corrigés p. 223

Évalue ton travail et coche pour chaque exercice : ☑ réussi ☑ presque réussi ☑ à revoir

Français

1. Que signifie le mot « centre » dans la phrase ci-dessous ?

Léa est au centre du terrain de handball.

.... | 1

2. Dans la liste suivante, entoure en rouge le synonyme de « commencer » et en bleu son contraire.

agir – terminer – continuer – débuter

... | 1

3. Barre l'intrus dans cette famille de mots.

transport – apporter – portable – portion

... | 1

4. Écris cette phrase à la forme affirmative puis à la forme interrogative.

Le livreur n'est pas passé.

....

.... | 2

5. Dans la phrase suivante :

Ce matin, mon père m'a demandé : « À quelle heure prends-tu le train ? »

Relève :

- un article défini : ....
- un déterminant interrogatif : ....

... | 1

6. Recopie la phrase en remplaçant les groupes soulignés par des pronoms personnels.

<u>Les touristes</u> visitent <u>le château</u>.

.... | 1

7. Complète par un adverbe :

- de manière : Le train roule ....
- de quantité : Il pleut .... | 1

8. Souligne le sujet dans chaque phrase.

- Les rues du village, le soir, sont désertes.
- Dans le lointain, s'élèvent des fumées.

... | 1

9. Lis ces phrases puis recopie les compléments indiqués.

Le soir, mon voisin s'occupe de son potager.

Le facteur donne un paquet à ma sœur.

- COD : ....
- COI : ....
- COS : ....
- CC de temps : .... | 2

10. Souligne d'un trait le complément du nom, de deux traits la proposition relative.

Où as-tu mis la corbeille à fruits ?

Voici un sport dont on parle beaucoup.

... | 1

11. Écris au temps indiqué.

- imparfait : nous *(étudier)* ....
- passé simple : ils *(pouvoir)* ....
- futur : tu *(grandir)* ....
- passé composé : elles *(venir)* ....

... | 2

12. Écris au pluriel.

des *(journal)* .... – des *(jeu)* .... – des *(pou)* .... – des *(bal)*.......................... ... | 1

13. Fais les accords. Écris les verbes au présent.

De fort...... chutes de neige sont annonc...... . Ils aim......... ces chocolats noir..... que leur offr......... leur gentil...... grand-mère. ... | 3

14. Entoure l'homophone qui convient.

Elle *se/ce* regarde dans le miroir.

C'est/s'est en jouant qu'il est tombé.

*On/on n'*a pas compris *ou/où* tu *l'as/la* mise cette clé *mais/mes* on cherchera.

Léa classe *ces/ses* timbres.

... | 2

Corrigés p. 224

TOTAL : ...... | 20

Maths

1. Écris en chiffres ou en lettres :

- cent douze millions vingt-sept mille huit : ....

- 49 007 108 : ....

.... | 1

2. Classe dans l'ordre croissant.

770 770 ; 707 077 ; 707 007 ; 777 707

.... | 1

3. Coche comme il convient.

75 est un multiple de :

❑ 5 ❑ 10 ❑ 25 ❑ 50 ... | 1

4. Écris la fraction de la bande qui est en rouge.

... | 0,5

5. Entoure la fraction plus petite que 1.

$\frac{4}{7}$ $\frac{8}{3}$ $\frac{5}{5}$ $\frac{12}{7}$ ... | 0,5

6. Écris en chiffres ou en lettres :

- quinze unités trois dixièmes : ....
- 7,25 : .... | 1

7. Souligne le plus petit nombre. Entoure le plus grand.

4,6 4,16 4,15 4,06 4,1 ... | 1

8. Écris • la fraction égale à 0,16 : ....

- le nombre décimal égal à $\frac{31}{10}$: ....

... | 1

9. Pose et effectue sur une feuille.

- 973,3 + 15,17
- 496 – 206,12 ... | 1

10. Même consigne.

- 975 x 3 • 127 x 2,05
- 425 : 5 • 536 : 19 (au dixième) ... | 2

11. Complète ce tableau de proportionnalité.

3	...	...
...	63	45

(×9) → ; ← ( )

... | 1

12. Complète.

- Deux droites qui ont toujours le même écartement sont ....
- Deux figures que l'on peut superposer par pliage sont ....
- Un angle obtus est plus .... qu'un angle droit.
- Un prisme dont 2 faces sont des triangles possède, en tout, ... faces. ... | 2

13. Sur une feuille, construis un losange dont les diagonales mesurent 6 cm et 4 cm. ... | 1

14. Transforme comme indiqué.

- 400 cm = ... m
- 0,5 km = ... m
- 50 hg = ... kg
- 7,48 L = ... cL
- 8h 20 min = ... min
- 156 s = ... min .... s ... | 3

15. Quel est le périmètre d'un rectangle de 75 m de long et de 26 m de large ?

.... | 1

16. Résous ce problème sur une feuille.

Écris ta réponse sous le problème.

Pour la fête de l'école, on a vendu 500 billets de tombola à 2,50 € l'un. Les jeux ont rapporté 915 € mais il a fallu acheter pour 300 € de lots.

Combien la fête a-t-elle rapporté à l'école ?

.... | 2

Corrigés p. 224

TOTAL : ...... | 20

Histoire-Géographie-Instruction civique et morale

1. Entoure le nom du premier roi de France capétien :

saint Louis – Hugues Capet – Louis XI

... 0,5

2. Écris le mot manquant.

Les .... eurent pour but de délivrer le tombeau du Christ à Jérusalem. ... 1

3. Réponds par VRAI ou FAUX.

- La guerre de Cent Ans a opposé la France à l'Angleterre. ....
- La bataille de Crécy vit la victoire des Français. ....
- En 1420, il y eut deux rois de France. ....
- Jeanne d'Arc délivra Orléans. ....

... 2

4. Écris le nom des navigateurs.

En 1492, ... a découvert l'Amérique.

De 1519 à 1522, ... a fait le tour du monde. ... 1

5. Barre ce qui ne se rapporte pas à la Renaissance.

Léonard de Vinci – Louis XI – Rabelais – Château de Chambord – François Ier

... 1

6. Barre le nom qui ne convient pas.

Henri IV / Louis XIII a mis fin aux guerres de religion. ... 0,5

7. Entoure les personnages de l'époque de Louis XIV.

Molière – Henri IV – Colbert – Du Guesclin

... 1

8. Pour la France, cite :

- une montagne jeune : ....
- une montagne ancienne : ....
- une ville au climat océanique : ....
- le nombre de départements : ....

... 2

9. Entoure :

- le nombre d'États de l'UE.

22 – 16 – 27 – 100

- le plus long fleuve européen.

le Rhin – la Volga – le Danube

- la montagne qui limite l'Europe à l'Est.

l'Oural – les Alpes – les Carpates ... 3

10. Barre les propositions fausses.

- La population française vit surtout : dans les villes – à la campagne.
- La population européenne vit surtout : au Nord – au Sud – à l'Ouest de l'Europe.

... 2

11. Cite deux grands aéroports de la région parisienne.

.... 2

12. Complète.

- Un panneau d' .... est bleu.

... 1

13. Écris le numéro de téléphone :

des pompiers .... – du S A M U ....

... 1

14. Écris VRAI ou FAUX.

Un enfant né à l'étranger de parents français n'est pas français. 1

15. Souligne les pays qui utilisent l'euro.

Russie – Grèce – Royaume-Uni – Italie

... 1

Corrigés p. 224

TOTAL : 20

Sciences

1. Lis puis complète.

3 fuseaux horaires séparent Paris de Moscou. 8 fuseaux horaires séparent Paris de Los Angeles. Quand il est 16 h à Paris, il est .... à Moscou et .... à Los Angeles.

... | 2

2. Complète par l'un de ces mots :

évaporation – fusion – solidification – condensation.

passage de l'eau à la glace :

....

passage de la vapeur d'eau à l'eau :

.... | 2

3. Complète.

Pour une bonne germination, une plante a besoin d'..................., d'................ et de ....

Une fois sortie de terre, elle aura en plus besoin du ....

... | 2

4. Cite les organes reproducteurs de la plante.

organe mâle : ....

organe femelle : .... | 1

5. Écris O pour « sort d'un œuf » et V pour « sort du ventre de la mère ».

❑ le pigeon ❑ la girafe ❑ le canard ❑ le renard ❑ la carpe ❑ la tortue ... | 2

6. Complète.

Les transformations de certains animaux avant d'atteindre leur forme adulte s'appellent des .... | 0,5

7. Complète.

Les animaux ne possédant pas de squelette sont des .... Ceux qui en possèdent un sont des ....

... | 1

8. Entoure en rouge les vertébrés, en bleu les invertébrés.

la vache – le homard – la grenouille – la truite – l'araignée – le lapin – le chat – le pigeon – le ver de terre – l'escargot ... | 2

9. Coche les affirmations exactes.

❑ Le cœur pompe l'air de nos poumons.

❑ Le sang passant dans nos poumons s'enrichit en oxygène.

❑ Nos poumons évacuent de l'air riche en oxygène.

❑ Le sang débarrasse nos organes de leurs déchets et du gaz carbonique. ... | 2

10. Entoure la réponse exacte.

Au cours d'un effort intense, notre cœur bat *plus vite / moins vite / aussi vite* qu'au repos. ... | 0,5

11. Barre ce qui est faux.

Pour qu'un circuit électrique fonctionne, il faut qu'il soit *ouvert / fermé*.

Plusieurs ampoules branchées en série brillent *moins / plus / autant* qu'une ampoule seule. ... | 2

12. Dessine les fils afin que l'ampoule s'allume.

... | 1

13. Relie comme il convient.

logiciel •	• décode les signaux reçus
modem •	• programme informatique
imprimante •	• produit des documents sur papier

... | 2

Corrigés p. 224

TOTAL : ...... | 20

Français

1 page 7

1. À la recherche de Filou. **2. a.** Élise ; Aurèle ; Filou, **b.** la nuit, le long d'un fleuve. **3. a.** Marcher (1) ; aboyer (2) ; se diriger (3) ; découvrir (4) ; se précipiter (5) ; observer (6). **b.** : un léger bruit dans le buisson. **c.** : un collier étrange. **4.** La (Filou) ; elle (Filou) ; il (Aurèle) ; la (Filou ; Elle (Élise) ; Celui-ci (le collier) ; Elle (Élise) ; la (l'inscription).

2 page 9

1. Mystère dans les fougères. **2. a.** Au début du printemps. **b.** Au mileu des pins. **c.** L'auteur. **d.** un bruissement furtif et rapide . **3. a** : les broussailles vertes ; les longues feuilles ; le mystérieux feuillage ; les tiges suspectes. **b** : Au choix : effrayé ; monstre ; terrifié ; étrange ; mystérieux ; suspectes. **4.** À faire vérifier par un adulte.

3 page 11

1. Dans le texte, il y a 3 personnages. **2.** 2 hommes et 1 femme. **3.** La femme : pardessus ; chapeau ; traits ravagés. Le premier homme : bavard ; vêtu de neuf ; très soigné. Le deuxième homme : yeux brillants ; taille moyenne. **4.** Blanchis → cheveux ; usagés → vêtements ; masculine → la coupe ; particulier → trait ; saccadés → gestes ; ni jeune, ni jolie → dame. **5. a** : 4 phrases **b.** Il y avait trois personnes qui/, comme moi/, se trouvaient dans le train depuis le départ de la ligne. Ce personnage avait encore un trait particulier/: il faisait entendre/, de temps à autre/, des bruits étranges/, ressemblant à une quinte de toux ou à un éclat de rire. Enfin/, la troisième personne/, un homme… moyenne/, aux gestes…des autres/, avait un visage…mouvement/ ; ses vêtements…tailleur/, mais…usagés.

4 page 13

1. Aspect physique : jeune et jolie ; vêtements usagés ; nez aplati ; visage ridé ; taille moyenne. **Aspect moral** : bavard ; regard intelligent ; air têtu. **2.** Trop grande pour lui ; beau ; marqué par une profonde cicatrice ; de couleur marron ; la forme d'une amande ; grise ; creusées par le temps. **3.** Thibaut porte un chapeau noir. Il s'habille de vêtements clairs. Ses cheveux encadrent son visage. Il paraît fatigué. **4.** fines ; généreux ; distinguée ; légère ; larges ; élégant. **5.** À faire vérifier par un adulte.

5 page 15

1. a. Partie narrative de « C'était » à « bizarres ». Partie descriptive de « Sophie » à « cuisine ». **b.** était ; devenait ; soulevait ; continuaient ; dessinaient ; (conjugués à l'imparfait). **c.** mit ; se dirigea ; suspendit ; ramassa ; emplit ; retourna (conjugués au passé simple). **2.** Barrer : guetta ; survolèrent ; souffla ; menaça ; apercevait ; éclairait ; redevenait ; retentissait ; s'envolaient ; se saisissait; découvrait. **3.** Verbes : était ; distinguait ; marchaient ; observaient ; entouraient ; aboya ; se dirigea ; se précipitèrent ; virent ; prirent ; transportèrent.

6 page 17

1. Dans l'ordre : 3,6,2,5,1,4. **2.** Réponses variables. À faire vérifier par un adulte. **3.** Dans l'ordre : attentif ; intrigué ; courageux ; surpris ; furieux ; inquiet ; fatigué. **4.** À faire vérifier par un adulte.

7 page 19

1. Cocher : L'histoire de la culture des légumes. La partie du légume que l'on mange. **2.** Bulbe : bourgeon souterrain. Gousses : fruits secs et allongés à plusieurs graines. Fèves : plantes voisines du haricot. **3. Vrai** : A, C, E et G. **Faux** : B, D, et F. **4. a.** 4 paragraphes. **b.** 2e paragraphe : À l'origine … ancêtres préhistoriques. 3e paragraphe : De la préhistoire…aux classes riches. 4e paragraphe : L'origine…les légumes du jardin. **5.** A. →4 ; B → 3 ; C→ 2 ; D → 2.

8 page 21

1. Le château est…(dominer). Un vase blanc est…(orner).Une voie ferrée est…(longer). Les feuilles mortes sont…(parsemer). **2.** Fougueux, un jeune cheval… Agile et silencieux, le tigre… **3.** moteur : vrombissement ; porte rouillée : grincement ; feu de bois : crépitement ; très grand bruit : vacarme. **4.** Des peupliers se dressent près du lavoir. Deux bols sont posés sur le guéridon. Des vaches broutent dans le pré. Quelques anciens tableaux décorent le mur. **5.** À faire vérifier par un adulte.

9 page 23

1. syn. : synonyme ; litt. : littéraire ; fig. : figuré ; adv. : adverbe ; inv. : invariable ; contr. : contraire ; pl. : pluriel ; prép. : préposition ; adj. : adjectif ; pron. : pronom. **2. a.** : hirondelle des marais ; **b.** des nids d'hirondelles ; **c.** d' insectes ; **d.** agent de police cycliste ; resquilleur dans les théâtres, les cocktails. **3.** **a.** révolter ; autochtone. **b.** digne ; digeste. **c.** adjectif et nom. **d.** indignation. **e.** une personne très pauvre. **f.** indigo (invariable).

10 page 25

1. d'ennui ; d'épuisement ; de sécurité ; d'inquiétude. **2.** Positives : coopérer ; participer ; secourir ; s'entraider ; réconforter ; participer ; dépanner ; accepter. Négatives : exclure ; jalouser ; dénigrer ; mépriser ; ignorer ; abandonner. **3.** Agréables : délicat ; léger ; chuchoter ; murmurer ; succulent ; délicieux ; savoureux ; lisse ; doux ; soyeux ; magnifique ; admirable ; ravissant. Désagréables : infect ; fétide ; nauséabond ; crier ; gémir ; hurler ; fade ; amer ; rugueux ; râpeux ; laid ; hideux. **4.** P (tolérant) ; P (impartial); P (indulgent); N (rancunier) ; N (méprisant).

11 page 27

1. …calcul mauvais (juste) ; …mauvais caractère (bon) ; …mauvais temps (beau) ; …gâteau mauvais (excellent). **2.** En rouge : nerveux ; agrandir ; lumineux ; contester ; captif ; gravir ; difficile ; s'introduire . En bleu : lent ; diminuer ; sombre ; approuver ; libre ; descendre ; facile ; sortir. **3.** maladroit ; anormal ; impossible ; imprudent ; désagréable ; malheureux ; disparaître ; inconnu ; décoller ; le désespoir. **4.** diminuait ; demeure ; doux. **5.** l'arôme ; le bouquet ; le fumet. **6.** tomber ; un messager ; têtu ; une troupe ; un danger ; une tromperie ; le bord ; balancer ; souple ; une dispute.

12 page 29

1. sens 2 ; sens 1 ; sens 4 ; sens 3. **2.** utiliser ; acheter ; attraper ; recevoir. **3.** insectes ; poissons ; reptiles. **4.** véhicule ; siège ; bruit ; odeur ; céréales. **5.** boulot : travail ; pif : nez ; bagnole : voiture ; môme : enfant ; trouille : peur ; piger : comprendre ; cavaler : courir ; causer : parler ; piailler : crier ; se grouiller : se dépêcher. **6.** provisoire ; juste ; faux ; imprévue ; absurde ; molle ; bizarre ; difficile ; adroit ; gras.

13 page 31

1. **a.** radical « froid » ; souligner en rouge : re (2 fois) ; souligner en bleu : eur, ir ; issement ; ement ; e. **b.** radical « long » ; souligner en rouge : al, pro ; souligner en bleu : ueur, er (2 fois), ation, uement. **2.** Barrer : coutume ; amiral ; nougat ; dentelle. **3.** Verbes : inquiéter ; patienter. Noms : pauvreté ; patience. Adjectifs : pauvre ; inquiet. **4.** désobéir ; impossible ; disparaître ; décharger ; invisible ; malhonnête ; inutile ; imprécis ; désorganisé ou inorganisé. **5.** géothermie ; géologie ; géographie ; géométrie ; géomètre. **6.** biocarburant ; biographie ; biologie. **7.** bibliophile ; agoraphobe ; cinéphile ; claustrophobe ; cardiologue ; ophtalmologue.

14 page 33

1. injonctive, interrogative, déclarative, déclarative. **2.** affirmative, négative, affirmative, négative.
3.

phrase	affirmative	négative
déclarative	d	a
interrogative	b	f
injonctive	c	e

4. Le bateau n'a pas gagné la régate. Je veux de la salade. Il arrive toujours à l'heure. Louise n'a rien remarqué. **5.** Comment vas-tu ? Quand irez-vous au cinéma ? Où l'avion a-t-il atterri ? Pourquoi es-tu arrivée en retard ? **6.** Vous ne rangez pas votre chambre ? Achète du pain. Marie fait-elle du canevas ? Il ne faut pas revenir demain.

15 page 35

1. articles définis : L' (arbre) ; la (pelouse) ; les (pommes) ; le (toit) ; la (gare) ; les (autobus), l' (rue) ; articles indéfinis : un (chêne) ; des (vers) ; une (grive) ; un (merle). **2.** ma chambre ; mes affaires ; Cet immeuble ; ton bâtiment ; Nos voisins ; ces garçons ; Notre (chienne) Ce (panier) ; vos (affaires) ; cette (sacoche). **3.** Dans l'ordre, par exemple : Notre ; ce ; sa ; ses ; cette ; ces ; leur ; ta ; ces ; leurs ; votre. **4.** au ; du ; aux ; des. **5.** au (bowling) ; du (port) ; des (fêtes) ; aux (billes) ; des (marronniers) **6.** Quel ; quelles ; Quelle ; Quels. **7.** Le (D) ; les (D) ; les (P) ; le (D) ; l' (D) ; la (D) ; l' (P) ; Le (D) ; la (P).

16 page 37

1. Nous ; Tu ; J' ; Ils ; elles ; Vous ; Il. **2.** le ; les ; l' ; la ; Elle ; lui ; Il ; leur. **3.** je ; leur ; Ils ; me ; nous ; Moi ; j' ; il ; les ; Il ; nous ; soi. **4.** que (chat) ; qui (Ludo) ; qui (moi) ; où (avenue) ; dont (bague). **5.** qui parle russe ; où je suis né ; que nous avons soigné ; dont je t'ai parlé hier ; qu'il faut dire toutes ces choses-là. **6.** **a.** Je ne vois plus la colline à cause du brouillard qui est tombé brutalement. **b.** Nous avons assisté au match que l'équipe de France a remporté. **c.** Beaucoup de parisiens aiment ce village où il fait bon vivre. **d.** Voici le téléphone portable dont je t'ai parlé.

17 page 39

1. roules ; méchant ; vite ; grand ; rit ; intéressé. **2.** adverbe ; adjectif ; verbe ; verbe ; verbe ; adjectif ; verbe. **3.** Dans l'ordre : lieu ; quantité ; manière ; temps ; quantité ; manière ; temps ; lieu. **4.** rapidement ; violemment ; lourdement ; méchamment ; patiemment ; constamment. **5.** simplement (s'exprime) ; violemment (déraciné) ; soigneusement (dessine) ; bien (décorée) ; très (vite) ; vite (se déplace) ; aujourd'hui (travaille) ; beaucoup (travaille). **6.** Dans l'ordre, par exemple : lentement ; vite ; trop ; loin. **7.** brillamment ; brutalement ; évidemment ; intelligemment ; poliment ; suffisamment.

18 page 41

1. Dans l'ordre : C'est le jardinier qui taille la haie. Ce sont des mésanges qui nichent dans le chêne. C'est nous qui rangeons le salon de jardin. Près du lac, ce sont des roseaux qui poussent. **2.** Dans l'ordre : Lionel (nom) ; vous (pronom) ; Un groupe d'avions de chasse (groupe nominal) ; Renard (nom) ; je (pronom). **3.** Dans l'ordre : se taisaient ; restent ; êtes ; demanderez ; sont. **4.** je ; Un troupeau de moutons. **5.** ~~Les enfants~~ ; ~~Une pluie de grêlons~~ ; ~~ils~~ ; ~~les blocs de glace~~. **6.** Nous attendions ; Le chien et le loup se battaient ; Avez-vous ; L'avion accéléra, décolla et rentra ; la grêle tombait ; le chien demanda ; Le concierge venait. **7.** collection coûte ; soldats brillent ; bal débute ; coureurs franchissent ; manèges attirent.

19 page 43

1. les murs (CO) ; à sa mère (CO) ; Dès le début (CC) ; à la tombée de la nuit (CC) ; un petit mot (CO) ; dans le noir (CC) ; Au centre de la pièce (CC) ; un magnifique piano (CO). **2.** un coup de froid (COD) ; à ce spectacle (COI) ; Paris (COD) ; du feu (COI) ; nous (COD) ; de la tempête (COI). **3.** à nos parents ; ta carte de cantine ; un goûter ; de ton amie ; les yeux verts ; les. **4.** Dans l'ordre : à mon père ; pour moi ; à ses amis ; de son porte-monnaie ; au chanteur. **5.** Dans l'ordre, par exemple : les clés ; à son maître ; un singe ; à l'oncle Paul ; de mes vacances ; un collier à sa fiancée. **6.** depuis une heure (temps) ; sur le quai de la gare (lieu) ; la nuit prochaine (temps) ; sous la voiture (lieu) ; devant la cheminée (lieu) ; Autrefois (temps). **7.** (COI) ; (COD) ; (COD) ; (CC temps) ; (COI) ; (COD) ; (COS) ; (COI) ; (COI).

20 page 45

1. **Les noms communs** : cour, école, élèves, basket, guide, voyage, famille, carte ; **Les noms propres** : Brossolette, Chine, Li-Ang, Loris, Brest, Bretagne, Rémi, Léo, Aline, Manuel. **2.** La ferme ; le pont ; Mon grand frère ; un superbe chaton roux ; Le canari, la fenêtre ouverte. Ce matin, la sirène. **3.** Le grand cheval noir galope. Mon petit cousin se couche tôt. L'ordinateur fonctionne très bien. Nina écoute une nouvelle chanson. **4.** Une vilaine fumée noire ; la cheminée ; L'alarme ; ce matin ; Les employés ; leur domicile ; Une équipe expérimentée ; la délicate réparation ; les marcheurs ; une journée longue et difficile. **5.** Les (déterminant) touristes (nom) ; ce (déterminant) vieux (adjectif) tunnel (nom) routier (adjectif) ; Le (déterminant) bus (nom) régional (adjectif) ; Une (déterminant) fille (nom) grande (adjectif) et blonde (adjectif). **6.** À voir avec un adulte. **7.** À voir avec un adulte.

21 page 47

1. un coup de poing ; une montre en or ; la salle d'attente ; du tir à l'arc ; un café au lait. **2.** Dans l'ordre : manche ; sauce ; l'école ; manger ; Paris. **3.** Dans l'ordre : en briques ; de blé ; à repasser ; d'orange ; du soleil ; sur les animaux sauvages. **4.** pour rire (infinitif) ; de son père (GN) ; en bois (nom) ; sans sel (nom) ; à frire (infinitif) ; de Bordeaux (nom). **5.** pour Paris (train) ; de la matinée (début) ; à tête noire (agneau) ; de mon pain (bouchées) ; sans lune (nuit) ; de la préhistoire (hommes) en silex (outils). **6.** Dans l'ordre, par exemple : où nous avons joué ; que j'ai empruntés ; où j'ai acheté une robe ; qui est ma voisine. **7.** qui lui va bien (un maillot – GN) ; où je suis né (la rue – GN) ; que je me suis inscrite (club – GN) ; dont je t'ai parlé (l'ami – GN) ; qui a caché le ballon de rugby (lui – pronom) ; que je connais le mieux (Lille – nom) ; qui descend de la montagne (un petit torrent – GN).

22 page 49

1. vieux (chien) ; malade (chien) ; immobile (cerf) ; Fanées (fleurs) ; orangées (flammes) ; inquiétantes (ombres). **2.** pluvieux (temps) ; menaçants (nuages) ; excellente (viande) ; prêts (nous) ; affamés (pigeons) ; désertes (rues). **3.** rouge (vélo) ; Inquiète (maman) ; beau (temps) ; grand (chêne) ; superbe, nacré (coquillage) ;

4. merveilleuse ; désertes ; froides ; foncés ; rieurs ; Isolé ; réparés. **5.** soldées ; touristiques ; hargneuse ; froides ; agréables ; étonnés. **6.** impassibles ; sportives ; couverts ; découragés. **7.** plantés ; réguliers ; neuf ; bleues ; accrochées ; logée ; grande ; stupéfaits ; réunis.

23 page 51

1. verbes à l'infinitif : attraper ; grogner ; revendre ; ralentir ; verbes conjugués : monte ; arriva ; fit ; aurez ; seriez. **2.** écouter ; apprendre ; réfléchir ; vouloir ; jouer ; aller ; être ; dire. **3.** 1er groupe : prêter ; étudier ; saigner ; 2e groupe : réussir ; blanchir ; réfléchir ; 3e groupe : prendre ; pouvoir ; écrire ; venir ; voir. **4.** Verbes à un temps simple : jouais ; voyait ; dirai ; admirions ; Verbes à un temps composé : a commencé ; suis retourné ; avait planté ; ai aimé ; avez chanté ; est venu. **5.** dans/er ; obé/ir : appel/er ; bât/ir ; apprend/re ; pleur/er ; grand/ir ; rev/oir ; défai/re ; trou/er ; deven/ir ; éternu/es ; mont/ons ; fin/ira ; march/aient ; tomb/erai ; croqu/ent ; pli/era ; avanç/ons ; réfléch/issait ; part/irons ; voul/aient. **6.** sommes allés ; suis revenu ; a perdu ; sont rentrés ; avez revu.

24 page 53

1. coupe ; appelles ; agrandissons ; fonctionne. **2.** caresse ; regardes ; essuient ; frappe ; entrent ; mangeons ; débarrasses ; nettoies ; rinçons ; paie ou paye ; retourne. **3.** réfléchis ; raidissez ; obéissent ; réussit ; gravissons ; réunis ; choisit. **4.** suis ; es ; sommes ; avons ; êtes ; sont ; a ; sont. **5.** rougit ; étudies ; relie ; franchis ; s'assoupit ; crie ; oublie. **6.** racontes ; changeons ; as ; places ; lançons ; semble ; appuie ; bleuit ; plient ; rentrent ; avertissons ; essaie ou essaye.

25 page 55

1. dans peu de temps ; habituellement ; maintenant ; maintenant ; dans peu de temps. **2.** tu apprends ; tu peux ; vous refaites ; je peux ; j'apprends ; nous voyons ; il part ; il vient ; elles font ; elles deviennent : elles veulent. **3.** apprend ; vient ; faites ; dites ; voulez ; peux ; pars ; voient ; allons. **4.** pars, partons ; venons, viens ; vais, allez ; peux, peuvent ; font, faisons ; voyez, voyons ; prend, prennent. **5.** … veux-tu ; Ils disent… ; nous nous souvenons… ; Je vais… ; Tu pars… ; Ils ne voient… **6.** veux ; reprenons ; va ; défais ; revois ; pouvez ; redis ; surprennent ; entrevoit.

26 page 57

1. se dépêchait ; faisiez ; prenait. **2.** il réfléchissait ; vous dessiniez ; je jouais ; nous bavardions ; elles grandissaient ; j'arrivais ; tu arrivais ; tu jouais ; ils grandissaient. **3.** ramassions ; recomptais ; retrouviez ; aimais ; rentraient ; louait. **4.** sciions ; triiez ; étudiais ; essayions ; employiez ; tutoyait ; appuyiez. **5.** obéissait ; bâtissions ; réussissait ; choisissaient ; Finissiez ; gravissais. **6.** allais ; voulaient ; pouvions ; voyais ; partiez ; prenait ; venaient ; disait ; faisais. **7.** étudiions ; voyiez ; refaisais ; jaunissait ; prenaient ; payiez ; pouvais.

27 page 59

1. pris ; éclata ; eurent. **2.** nous préparâmes ; tu installas ; elle assaisonna ; je versai ; vous coupâtes ; ils sucrèrent. **3.** je choisis ; vous rougîtes ; elles applaudirent ; nous réunîmes ; tu pétris ; il pâlit. **4.** allai ; voulûmes ; purent ; vit ; partis ; prîtes ; vins ; dit ; firent. **5.** prit ; pûmes ; refîtes ; fut ; revîmes ; eus ; parvînmes, demanda ; fut ; encouragèrent ; purent. **6.** volait ; posa ; trouvèrent ; tomba.

28 page 61

1. arrivera ; durcira ; seront. **2.** allonge ; conjuguez ; attrapons. **3.** penserai ; réussirons ; auront ; seras ; inviteras ; déciderez. **4.** remuerez ; aboieront ; louera ; appuieras ; skierai ; continueront ; polluerons ; essaierez ou essayerez. **5.** voudront ; pourrai ; fera ; irons ; partiras ; dira ; viendrez ; prendrai ; verras. **6.** reprenez ; range ; vas ; pars ; manges ; soyez ; faites ; viens ; ayons. **7.** Tu jetteras… Jette ; Nous agirons… Agissons ; Vous referez… Refaites ; Tu prendras… Prends ; tu iras... vas-y.

29 page 63

1. suis arrivé ; a trouvé ; sont allés. **2.** avec être : partir, arriver, aller, venir ; avec avoir : ranger, dire, pleurer, vouloir, prendre, être, avoir. **3.** nous ; tu ; je ; elle ; ils. **4.** mangé ; choisi ; vu ; pris ; fait ; allé ; voulu ; dit ; parti ; pu. **5.** ai pu ; sont passées ; sommes venus ; a gagné ; ont pris ; a eu ; as noté ; as vu. **6.** trouvé ; allées ; arrivée ; vu ; corrigé ; effacé ; recollé ; repartis ; choisi. **7.** a redit ; avons repris ; sont passés ; ont pourri ; est devenu ; sont retournées ; avez défait ; es revenu.

30 page 65

1. les, le ; sa, ses ; ces, ce, cette. **2.** Dans l'ordre, on ajoute un s à : crayons ; fleurs ; valises ; arbres. **3.** demoiselles ; robes ; voisin ; nez ; brebis ; voix ; pilote ; signe ; hommes ; embarcation ; arbres ; flots. **4.** bateaux ; troupeaux ; prés ; pneus ; poux ; trous ; feux. **5.** les travaux ; les émaux ; des détails ; des portails ; les gouvernails ; des vitraux. **6.** des festivals ; les généraux ; des bals ; des métaux ; des canaux ; les carnavals. **7.** îles ; coraux ; raz ; cerceaux ; noix ; bleu ; tuyaux ; rails ; verrous.

31 page 67

1. un tapis bleu ; des draps bleus ; elle est bleue ; des jupes bleues ; elles sont bleues ; une toile bleue. **2.** grands ; chaudes ; confortables ; noire ; jaune ; belles ; blanches. **3.** labouré ; croisés ; sue ; salées ; cassée ; réunies. **4.** tendus ; applaudies ; félicitées ; pavée ; polies ; usées ; rentrées ; fermée ; alignés ; pressés. **5.** De nombreux clients se pressent… Tom et Éléa rentrent… Le grand-père de Roxanne va… dirigeons-nous… demandent les touristes… L'orage effraie. **6.** joues ; saluent ; lèvent ; argente ; répandent ; cueillent ; respires ; réchauffe. **7.** nombreuses ; prévues ; soufflent ; se couvre ; enregistre ; forte ; saisonniers ; protègent ; bons ; coupées ; rentrées.

32 page 69

1. **Mots pouvant être précédés de ce** : repas ; jouet ; service ; tableau ; métier ; **Mots pouvant être précédés de se ou s'** : laver ; avancer ; servir ; tromper ; balancer. **2.** s'amusent ; ce jardin ; ce jeu ; ce temps ; se rafraîchissent ; se souvenir ; ce numéro ; se réveille. **3.** ces élèves ; ses valises ; ces histoires ; ses frères ; ces trains. **4.** ses vacances ; ces chaussures ; ces rayons ; ses poupées ; ces rivières ; ses fautes. **5.** Ils se sont lavés. Mon frère s'est amusé. Elle s'est dépêchée. Les rues se sont vidées. **6.** C'est (c'était) très amusant ; s'est (s'était) baigné ; C'est (c'était) vers onze heures ; s'est (s'était) levé. C'est (c'était (grand) ; s'est (s'était) aperçu. **7.** C'est agréable ; se baigner ; ce lac ; ses papiers ; ces dossiers ; s'est habillé ; c'est pour la cérémonie ; c'est réconfortant ; s'est améliorée ; ses maux ; ces derniers jours ; ce vieux soldat ; ses souvenirs ; s'est réjouit ; ce jeu.

33 page 71

1. mes lunettes ; mais juste ; mes pantoufles ; mais il n'a pas ; mes derniers euros ; mais je ; mais nous ; mes plantations. **2.** On n'a pas ; On est ; on s'amuse ; on n'achète ; on a choisi ; on n'arrive pas. **3.** Où est ; ou des carottes ; où il a rangé ; ou ton écharpe ; où irons-nous. **4.** l'avais ; une ; ici ; l'avait ; l'avais. **5.** La chienne ; encore là ; l'a vue ; la cherche ; l'as trouvée. **6.** Où j'ai posé ; mes clés ; on n'a pas repeint ; la maison ; mais on le fera ; la semaine ; l'as passée ; la montagne ; mais que fais-tu là ; mais on n'a pas reloué ; où nous étions allés ; où j'ai posé ; mes dés. **7.** On n'est pas ; on a découvert ; la guirlande ; l'a accrochée ; l'as vu ; pas là ; on se retrouvera ; où les deux routes.

34 page 73

1. À entourer : inoccupé ; inutile ; inimitable ; infini ; intransportable. **2.** inhabité, inopportun, inexprimable, illégal, inattendu, immoral, irréel, irréalisable, imbuvable, illogique. **3.** inadapté ; innombrables ; immortelles ; inégale ; immobiles. **4.** illisible ; illimité ; irrésistible ; irrattrapable ; irrespectueux ; irremplaçable ; illumination. **5.** opération ; addition ; finitions ; parution ; passion ; discussion ; potion. **6.** instruction ; profession ; version ; pension ; discrétion ; déception. **7.** intervention ; dentition ; éruption ; population ; évolution ; impression ; mission ; notion ; conversion ; agitation.

35 page 75

1. travail ; bataille ; muraille ; chandail ; broussailles ; médaille ; paille. **2.** groseille ; sommeil ; orteil ; oreille ; merveille ; corbeille ; réveil. **3.** fauteuil ; feuille ; portefeuille ; bouvreuil ; chèvrefeuille ; millefeuille. **4.** chevreuil ; recueil ; feuille ; millefeuille ; cerfeuil ; accueil ; seuil. **5.** vitrail ; veille ; œil ; épouvantail ; treuil ; écueils ; orgueil ; email ; écureuil ; éveil ; caille ; gouvernail ; conseil.

Maths

1 page 79

1. 500 043 ; 9 000 075. **2.** **a.** 340 007 ; **b.** 6 250 000. **3.** 606 030 ; 8 136 009 ; 123 002 000. **4.** huit millions cinq mille trois cent vingt ; cinq cent quarante-huit millions cinq cent six mille trois. **5.** (98 × 1 000) + 6 ; (70 × 1 000 000) + (500 × 1 000) + 29. **6.** 743 009 ; 5 020 906. **7.** le chiffre des centaines ; le chiffre des centaines de millions. **8.** **a.** 117 ; **b.** 7 ; **c.** 117 038 ; **d.** 3. **9.** 500 246 ; 2 060 047. **10.** 1 305 408.

2 page 81

1. 9 000 001 > 958 432 ; 253 620 < 2 253 180 ; 89 628 < 89 672 ; 1 542 124 > 1 524 124. **2.** 12 007 998 ; 3 148 795 ; 1 275 149 ; 1 245 294 ; 378 849 ; 127 549. **3.** 40 004 040 ; 40 044 004 ; 40 044 040 ; 44 040 404 ; 44 404 400 ; 44 404 440. **4.** 127 437 < 127 438 < 127 439 ; 19 388 < 19 389 < 19 390 ; 13 599 999 < 13 600 000 < 13 600 001 ; 7 999 999 < 8 000 000 < 8 000 001. **5.** 159 260 < 159 265 < 159 270 ; 8 199 880 < 8 199 881 < 8 199 890 ; 312 006 420 < 312 006 423 < 312 006 430. **6.** 52 700 < 52 756 < 52 800 ; 245 800 < 245 817 < 245 900 ; 6 231 300 < 6 231 305 < 6 231 400. **7.** par exemple : 148 768 < 149 000 < 149 609 ; 3 485 272 < 3 486 000 < 3 486 118 ; 70 149 < 71 000 (ou 72 000) < 72 006. **8.** le chinois ; le français ; l'arabe ; l'anglais.

3 page 83

1.

	est un multiple de 5	est un multiple de 10
58		
200	x	x
645	x	
3 610	x	x
587		

200 et 3 610. **2.** 720 ; 12 060 ; 31 780 ; 3 500. **3.** 950 ; 1 200 ; 4 850 ; 38 700. **4.** 74**0** (ou 74**5**) ; 58**0** ; 3**00** ; 1**300** (ou 1 **320**, 1 **340**, 1 **360** , 1 **380**) ; 9 **200** (ou 9 **250**). **5.** 1 250 ; 1 300 ; 1 350 ; 1 400 ; 1 450. **6.** exemple : 20 + 60 = 80 Le nombre obtenu est multiple de 5, 10 et 20. **7.** **a.** Barrer : 50 et 100 **b.** 30 ; 60 ; 90 sont multiples de 5, 10 et 15. **8.** 75 est un multiple de 5, 15, 25. 60 est un multiple de 5, 10, 15, 20. 100 est un multiple de 5, 10, 20, 25, 50. **9.** Tom possède 47 images.

4 page 85

1. [CD] = $\frac{1}{6}$ de [AB] ; [EF] = $\frac{5}{6}$ de [AB] ; [GH] = $\frac{3}{6}$ (ou $\frac{1}{2}$) de [AB]. **2.** cinq demis ; sept quarts ; un tiers. **3.** $\frac{1}{4} < 1$; $\frac{3}{3} < 2$; $\frac{5}{2} > 1$; $\frac{6}{3} = 2$. **4.** $\frac{15}{100}$; $\frac{5}{10}$; $\frac{1}{1\,000}$; $\frac{11}{100}$.

5.

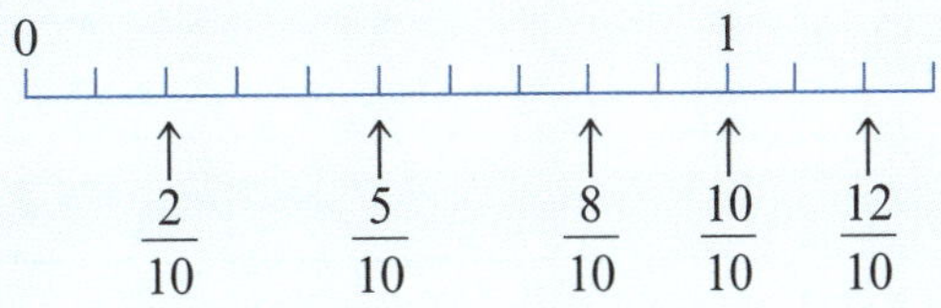

6.

7. $\frac{1}{4}$ du rectangle n'est pas colorié.

8. $\frac{1}{10}$ de m = 1 dm ; $\frac{1}{1\,000}$ de kg = 1 g ; $\frac{1}{100}$ d'hL = 1 L

9. **a.**
b.

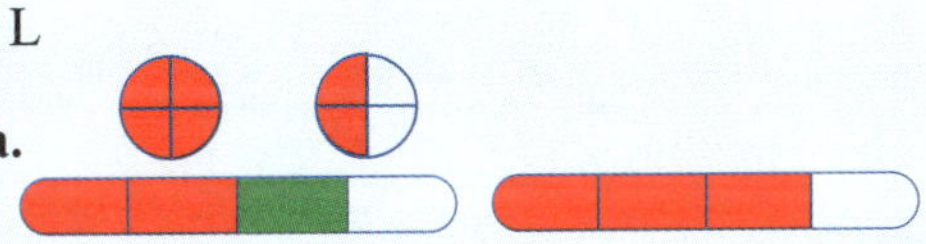

5 page 87

1. 37,06 – 174,1 – 46,25 – 0,3. **2.** le chiffre des centièmes ; le chiffre des dixièmes ; le chiffre des unités.

3.

centaines	dizaines	unités	dixièmes	centièmes
		7,	8	
	3	2,	6	5
		0,	0	7
2	7	5,	7	

4. **a.** 21,60 = 21,6 ; **b.** 3,7 = 3,70 ; **c.** 12,40 = 12,4. **5.** 12,7 ; 9,63 ; 6,09. **6.** trente unités huit dixièmes ; quatre-vingt-deux unités quatorze centièmes ; neuf unités sept centièmes ;

7.

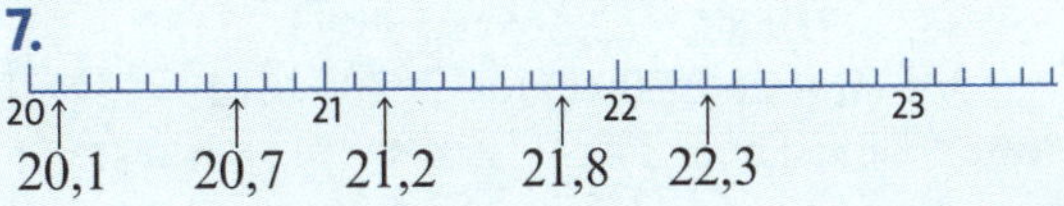

8.

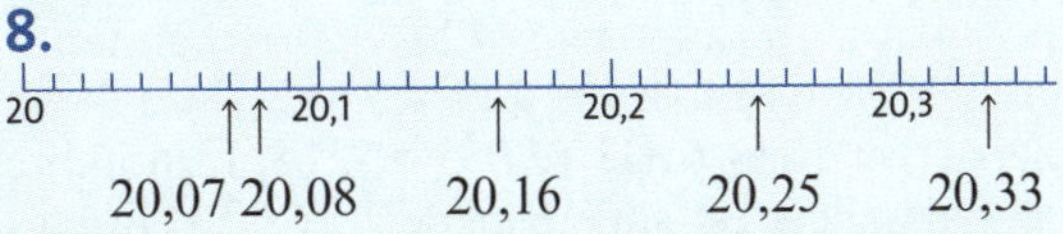

9. 374,08

6 page 89

1. 98,1 > 96,9 ; 227,25 < 272,52 ; 186,07 > 49,87 ; 102,5 < 401,03 ; 669,48 < 969,12 ; 675,81> 99,98. **2.** 18,72 > 18,27 ; 6,5 = 6,50 ; 191,46 < 191,64 ; 15,09 < 15,90 ; 425,76 > 425,7 ; 512,9 > 512,19.
3.

	est plus petit que 1	est plus grand que 2	est compris entre 1 et 2
2,03		x	
1,99			x
1,01			x
0,87	x		
1,5			x
0,9	x		
2,1		x	

4. 0,01 < 0,2 < 7 < 20,09 < 20,5 < 35,60. **5.** 127 > 12,7 > 2,17 > 1,27 > 0,17 > 0,07. **6.** 964,2 ; 24,69. **7.** 4 < 4,02 < 5 ; 76 < 76,1 < 77 ; 186 < 186,76 < 187. **8.** • 18,50 ; 21,50 ; 15,25 ; 25,50 ; 11,40. • 7,75 ; 18,50 ; 15,25 ; 11,40. **9.** 11 km ; 11,25 km ; 11,4 km ; 11,52 km ;12 km ; Elias ira jusqu'au moulin.

7 page 91

1. 0,05 → $\frac{5}{100}$; 0,5 → $\frac{5}{10}$. **2.** $\frac{3}{10}$; $\frac{50}{100}$; $\frac{15}{10}$.
3. 0,7 ; 0,04 ; 2,58. **4.** $\frac{8}{10}$ = 0,8 ; $\frac{68}{10}$ = 6,8 ; $\frac{24}{100}$ = 0,24 ; $\frac{32}{10}$ = 3,2 ; $\frac{425}{100}$ = 4,25 ; $\frac{9}{100}$ = 0,09.
5. $\frac{9}{10}$; $\frac{4}{100}$; $\frac{743}{100}$. **6.** $32 + \frac{7}{10}$; $8 + \frac{5}{100}$; $102 + \frac{13}{100}$.
7. 25,8 ; 9,13 ; 631,09. **8.** Axel : 4,5 m ; Chloé : 0,45 m. Chloé a donné la réponse juste. Hauteur du tabouret : 45 cm.

8 page 93

1. 997 ; 5 189 ; 7 591 , 133 992. **2.** **8**43 + 8**37** = 1 680 ; 4 **2**38 + **1** 856 = 6 094. **3.** 2 432 ; 12 381 ; 125 215 ; 324 665. **4.** 3 937 – **2552** = 1 385 ; 19 762 – **4 814** = 14 948. **5.** 57 683 + **35 937** = 93 620 ; 154 383 – **71 688** = 82 695. **6.** 2 473 – (123 + 45) = 2 305 Il reste 2 305 livres. **7.** 200 – 148 = 52. Il reste 52 € à Théo. 200 – (148 + 27) → Il reste 25 € à Noé. **8.** 153 253 – 152 085 = 1 168. La population a augmenté de 1 168 habitants. (152 085 + 6 823) – 153 253 = 5 655. Il y a 5 655 départs et décès. 6 823 – 5 655 = 1 168. Le nombre de naissances est supérieur de 1 168 à celui des départs et décès.

9 page 95

1. 102 ; 178 ; 388 ; 497. **2.** Julien dépense 597 €. **3.** 29,80 est proche de 30 ; 32,30 est proche de 30. 29,80 + 32,30 est proche de 30 +30 = 60 Léa n'a pas raison. **4.** 165,65 ; 362,37 ; 501,36 ; 503,41. **5.** 204,07 ; 175,12 ; 15,26. **6.** 96,85 ; 280, 98 ; 1 022,6 ; 9 121,48. **7.** 1,2 + 0,5 + 2 = 3,7. La masse totale des achats est 3,7 kg. 3,7 + 0,6 = 4,3. Elle devra porter une charge de 4,3 kg. **8.** 17,85 + 6,40 = 24,25. Elodie a dépensé 24,25 €. 17,85 + 24,25 + 9,15 = 51,25. Gwenaëlle a dépensé 51,25 €. 17,85 + 24,25 + 51,25 = 93,35. La dépense totale a été de 93,35 €.

10 page 97

1. 72 ; 54 ; 721 ; 612. **2.** Il lui reste 43 €. **3.** 89,24 ; 471,14 ; 708,8 ; 172,85. **4.** 711,88 ; 617,8 ; 983,4 ; 425,64. **5.** 4,13 ; 2,36 ; 3,7 ; 6,05. **6.** 241,95 ; 600,47 ; 420,19 ; 573,19. **7.** 59 – 6,8 = 52,2 ; Morgan mesurait 52,2 cm. **8.** Remise sur l'anorak : 78,50 – 69,95 = 8,55 (€). Remise sur les chaussures : 93,50 – 85,90 = 7,60 (€). Remise sur les skis : 317 – 275,25 = 41,75 (€). **9.** 16,35 + 5,70 + 23 = 45,05. 50 – 45,05 = 4,95. On va lui rendre 4,95 €.

11 page 99

1. 670 ; 4 060 ; 85 400 ; 9 100 ; 9 000 ; 74 000. **2.** La masse déchargée est pommes : 25 × 10 = 250 carottes : 3 × 100 = 300 (kg). **3.** 10 ; 54 ; 638 ; 1 000. **4.** 800 ; 21 000 ; 17 500 ; 800 000 ; 1 560 000. **5.** 2 124 ; 60 984. **6.** 1 472 ; 38 092 ; 16 616 ; 117 600 ; 22 248 ; 188 550. **7.** 41 648 ; 660 110. **8.** 45 × 186 = 8 370. 8 370 boulons seront utilisés. **9.** 745 × 206 = 153 470. La vente des téléviseurs a rapporté 153 470 €. 420 × 248 = 104 160. La vente des magnétoscopes a rapporté 104 160 €. 153 470 + 104 160 = 257 630. Le montant total des ventes est de 257 630 €.

12 page 101

1. **a.** 15,7 ; **b.** 23 ; **c.** 24 370 ; **d.** 356 ; **e.** 1 230 ; **f.** 15 200. **2.** La recette sera de 250 € pour 100 journaux vendus ; elle sera de 2 500 € pour 1 000 journaux vendus. **3.** 271,44 ; 1 386,2. **4.** 4 371,9 ; 238,14 ; 3 966,4 ; 323,4. **5.** 450 × 1,2 = 540 ; 10,4 × 28 = 291,2. **6.** 7,84 ; 40,05 ; 0,72 ; 49,5. **7.** 125,8 × 75 = 9 435. Longueur réelle de l'avion : 9 435 cm ou 94,35 m. 98,2 × 75 = 7 365. Envergure réelle de l'avion : 7 365 cm ou 73,65 m. **8.** (3 × 2,75) + (4,15 × 2) + (6 × 0,50) = 19,55. Les costumes reviennent à 19,55 €

13 page 103

1. 4, reste 3 ; 5, reste 0 ; 5, reste 4 ; 8, reste 6 ; 8, reste 2. **2.** 32 : 4 = 8.Il y a 8 tables complètes.

3.

8 9	6
- 6	1 4
2 9	
- 2 4	
5	

9 5	3
- 9	3 1
0 5	
- 3	
2	

2 7 4	7
- 2 1	3 9
6 4	
- 6 3	
1	

3 4 8	4
- 3 2	8 7
2 8	
- 2 8	
0	

4. 92, reste 2 ; 96, reste 1 ; 57, reste 1. **5.** 26 ; 53 ; 43. **6.** 9, reste 3 ; 7, reste 0 ; 5, reste 4. **7.** 24 × 4 = 96. Eric a pris 96 photos. 96 : 8 = 12. 12 pages sont remplies. **8.** 1 890 – (648 + 360) = 882. Le montant de la somme payée à crédit est 882 €. 882 : 9 = 98. Le montant d'une mensualité : 98 €.

14 page 105

1.

8 9	2 1
- 8 4	4
5	

9 6	4 3
- 8 6	2
1 0	

2.

4 9 3	2 3
- 4 6	2 1
3 3	
- 2 3	
1 0	

1 4 3 7	3 5
- 1 4 0	4 1
3 7	
- 3 5	
2	

3. 1, reste 15 ; 2, reste 5 ; 31, reste 0 ; 135, reste 4. **4.** 3, reste 63 ; (3 × 76) + 63 = 291 ; 96, reste 71 (96 × 82) + 71 = 7 943.

5.

5 3 3	4 1
- 4 1	1 3
1 2 3	
- 1 2 3	
0	

1 6 4 0	2 4
- 1 4 4	6 8
2 0 0	
- 1 9 2	
8	

6. 608 : 38 = 16. La longueur du circuit est de 16 km. **7.** 216 : 24 = 9. Elle fera 9 tours en 216 heures. **8. a.** (307 + 18) : 56 = 5 ; reste 45. Il faudra réserver 6 cars. **b.** 45 personnes.

15 page 107

1.

8 4	3 8
- 7 6	2,2
8 0	
- 7 6	
4	

2 3 8	6 4
- 1 9 2	3,7
4 6 0	
- 4 4 8	
1 2	

2.

5 8	2 3
- 4 6	2,52
1 2 0	
- 1 1 5	
5 0	
- 4 6	
4	

4 5 3	6 1
- 4 2 7	7,42
2 6 0	
- 2 4 4	
1 6 0	
- 1 2 2	
3 8	

3. 16,2 ; reste 2 ; 23,2 ; reste 20. **4.** 1,51 ; reste 7 ; 14,48 ; reste 40. **5.** 0,7 ; reste 25 ; 0,73 ; reste 60. **6.** 108 : 8 = 13,5. Un livre coûte 13,50 €. **7.** 46 : 40 = 1,15. Un litre d'essence coûte 1,15 €. **8.** 2 254 : 92 = 24,5. Une caisse contient 24,50 kg de nourriture. 1 040 : 64 = 16,25. Un carton contient 16,25 kg de médicaments

16 page 109

1. a. masse des boîtes de pâté + masse du carton ; **b.** 850 g ; **c.** 66 boîtes ; **d.** 275 g. **2.** Il manque le prix d'un iris. **3.** 7 au 15 mars ; 1,60 m ; pointure 40 ; 8 jours ; 20 € ; 99 €. **4.** Quelle la masse du miel contenu dans un seau ? Quel est le prix de vente d'un seau miel ? **5.** Combien y a-t-il eu de spectateurs à la 1re séance ? Combien y a-t-il eu de spectateurs à la 2e séance ? **6. a.** 180 € ; 20 € ; **b.** 16,50 € ; 9 mensualités ; **c.** 45 € ; 9 mensualités de 16,50 €. Quelle est l'économie réalisée si l'achat se fait au comptant ?

17 page 111

1. 15 + 2 ; 960 : 80 ; 19 203 – 18 624. **2. b.** 9 125 – (195 × 28). **3. a.** environ 50 × 8 = 400 (€) ; 49 × 8 = 392 (€) **b.** environ 100 : 2 = 50 (€) 105 : 2 = 52,50 (€) **c.** environ 50 + 7 = 57 (€) ; 48,75 + 6,90 = 55,65 (€). **4.** 5 + 2 = 7. Il y a 7 joueurs à équiper. (15,50 + 11,60) × 7 = 189,70. L'entraîneur dépense 189,70 €. **5.** 500 – (300 + 50) = 150. Il manque 150 timbres pour compléter l'album. 150 : 25 = 6. Fabien devra commander 6 pochettes de timbres. **6. a.** 1 300 + 1 035 = 2 335. 2 335 billets ont été vendus. **b.** 2 335 – 1 128 =1 207. 1 207 adultes étaient présents. **c.** (12 × 1 207) + (5 × 1 128) = 20 124. Le montant total de la recette a été de 20 124 €.

18 page 113

1. Félix va acheter la raquette « Nika ».

2.

	Opel Corsa	Peugeot 207	Renault Clio
prix de base (en €)	12 200	12 600	12 400
prix de la peinture métallisée (en €)	400	307	390
prix total	12 600	12 907	12 790

C'est l'Opel Corsa qui reviendra le moins cher.

3. a. 2 260 000 – 120 000 = 2 140 000. **b.** 2 040 000 – 800 000 = 1 240 000. **c.** Le nombre d'auditeurs ne changent pas (800 000).

4.

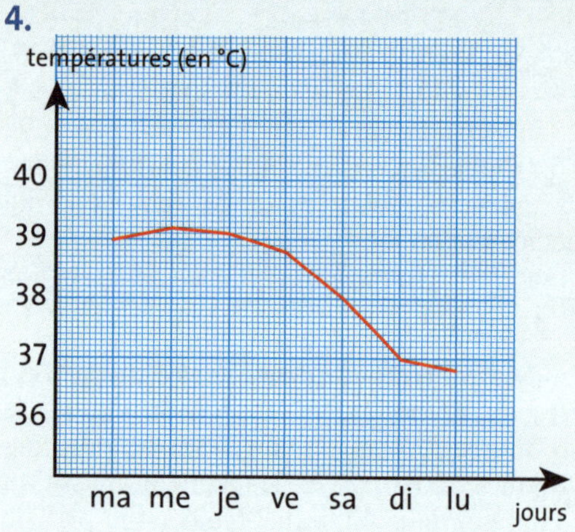

19 page 115

1. NON ; OUI.

2.

(× 6) ↓ ; (: 6) ↑

2	6	**9**	15	**24**
12	**36**	54	**90**	144

3.

masse de fraises (en kg)	1	2	4	5	15
prix (en €)	**3**	6	**12**	15	**45**

Prix de 6 kg de fraises : 18 €.
Masse de fraises pour 30 € : 10 kg.

4.

(: 2) : 1re colonne → 2e colonne ; (× 3) : 1re colonne → 3e colonne

farine	600 g	300 g	**1 800 g**
sucre	200 g	**100 g**	600 g
miel	150 g	**75 g**	**450 g**
lait	120 cL.	**60 cL**	**360 cL**

5. Il faut acheter 3 barils pour avoir 6 jouets. Avec 2 barils : 4 jouets ; avec 5 barils : 10 jouets.

6. a.

nombre de tartes	1	5	8
prix en €	5	**25**	**40**

(× 5)

b.

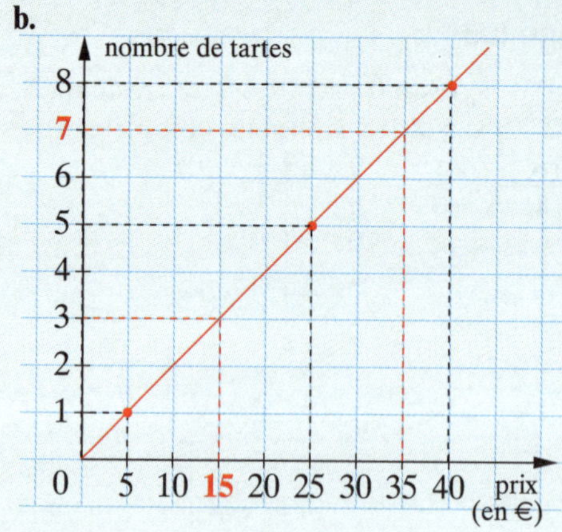

c. le prix de 3 tartes : 15 €.

20 page 117

1. Repasser en rouge les couples A et D.

2.

	a	b	c	d	e	f	g	h
a		//		⊥			⊥	
b	//			⊥			⊥	
c								
d	⊥	⊥					//	
e								
f								⊥
g	⊥	⊥		//				
h						⊥		

3.

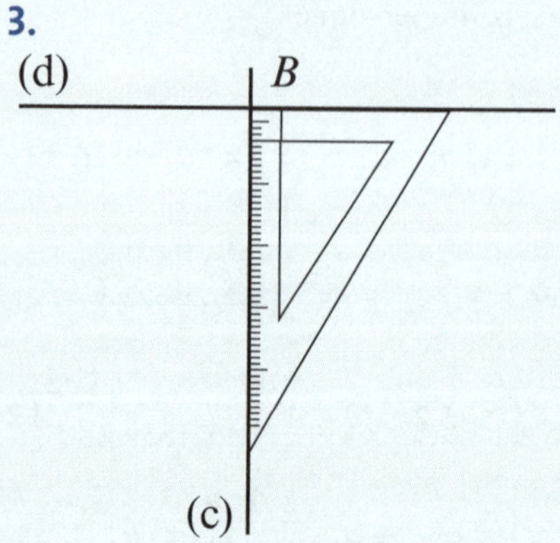

4.

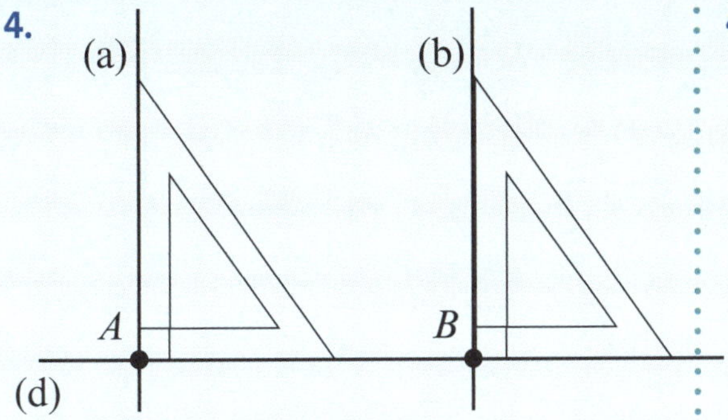

Les droites (a) et (b) sont parallèles.

5.

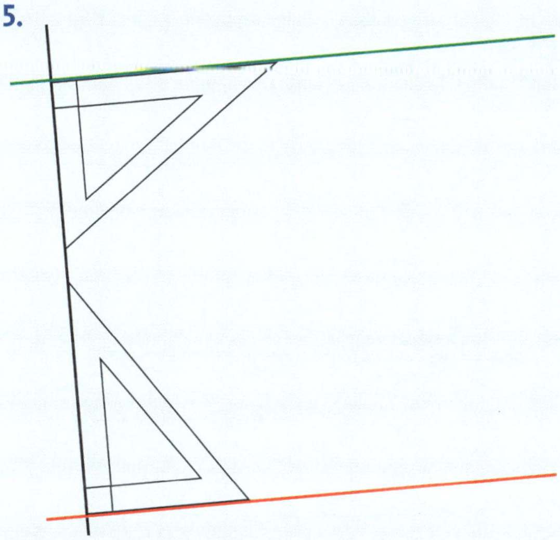

La droite rouge et la droite verte sont parallèles.

21 page 119

1. rectangles : AEFD ; EBHR ; RHCF ; ABHG ; GHCD ; ABCD ; EBML ; LMHR ; carrés : AERG ; GRFD ; EBCF ; RJKF ; JHCK ; losanges : SRTG ; LIMJ ; NJPK .

2.

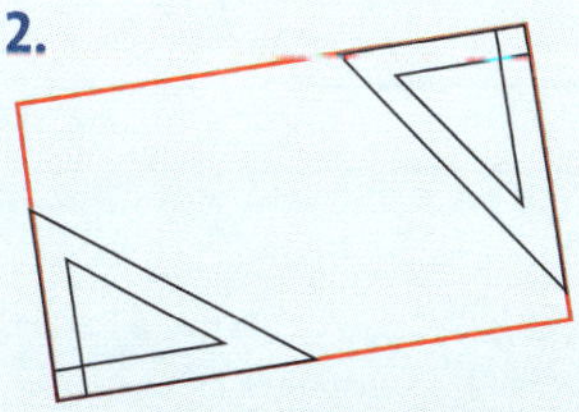

3.

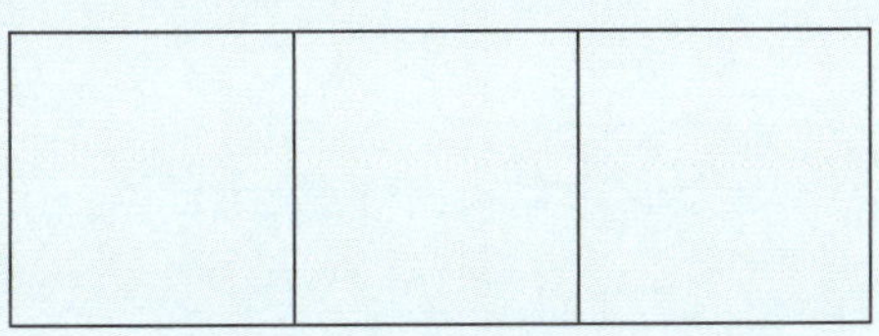

Chacun des côtés des carrés mesure 2 cm.

4.

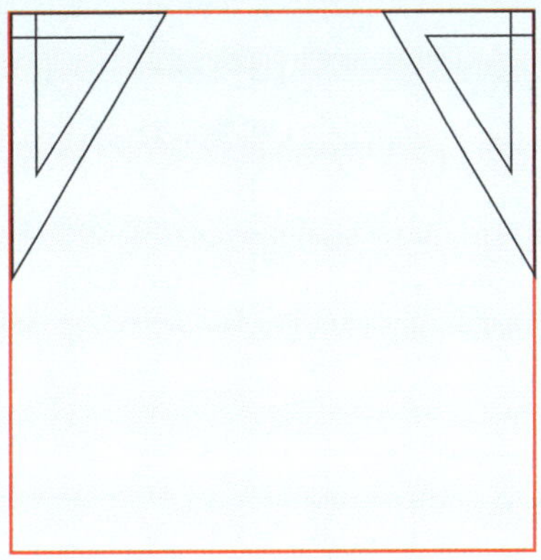

5.

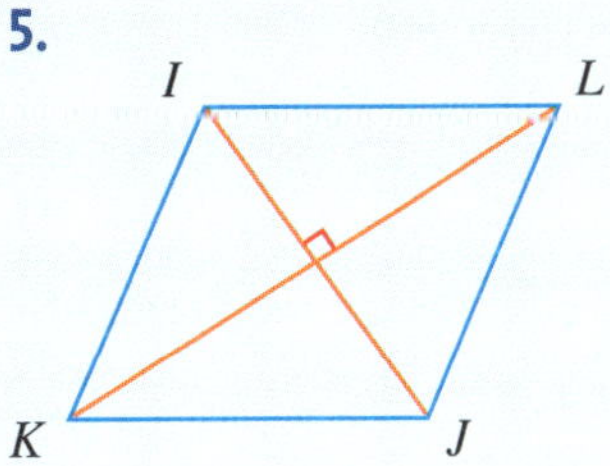

Le quadrilatère IKJL est un losange.

6.

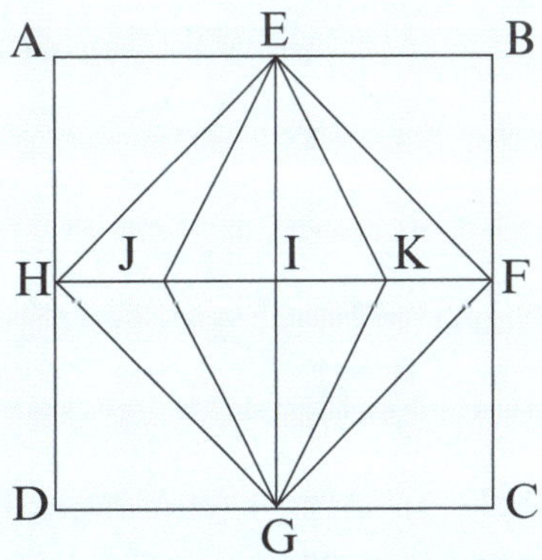

Le quadrilatère EFGH est un carré.
Le quadrilatère EKGJ est un losange.

22 page 121

1. ABC ; ABE ; ACE ; ECD. **2.** 1 : triangle rectangle ; 2 : triangle quelconque ; 3 : triangle isocèle ; 4 triangle rectangle isocèle ; 5 : triangle équilatéral.

3.

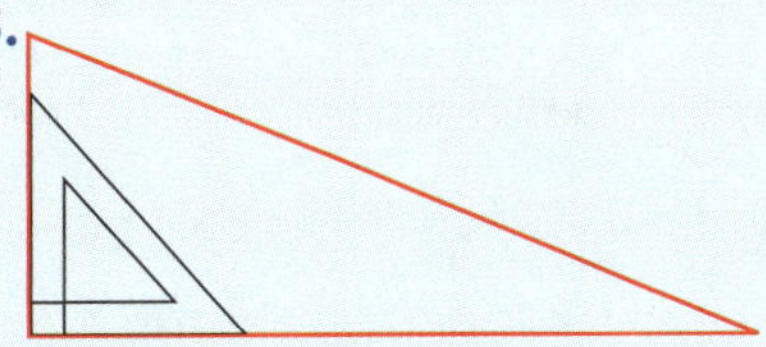

4.

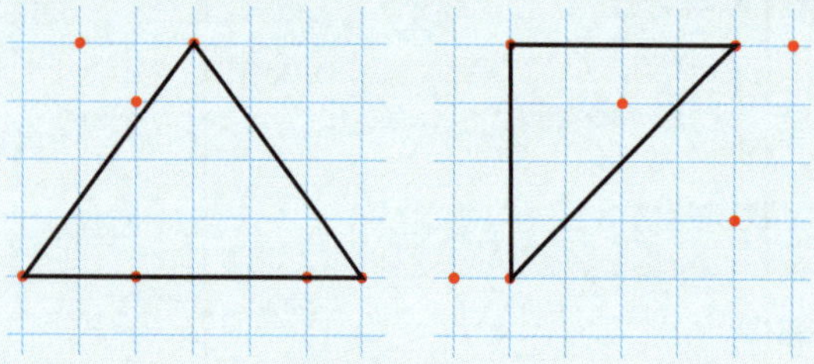

5.

6.

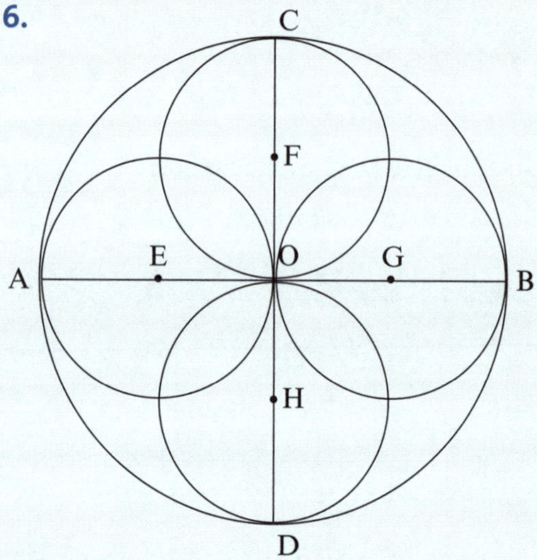

23 page 123

1. cube : 1 ; pavé : 2 ; prisme : 3.

2.

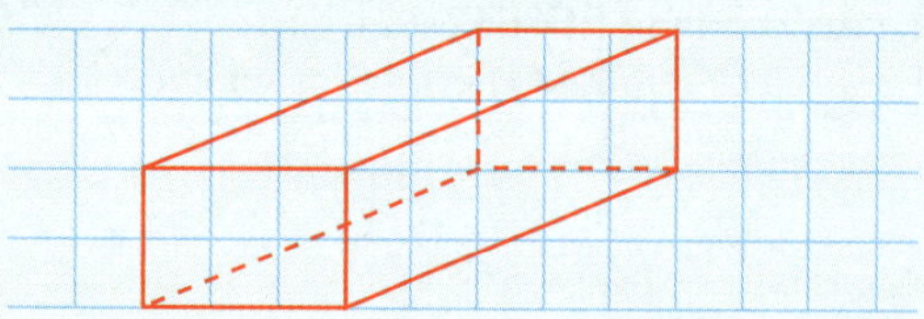

3.

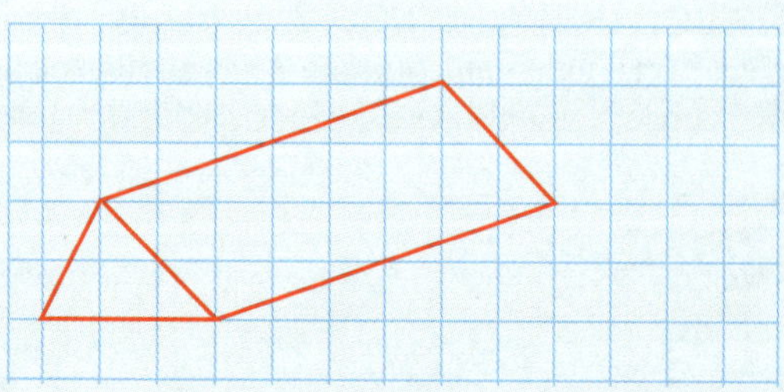

4. B.

5.

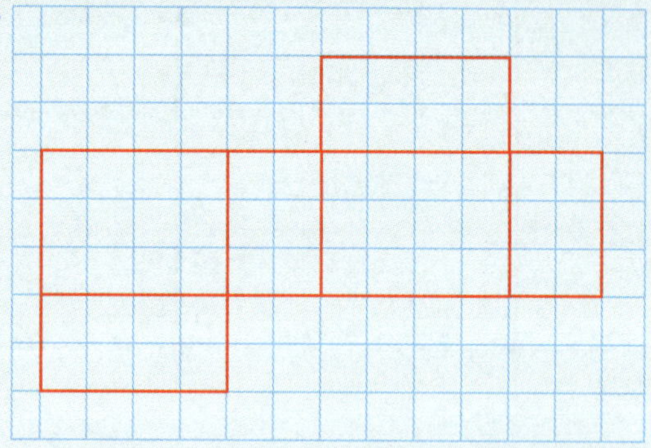

6. (10 × 4) + (28 × 4) + (16 × 4) = 216. Romain devra poser 216 cm (ou 2,16 m) de ruban adhésif.

24 page 125

1. a et b ; g et h.

2.

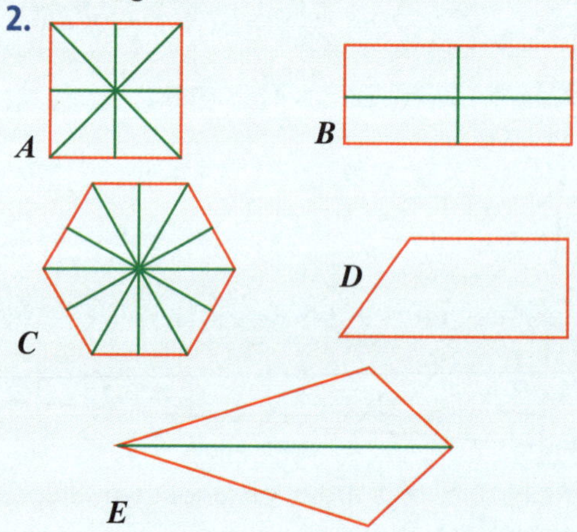

nombre d'axes de symétrie	nom de la figure
0	**D**
1	**E**
2	**B**
3	
4	**A**
plus de 4	**C**

3.

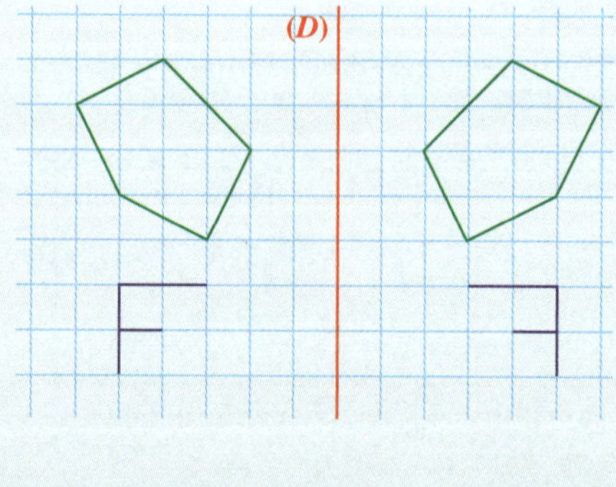

4.

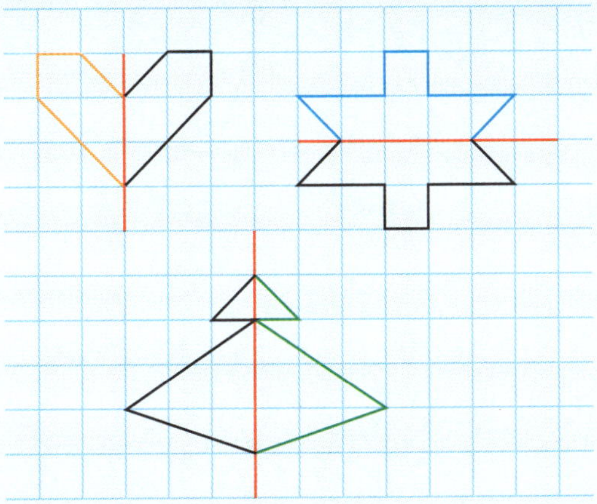

5.

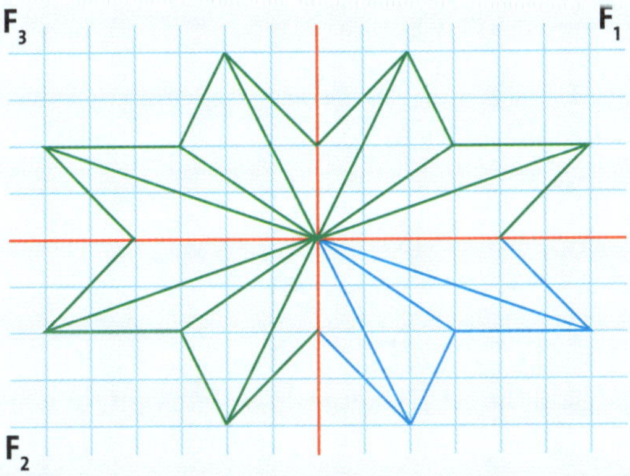

25 page 127

1. 70 m = 700 dm = 7 dam ; 400 cm =4000 mm = 4 m ; 8000 m = 80 hm = 8 km ; 30 dm = 3 m = 3 000 mm. **2.** 4 km = 4 000 m = 400 dam ; 0,35 dm = 35 mm = 3,5 cm ; 7 200 mm = 72 dm = 720 cm. **3.** 435 g = 4 hg 35 g ; 43,5 hg = 435 dag. 4 350 cg = 43 g 5 dg ; 4,35 kg = 4350 g. **4.** 7 hg + 3 hg = 1 kg ; 850 g + 150 g = 1 kg. 6 cg + 94 cg = 1 g ; 999 mg + 1 001 mg = 2 g. **5.** 40 L = 400 dL = 4 daL ; 12,4 dL = 1 240 mL = 124 cL ; 4800 L = 48 hL = 480 daL ; 200 cL = 2 L = 2 000 mL. **6.** 2 km + 500 m = 25 hm ; 50 dm – 50 mm = 495 cm. **7.** 4 dg et 9 cg = 490 mg ; 8 kg 30 dag 200 g = 85 hg. **8.** 3 L et 6 dL + 20 cL = 38 dL. 7000 mL + 50 dL et 2 daL = 32 L. **9.** 50 × 4 = 200. Il faut 200 cm (ou 2 m) de fil pour fabriquer un scoubidou. 2 × 28 = 56. Il faut 56 m de fil pour fabriquer 28 scoubidous. **10.** 1,50 × 6 = 9 Il y a 9 L d'eau dans un pack de 6 ; 9 × 2 =18 Il y a 18 L d'eau dans 2 packs de 6 ; 25 × 12 = 300. Il y a 300 cL (ou 3 L)d'eau dans un pack de 12. 18 + 3 = 21. Elle achète 21 L d'eau. **11.** 125 × 2 = 250 ; Le beurre pèse 250 g. 500 × 3 = 1 500 ; les petits pois pèsent 1 500 g. 2 930 – (250 + 1 500) = 1180. La boîte de biscuits pèse 1 180 g (ou 1,180kg)

26 page 129

1. 5 h = 300 min ; 7 h 40 min = 460 min ; 3 h 42 min = 222 min ; 23 h 43 min = 1 423min ; 1 jour = 1 440 min. **2.** 4 min = 240 s ; 6 min 20 s = 380 s ; 32 min 16 s = 1 936 s ; 2 h 4 min = 7 440 s ; 3 h 12 min 25 s = 11 545 s. **3.** 4 jours = 96 h ; 2 années = 730 jours. 21 jours = 3 semaines. **4.** 72 min = 1 h 12 min ; 380 min = 6 h 20 min ; 2 425 min = 40 h 25 min. **5.** 80 s = 1 min 20 s ; 428 s = 7 min 8 s ; 1 670 s = 27 min 50 s. **6.** 205 min ; 3 h15 min (195 min); 1 800 s (30min). **7.** deux heures = 120 min ; trois heures = 180 min. Il faut prendre une cassette de trois heures. **8.** 176 : 24 = 7 ; reste 8 ; 176 h = 7 jours 8 h. **9.** 15 min = 900s ; 24 × 900 = 21 600. Le film de 15 min sera constitué de 21 600 images. **10.** 45 × 2 = 90 ; 90 min est la durée des cours pris par semaine. 90 × 12=1 080 ; La durée des cours pris par Matthias pendant un trimestre est de 1 080 min ou 18 h.

27 page 131

1. a. 12 × 4 = 48 (cm) ; **b.** (18 + 11) × 2 = 58 (cm). **2.** 648 : 4 = 162. Le côté du carré mesure 162 m. **3.**

	rectangle 1	rectangle 2	rectangle 3
périmètre (en m)	48	**62**	72
demi-périmètre (cn m)	**24**	31	**36**
longueur (en m)	18	**18,5**	29,5
largeur (en m)	**6**	12,5	**6,5**

4. 0,5 × 4 = 2 Le périmètre d'une table est de 2 m. ; (2 + 0,5) × 2 = 5. Le périmètre des tables est 5 m. **5.** (4,50 + 2,90) × 2 = 14,80. Le périmètre de la chambre est 14,80 m. 14,80 – (1,20 + 1) = 12,60. François devra acheter 12,60 m de frise. **6.** 6 × 4 = 24. Le périmètre du carré et du rectangle est 24 m. (24 : 2) – 4 = 8. La longueur du rectangle mesure 8m. **7.** 180 : 2 = 90 ; 90 – 30 = 60. La longueur du rectangle mesure 60 m. 60 – (15 + 15) = 30. La partie jaune est un carré de 30m de côté. 30 × 4 = 120. Le périmètre de la partie jaune est 120m.

28 page 133

1. aire de la surface jaune : 14 u. **2.** 8 u < aire de A < 26 u. **3.** figure rouge : 10 u1 ou 20 u2 ; figure verte : 7 u1 ou 14 u2. **4.** 9 u < aire de la figure < 29 u

5.

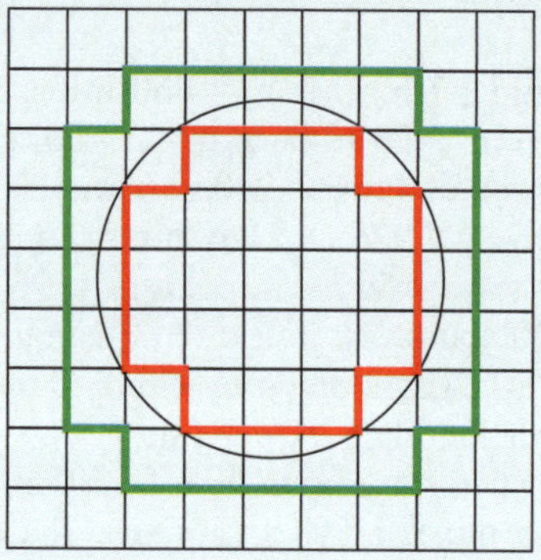

21 u < aire de la figure < 45 u.

6. 6 u1 < aire de la figure < 30 u1.
40 u2 < aire de la figure < 88 u2.

29 page 135

1. A : 4 angles ; B : 3 angles ; C : 5 angles.

2.

est un angle :	A	B	C	D	E	F
droit		x			x	
aigu	x					
obtus			x	x		x

3.

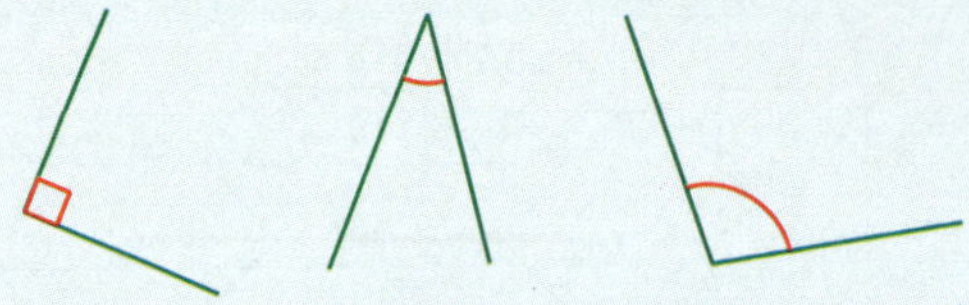

angle droit — angle aigu — angle obtus

4. $\widehat{A} = \widehat{C}$; $\widehat{D} = \widehat{B}$; $\widehat{F} = \widehat{G}$; $\widehat{J} = \widehat{K}$; $\widehat{I} = \widehat{H}$.

5. $\widehat{C}$; $\widehat{B}$; $\widehat{A}$; $\widehat{D}$; $\widehat{E}$.

6.

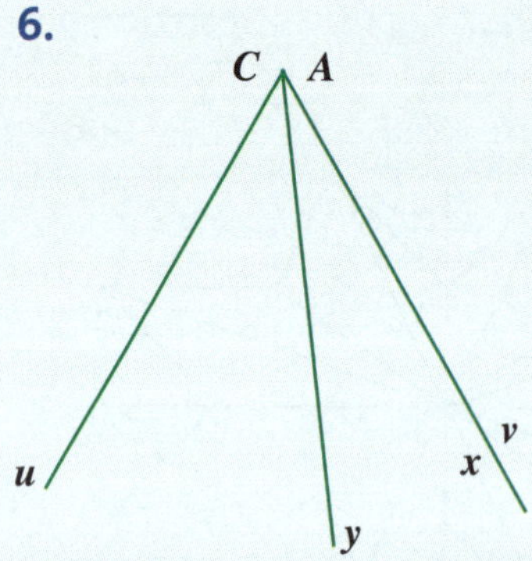

L'angle $\widehat{uCv}$ est plus grand que l'angle $\widehat{xAy}$.

Histoire

1 page 139

1. Hugues Capet : 9 ans ; Philippe Auguste : 43 ans ; Louis VIII : 3 ans ; Louis IX : 44 ans ; Philippe III : 15 ans ; Philippe IV le Bel : 29 ans. 2. a. Paris et Orléans. b. Artois, Picardie, Champagne, Normandie, Maine- Anjou, Poitou, Auvergne, Languedoc. c. À l'Angleterre. 3. a. 9 ; en 1095. b. 4 ans ; Godefroy de Bouillon. c. Philippe Auguste. d.1270.

2 page 141

1. Traité de Troyes : 1420 ; Orléans : 1429 ; Crécy : 1346 ; Fin de la guerre : 1453 . 2. Carte de gauche : possessions anglaises en 1360 ; carte du milieu : possessions anglaises à la mort de Charles V ; carte de droite : France sous contrôle anglais à la mort de Charles VI. 3. a. Henri VI et Charles VII. b. Non. c. Henri VI.

3 page 143

1. 1. Picardie ; 2. Maine – Anjou ; 3. Bourgogne ; 4. Provence. 2. Christophe Colomb et les Antilles ; Jacques Cartier et le Canada ; Vasco de Gama et les Indes ; Magellan et le tour du monde. 3. L'ouvrier grave la plaque en métal : 1 ; Un ouvrier encre la page : 2 ; L'ouvrier tire la barre de presse : 3 ; Un ouvrier accroche les feuilles pour les sécher : 4.

4 page 145

1. Ronsard, écrivain ; Pierre Lescot, architecte ; Bernard Palissy, émailleur ; Léonard de Vinci, peintre et savant.
2. 1. Blois ; 2. Chambord ; 3. Amboise ; 4. Chenonceaux ; 5. Azay-le-Rideau.
3. Dans l'ordre : Louis XI – Charles VIII – Louis XII – François Ier ; 1515 : Marignan ; 1525 : Pavie. 4. À corriger avec un adulte.

5 page 147

1. Henri IV ; la liberté religieuse. 2. a. Empire germanique ; Suisse ; Angleterre ; Danemark ; Norvège ; Suède ; quelques régions de France.
b. Espagne ; Italie ; Portugal. 3. 1574 à 1589 : Henri III ;1589 à 1610 : Henri IV ; 1610 à 1617 : régence de Marie de Médicis ;1617 à 1643 : Louis XIII ; sous Charles IX : Saint Barthélemy (1572) ; sous Henri IV : Édit de Nantes (1598).

6 page 149

1.

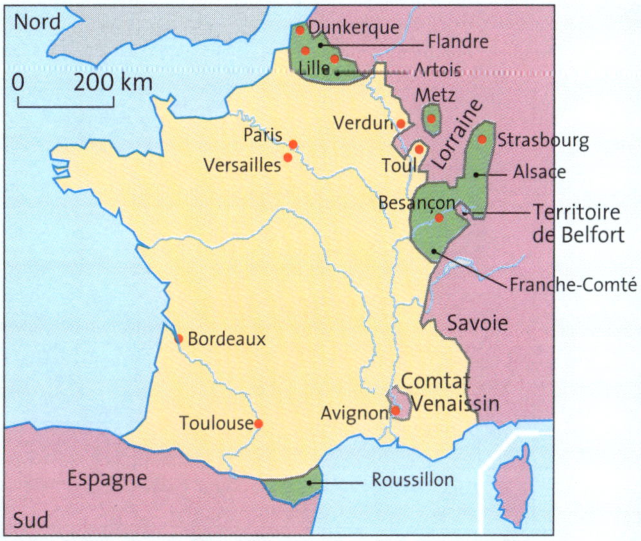

2. Lorraine ; Territoire de Belfort ; Savoie ; Comtat Venaissin ; Corse.
3. a. Le Havre ; Nantes ; Bordeaux ; Marseille.
b. Pays du Nord ; Amérique du Nord ; Afrique ; Antilles ; Indes ; Afrique du Nord ; Turquie ; Syrie. c. Elle y envoie travailler des esclaves noirs capturés en Afrique.
4. **Industries textiles** : toiles, draps, laine, dentelles, soie. **Industries métallurgiques** : forges. **Industries alimentaires** : sel, sucre. **Mines et carrières** : charbon, marbre.

Géographie

7 page 151

1. À faire vérifier par un adulte. **2. climat océanique** : hivers doux, étés tièdes ; **climat continental** : hivers froids, étés chauds ; **climat méditerranéen** : hivers très doux, étés très chauds ; **climat de montagne** : hivers très froids, étés tièdes.

3. Paris, Bordeaux : climat océanique ; Lyon : climat continental ; Chamonix : climat de montagne ; Perpignan, Marseille : climat méditerranéen.

4. a.

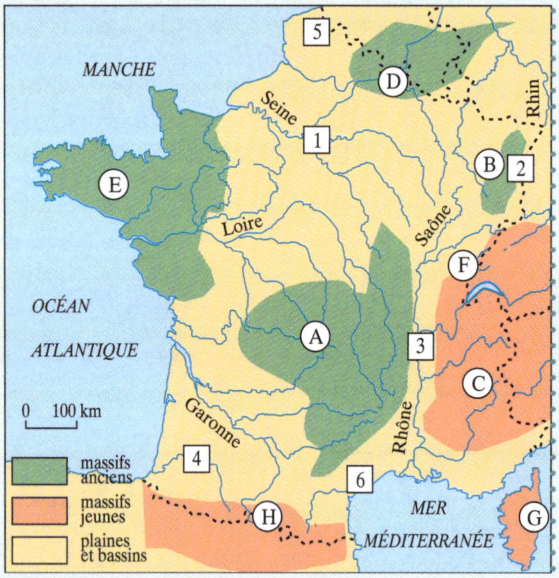

b. Montagnes anciennes : Massif central ; Massif armoricain ; Ardennes ; Vosges.
Montagnes jeunes : Alpes ; Jura ; Pyrénées ; Massif corse.

8 page 153

1. La région est administrée par le **préfet de région** et le **conseil régional**. Les principaux services publics se trouvent au **chef-lieu** de la région. Le département est administré par le **préfet** et le **conseil général. 2.** À faire vérifier par un adulte. **3.** À faire vérifier par un adulte. **4. Ile de France** : Paris ; Yvelines ; Seine-et-Marne ; Essonne ; Hauts-de- Seine ; Seine-Saint-Denis ; Val-de-Marne ; Val-d'Oise. **Midi-Pyrénées** : Hautes Pyrénées ; Haute Garonne ; Ariège ; Gers ; Tarn ; Tarn et Garonne ; Lot ; Aveyron. **Limousin** : Corrèze ; Haute-Vienne ; Creuse. **Picardie** : Somme ; Aisne ; Oise.

9 page 155

1.

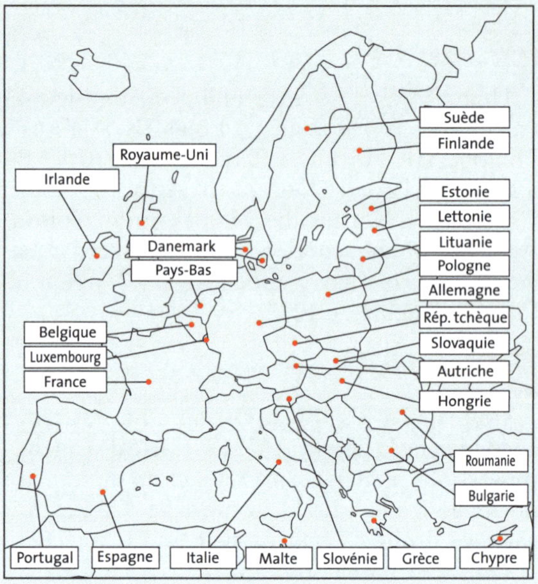

2. a. Belgique ; Luxembourg ; Allemagne ; Italie ; Espagne. **b.** Par exemple, Suisse ; Norvège ; Islande ; Croatie ; Serbie. **3.** Amsterdam / Pays-Bas ; Athènes / Grèce ; Berlin / Allemagne ; Bratislava / Slovaquie ; Bruxelles / Belgique ; Bucarest / Roumanie ; Budapest / Hongrie ; Copenhague / Danemark ; Dublin / Irlande ; Helsinki / Finlande ; La Valette / Malte ; Lisbonne / Portugal ; Ljubljana / Slovénie ; Londres / Royaume-Uni ; Luxembourg / Luxembourg ; Madrid / Espagne ; Nicosie / Chypre ; Paris / France ; Prague / République tchèque ; Riga / Lettonie ; Rome / Italie ; Sofia / Bulgarie ; Stockholm / Suède ; Tallin / Estonie ;Varsovie / Pologne ;Vienne / Autriche ; Vilnius / Lituanie.

10 page 157

1. a. + 5° + 15° → océanique → Dublin ; – 7° + 24° → continental → Moscou ; + 9° + 27°→ méditerranéen → Athènes. **b.** tempéré.
2. 5 : Alpes ; 1 : Mer du Nord ; 6 : Carpates ; 4 : océan Atlantique ; 7 : Caucase ; 3 : Mer Méditerranée ; 9 : Oural ; 2 : Mer Noire ; 8 : Alpes scandinaves ; 12 : Volga ; 13 : Plaine d'Europe du Nord ; 10 : Rhin ; 11 : Danube ; 14 : Plateau de la Volga.
3. a. Le Rhin prend sa source en **Suisse** au Mont **Saint-Gothard**. Il a une longueur de **1320** km. Il se jette dans **la Mer du Nord**. Ses affluents de droite sont le **Main** et la **Rhur** ; ceux de gauche la **Moselle** et la **Meuse**. **b.** la Suisse, l'Allemagne, la France, les Pays-Bas. **c.** Bâle ; Mayence ; Cologne ; Duisbourg ; Rotterdam.

11 page 159

1. a. 65 millions d'habitants. **b.** Les baisses de population sont dues aux guerres : de 1870 ; de 1914-1918 ; de 1939-1945. **2.** A : faux ; B : vrai ; C : faux ; D : vrai ; E : vrai ; F : vrai ; G : faux. **3. a.** Londres (Royaume-Uni) ; Paris (France) ; Madrid (Espagne) ; Moscou et Saint-Pétersbourg (Russie) ; Istanbul (Turquie). **b.** L'Italie (*3 villes*). **c.** Par exemple, Norvège ; Finlande ; Lettonie ; Estonie…

12 page 161

1. a. À partir de Paris. **b.** 4 (Calais, Nancy, Marseille, Tours / Le Mans.) **c.** Marseille : oui ; Tours : oui ; Lille : oui ; Strasbourg : non. **2. a.** Europe de l'Ouest. **b.** France, Belgique et Pays-Bas. **3. a.** oui ; non ; oui. **b.** Le Royaume-Uni, la France, l'Italie, la Slovénie, la Croatie et la Serbie.

Instruction civique et morale

13 page 163

1. De gauche à droite : Le cycliste passe, le piéton ne traverse pas (colorier en rouge le piéton de gauche) ; Le cycliste s'arrête, le piéton ne traverse pas (colorier en rouge le piéton de gauche) ; Le cycliste s'arrête, le piéton traverse (colorier en vert le piéton de droite).

2.

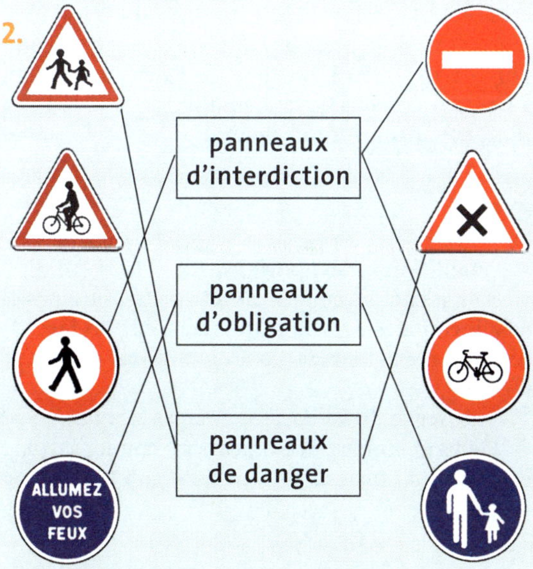

3. piéton : **b** et **d** ; cycliste : **f**, **g** et **h**.

14 page 165

1. a : piqûre d'insectes ; **b** : bosse au front ; c : brûlure ; **d** : coupure. **2. a** appeler les secours ; pompiers : 18 ; SAMU : 15 ; police : 17. **b** : le 112. **3.** Si la personne ne se sent pas bien, la position assise lui évitera de tomber par terre et de se blesser. **4.** Actions à faire dans cet ordre : **c, b, a** ; Action à ne pas faire : **d**. **5.** Tu as oublié d'indiquer l'adresse précise de l'accident. Tu n'aurais jamais dû raccrocher tant que les secours ne te l'ont pas demandé.

15 page 167

1. Dans une monarchie, le pouvoir de diriger le pays se transmet de père en fils.
Dans une république, c'est un vote qui désigne la personne chargée de diriger le pays. **2.** Les mariages et les guerres. **3. a.** non ; **b** : oui ; **c** : oui. **4. a.** Par exemple : le breton, le catalan, le corse, le provençal. **b.** la Belgique ; la Suisse. **5.** Napoléon III. **6.** la Savoie ; le Comté de Nice.

16 page 169

1. Avion Airbus ; Fusée Ariane ; Tunnel sous la manche (Eurotunnel). **2.** Depuis 2007, 27 pays font partie de l'UE.
Les 6 pays fondateurs : France – Allemagne – Italie – Belgique – Luxembourg – Pays-Bas.
Les autres pays sont : Irlande – Royaume-Uni – Danemark – Grèce – Espagne – Portugal – Suède – Finlande – Autriche – Estonie – Lettonie – Lituanie – Pologne – République tchèque – Slovaquie – Slovénie – Hongrie – Chypre – Malte Roumanie – Bulgarie. **3. a. Pays qui ont adopté l'euro** : Allemagne – Autriche – Belgique – Espagne – Estonie – Finlande – France – Grèce – Irlande – Italie – Luxembourg – Pays-Bas – Portugal – Slovaquie – Slovénie – Malte – Chypre.
b. Pays n'ayant pas encore adopté l'euro : Bulgarie – Danemark – Hongrie – Lettonie – Lituanie – Pologne – République tchèque – Roumanie – Royaume-Uni – Suède.

Histoire des arts

17 page 171

1.

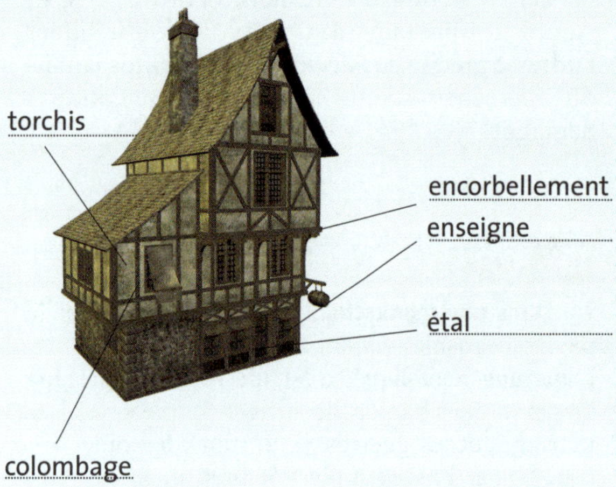

2. **a.** les troubadours (ou trouvères). **b.** luth. **c.** les chansons de geste. 3. **a.** moines ; gothique ; épais ; manuscrits ; enluminures ; lettrine.

b.

18 page 173

1. la 2e et la 4e photos. 2. symétriques ; taillés ; statues ; exotiques. 3. la 2e et la 4e photos. 4. **a.** *Le Médecin malgré lui. L'Avare. Dom Juan. Les Fourberies de Scapin.* **b.** Le Misanthrope ; L'Avare.

Sciences

1 page 177

1. **a.**Tchang se prépare à aller dormir. **b.**Bruce commence sa journée. 2. Quand il est 15h à Moscou, il est 15h au Caire, 7h à Mexico, 24h (ou 0h) à Nouméa, 22h à Tokyo, 14 h à Milan. Quand il est 12h à Montréal, il est 17h à Abidjan, 9 h à San Francisco, 3 h du matin (le lendemain) à Sydney, 14h à Sao-Paulo., 13h à Montevideo.

3.

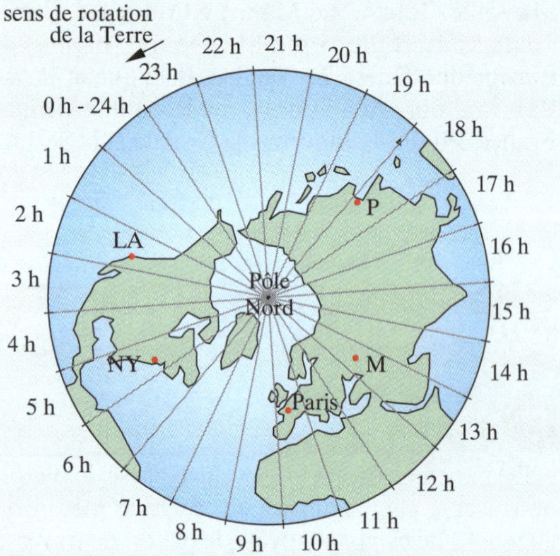

4. Il serait deux heures du matin à Los Angeles. On pourrait donc le réveiller en pleine nuit. 5. **a.** (14h + 8h) – 5h = 17h. L'horloge de New York marquera 17 heures. **b.** (13h + 8h) + 5h = 26h ; 26h – 24h = 2h. L'horloge de Roissy marquera 2 heures du matin (le lendemain). **c.** Le voyage lui semblera avoir duré 13 heures.

2 page 179

1. ébullition ; évaporation. 2. On refroidit : vapeur d'eau → **condensation** → eau liquide → **solidification** → **glace ;** on réchauffe : glace → **fusion** → **eau liquide** → **évaporation** → **vapeur d'eau.**
3. **a.** rosée. **b.** brouillard. **c.** nuages. **d.** buée.
4. De haut en bas : solidification; condensation ; évaporation; fusion.

3 page 181

1.

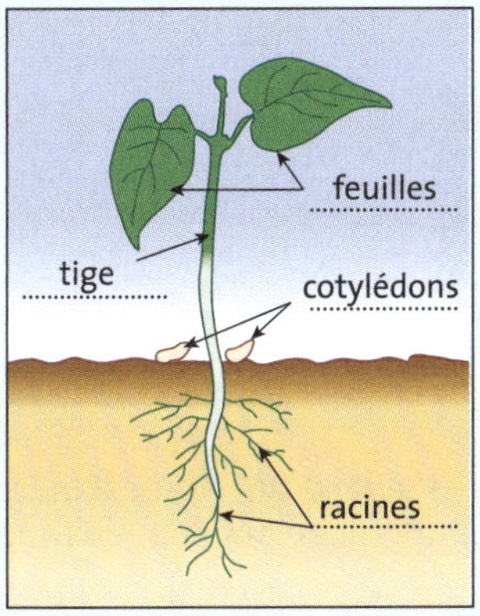

2. cotylédons : réserve de nourriture ; tégument : enveloppe ; gemmule : petites feuilles ; tigelle : petite tige ; radicule : petite racine. **3.** b – e – a– c – d.

4.

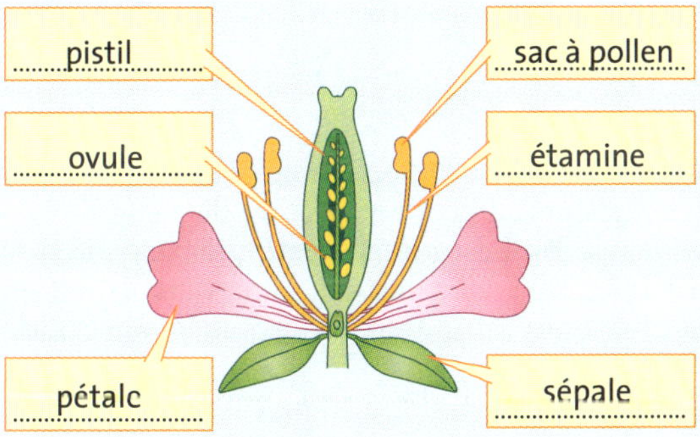

5. La **fleur** contient les organes reproducteurs de la plante. Les **étamines** sont l'organe mâle. Elles portent le **pollen** . Le **pistil** est l'organe femelle. Il contient les **ovules** . La fixation du pollen sur les ovules provoque la **fécondation** , amenant la formation de graines.

6. **a.** En hiver, les plantes ne germent pas; il manquc humidité air **chaleur.** **b.** Dans le désert, il manque **humidité** – air – chaleur. **c.** Dans le pot fermé, il manquera humidité – **air** – chaleur.

4 page 183

1. De nombreux animaux obtiennent des petits par l'**accouplement** d'un **mâle** et d'une **femelle**. Après sa fécondation par un **spermatozoïde**, l'**ovule** devient un œuf. **2.** le pigeon (E) ; la pingouin (E) ; le chat (I) ; le gardon (E) ; le dauphin (I) ; le mouton (I). **3.** 1 : **C** ; 2 : **D** ; 3 : **A** ; 4 : **E** ; 5 : **B** ; 6 : **G** ; 7 : **F** ; **une métamorphose.**

4. ☒ **La gestation est la durée pendant laquelle une femelle de mammifère porte ses petits.**
Les oiseaux laissent leurs petits se débrouiller seuls dès la naissance.
Les serpents allaitent leurs petits.
☒ **Chez les animaux à métamorphoses, les petits sont très différents des adultes.**

5. A : chrysalide ; B : chenille (ver à soie) ; C : œuf ; D : adulte Bombyx.
a. Le ver à soie se nourrit de feuilles de mûrier.
b. La chrysalide est le stade intermédiaire entre la larve (ou chenille) et l'adulte. **c.** Son enveloppe est le cocon. **d.** Elle est formée d'un fil de soie.

5 page 185

1. **a.** la vipère. **b.** le ver de terre. **2.** la truite : vertébré, poisson à température variable possédant écailles et branchies ; l'escargot : invertébré à corps mou qui possède un pied et une coquille ; la langouste : invertébré, crustacé à peau dure et pattes articulées possédant 4 antennes et une cuirasse épaisse. **3.** **a.** les arthropodes. **b.** le lapin, le chat. **c.** le reptile est un vertébré, le ver est un invertébré. **d.** le cheval, la vache , le cochon. **4.** **a.** 450 000 000 d'années. **b.** 390 000 000 d'années. **c.** les dinosaures; **d.**les poissons; les mammifères. **e.** poissons ; amphibiens ; reptiles ; mammifères ; oiseaux.

6 page 187

1.

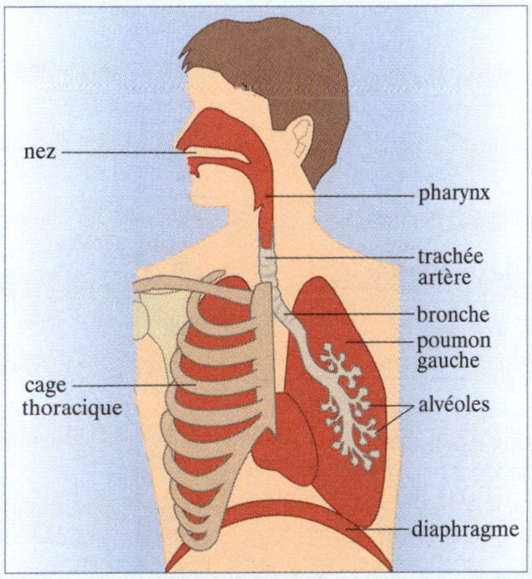

2.

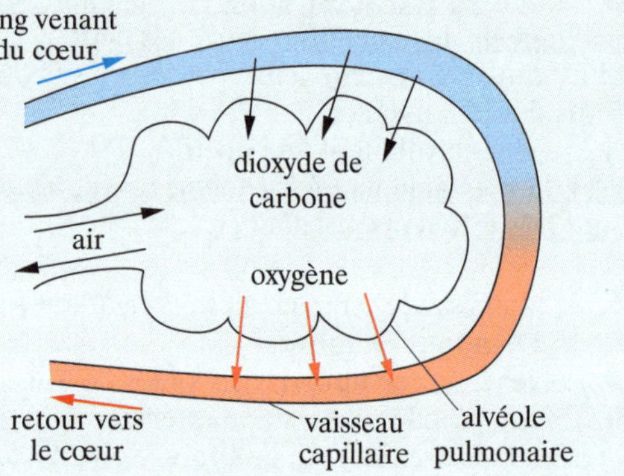

Au niveau des alvéoles pulmonaires, le sang qui vient du cœur se débarrasse du dioxyde de carbone (…).

3.

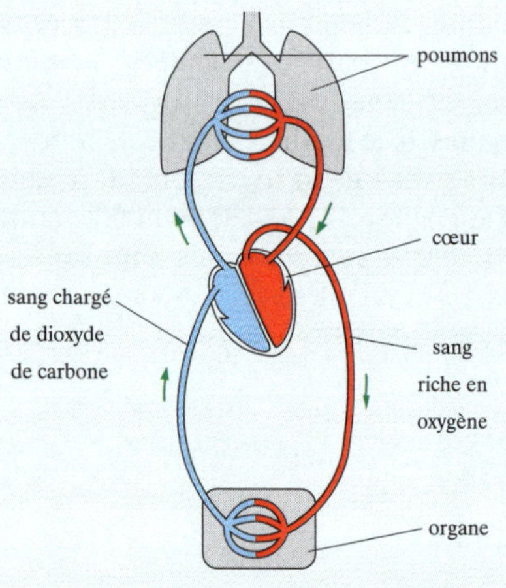

L'appareil circulatoire

4.

enfants / battements	Loïc	Elsa	moi
au repos	78	84	réponses variables
après 10 min d'endurance	130	142	
après une course rapide	182	185	

7 page 189

1.

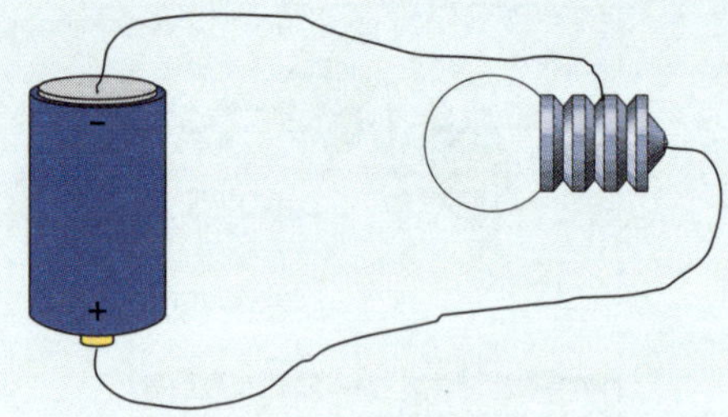

2. a. Il s'agit d'un branchement en série.
b. Chaque ampoule éclairera moins que l'ampoule témoin.

3.

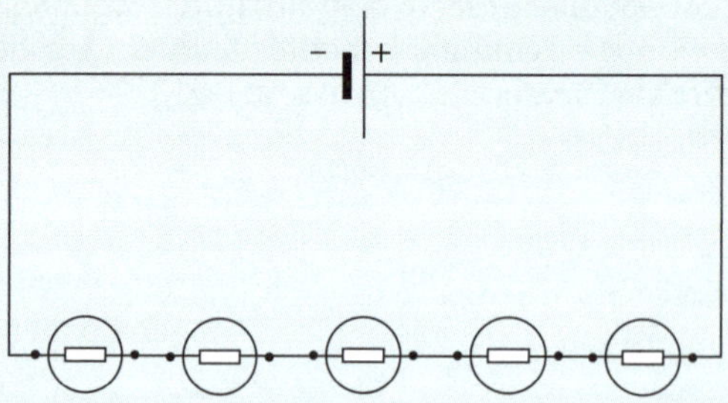

4. Montage A : Le bouchon de liège (mauvais conducteur) empêche le courant de passer.
Montage B : Le courant électrique passe d'un fil à l'autre sans aller jusqu'à l'ampoule. Il y a un court-circuit car il prend le chemin le plus court.

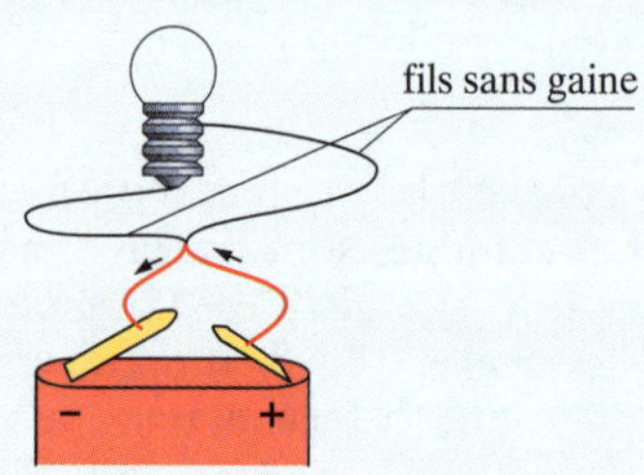

5. Schéma de gauche : oui.
Schéma de droite : non.

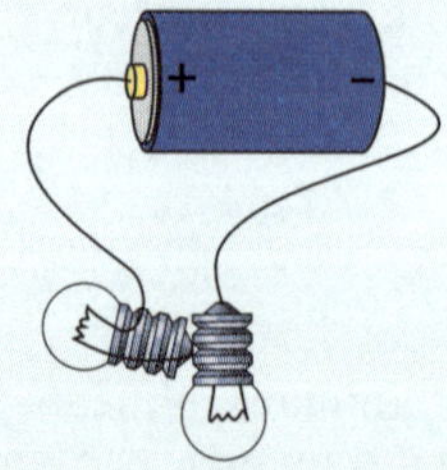

8 page 191

1. A : 2 ; B : 7 ; C : 4 ; D. 1 ; E : 5 ; F : 6 ; G. 3.
2. Toutes les réponses sont bonnes sauf « Envoyer un colis.» **3.** a. 7 ; b. 3 ; c. 1 ; d. 2 ; e. 5 ; f. 6 ; g.4.

Anglais

1 page 195

1. This is Sarah. She's happy. → **dessin d'un visage joyeux.** This is David. He's scared. → **dessin d'un visage effrayé.** This is Lizzy. She's sad. → **dessin d'un visage triste.** This is Sue. She's tired. → **dessin d'un visage fatigué.** This is Rick. He's angry. → **dessin d'un visage en colère.** **2.** My brother is nine → **He is** nine. The three birds are blue → **They are** blue. Peter is in the classroom → **He is** in the classroom. Alice is American → **She is** American. My brother and my father are journalists → **They are** journalists. **3.** **Jim :** He is scared (He's scared). **Lisa :** She is tired (She's tired). **Tim and Paul :** They are happy (They're happy). **Paula:** She is sad (She's sad).

2 page 197

1. I've got a big ball. She's got two yellow skateboards. He's got a red and pink kite. **2.** I'm Judy; I've got a black cat. My sister Ann likes dogs; she's got a white dog. **My friend Tim loves football ;** he's got **a big brown ball. My dad plays rugby ;** he's got **big hands.**

3. Have you got any yellow kites ? **Yes, I've got two yellow kites.** Have you got any brothers and sisters ? **Yes, I've got a sister and and a brother.** Have you got a bike ? **Yes, I've got a red bike.**

3 page 199

1.

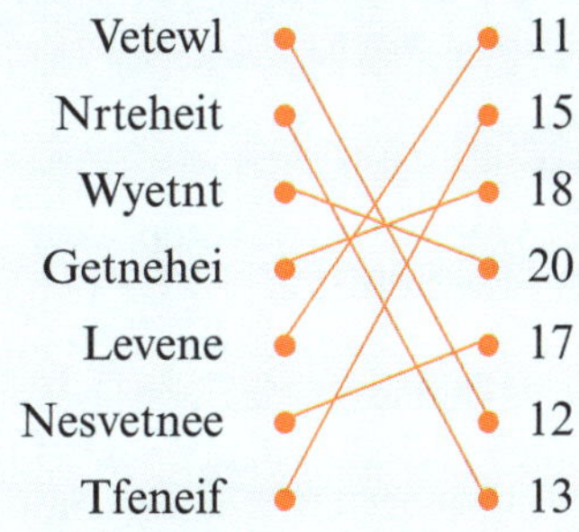

Vetewl → **Twelve**
Nrteheit → **Thirteen**
Wyetnt → **Twenty**
Getnehei → **Eighteen**
Levene → **Eleven**
Nesvetnee → **Seventeen**
Tfeneif → **Fifteen**

2. **There are** eleven kites in the sky. **There is** one yellow cap in the shop. **There are** fifteen candles on my birthday cake. **There is** one bird in my garden. **3.** This is Sue's pocket money, she's got **eighteen** euros. This is Mark's pocket money, he's got **fifteen** euros.

This is Luke's pocket money, he's got **seventeen** euros. This is Melody's pocket money, she's got **twenty** euros.

Bilans

Français

1. le milieu. **2.** synonyme : débuter ; contraire : terminer. **3.** Barrer : portion. **4.** Le livreur est passé. Le livreur n'est-il pas passé ? **5.** le ; quelle. **6.** Ils le visitent. **7.** Par exemple : vite ; beaucoup. **8.** Souligner : Les rues du village ; des fumées. **9.** COD : un paquet ; COI : de son potager ; COS : à ma sœur ; CC Temps : le soir. **10.** un trait : à fruits ; deux traits : dont on parle beaucoup. **11.** étudiions ; purent ; grandiras ; sont venues. **12.** journaux ; jeux ; poux ; bals. **13.** fortes ; annoncées ; aiment ; noirs ; offre ; gentille. **14.** se ; c'est ; on n' ; où ; l'as ; mais ; ses.

Maths

1. 112 027 008 ; quarante-neuf millions sept mille cent huit. **2.** 707 007 ; 707 077 ; 770 770 ; 777 707. **3.** Multiple de 5 et de 25. **4.** $\frac{3}{5}$. **5.** $\frac{4}{7}$. **6.** 15,3 ; sept unités vingt-cinq centièmes. **7.** Le plus petit : 4,06 ; le plus grand : 4,6. **8.** $0{,}16 = \frac{16}{100}$; $\frac{31}{10} = 3{,}1$. **9 .** 973,3 + 15,17 = 988,47 ; 496 – 206,12 = 289,88. **10.** 975 x3 = 2 925 ; 127 x 2 ,05 = 260,35 ; 425 : 5 = 85 reste 0 ; 536 : 19 = 28,2 ; reste 2.

11. (×9 : de la ligne du haut vers la ligne du bas ; :9 : de la ligne du bas vers la ligne du haut)

3	7	5
27	63	45

12. parallèles ; symétriques ; grand ; 5 faces. **13.** À faire vérifier par un adulte. **14.** 400 cm = 4 m : 0,5 km = 500 m ; 50 hg = 5 kg ; 7,48 L = 748 cL ; 8h20min = 500 min ; 156 s = 2min 36 s. **15.** (75 + 26) x 2 = 202 (m) .

16. Recette pour la tombola : 2,50 x 500 = 1 250 (€). La fête a rapporté : (1 250 + 915) – 300 = 1 865 (€).

Histoire-Géographie-Instruction civique et morale

1. Hugues Capet. **2.** Croisades. **3.** Vrai, faux ; vrai ; vrai. **4.** Christophe Colomb ; Magellan. **5.** Barrer Louis XI. **6.** Barrer Louis XIII. **7.** Entourer : Molière ; Colbert. **8.** Par exemple : les Alpes ; le Massif central ; Brest ; 101 . **9.** 27 ; la Volga ; l'Oural. **10.** Barrer : à la campagne ; au Nord. **11.** Roissy ; Orly. **12.** d'obligation. **13.** pompiers : 18 ; SAMU : 15. **14.** Faux. **15.** Grèce ; Italie.

Sciences

1. Moscou : 19 h ; Los Angeles : 8h. **2.** solidification ; condensation. **3.** eau ; air ; chaleur ; Soleil. **4.** les étamines ; le pistil. **5.** O : pigeon ; canard ; carpe ; tortue V : girafe ; renard. **6.** Métamorphoses. **7.** invertébrés ; vertébrés **8.** Vertébrés : vache ; grenouille ; truite ; lapin ; chat ; pigeon. Invertébrés : homard ; araignée ; ver de terre ; escargot. **9.** Cocher les propositions 2 et 4. **10.** Entourer : bat plus vite. **11.** fermé ; moins.

12.

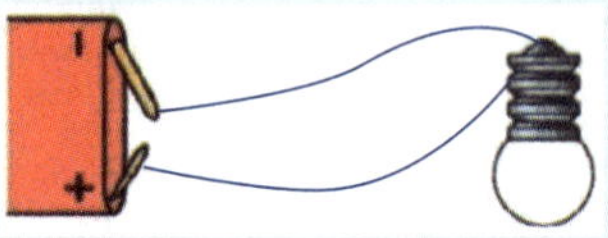

13. logiciel : programme informatique ; modem : décode les signaux reçus ; imprimante : produit des documents sur papier.

Crédits photographiques : p.137 bas Lettrine, © Jakub Krechowicz / FOTOLIA – p. 143 Bibliothèque Nationale de France / Ph coll. Archives Larbor – p.144 Biblioteca Reale, Turin, © AKG, Images – p.160 Ph © Yann Arthus-Bertrand / Altitude – p.169 Ph © Martin Spurny / FOTOLIA ; Ph © Philippe Surmely / FOTOLIA ; Ph © JP Rousseille/ASA-Pictures – p.170 haut extrait de *L'Imagier du Moyen Âge*, © éditions Fleurus – p.170 haut Ph © Gianni Dagli Orti – p. 170 bas Bibliothèque Nationale de France, Paris. BIS / Ph coll. Archives Larbor– p.171 haut Ph © Andreas Meyer / FOTOLIA – p. 171 bas Bibliothèque Nationale de France, Paris. BIS/Ph coll. Archives Larbor – p.172 haut Ph © P. Forget / SAGAPHOTO.com – p. 172 haut Ph © Georgi LAZAREVSKI / SIGNATURE – p.172 bas Bibliothèque Nationale de France, Paris. BIS / Ph coll. Archives Larbor – p.173 haut Les châteaux de la Loire, le château médiéval de Langeais, Ph © Vacheron /ANDIA PRESSE ; Le château de Chambord, Ph © M. Spingler /ASA-Pictures ; Le Château de Muiderslot, Muiden, Hollande, Ph © P. Horree / ANA. Villa La Rotonda Palladio, Italie, Ph © Tips / PHOTONONSTOP – p.173 m Ph © Florian Monheim /Age Fotostock / Hemis ; Ph © Nicolas Thibaut / PHOTONONSTOP ; Ph © E.A. Janes / HEMIS ; Ph © C. Boisvieux / HEMIS – p.173 bas Bibliothèque Nationale de France, Paris. BIS / Ph Coll Archives Larbor ; Bibliothèque Nationale de France, Paris. BIS / Ph Coll Archives Larbor – p. 194 © Jakub Krechowicz / FOTOLIA – p. 196 © Andrew Martin / FOTOLIA – p. 198 © Sportlibrary / FOTOLIA.

Création maquette : Dimitri Maj, Josiane Sayaphoum
Création couverture : Nathalie Cagnat, Josiane Sayaphoum
Mise en pages : Linéale
Suivi éditorial : Marie-Élodie Bourboulou
Infographie et cartographie : Vincent Landrin
Iconographie : Clémence Zagorski

FSC Sources Mixtes
Groupe de produits issu de forêts bien gérées et de bois ou fibres recyclés
Cert no. BV-COC-070301
www.fsc.org
© 1996 Forest Stewardship Council

N° projet : 10186756
Dépôt légal : mars 2012
Imprimé en France
par Loire Offset Titoulet

L'UNION EUROPÉENNE

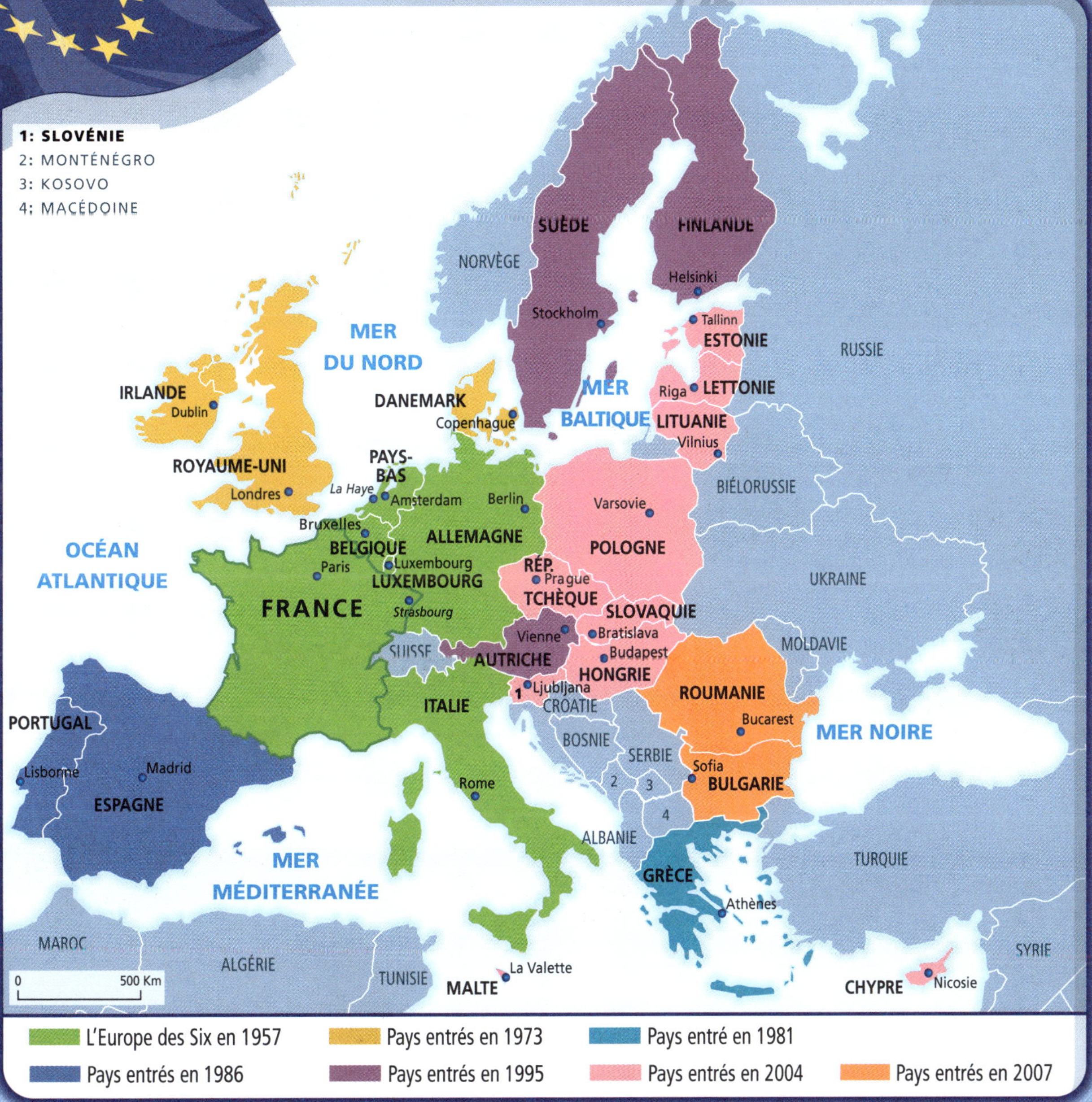

Cartographie : Didier Marandin

De la préhistoire…

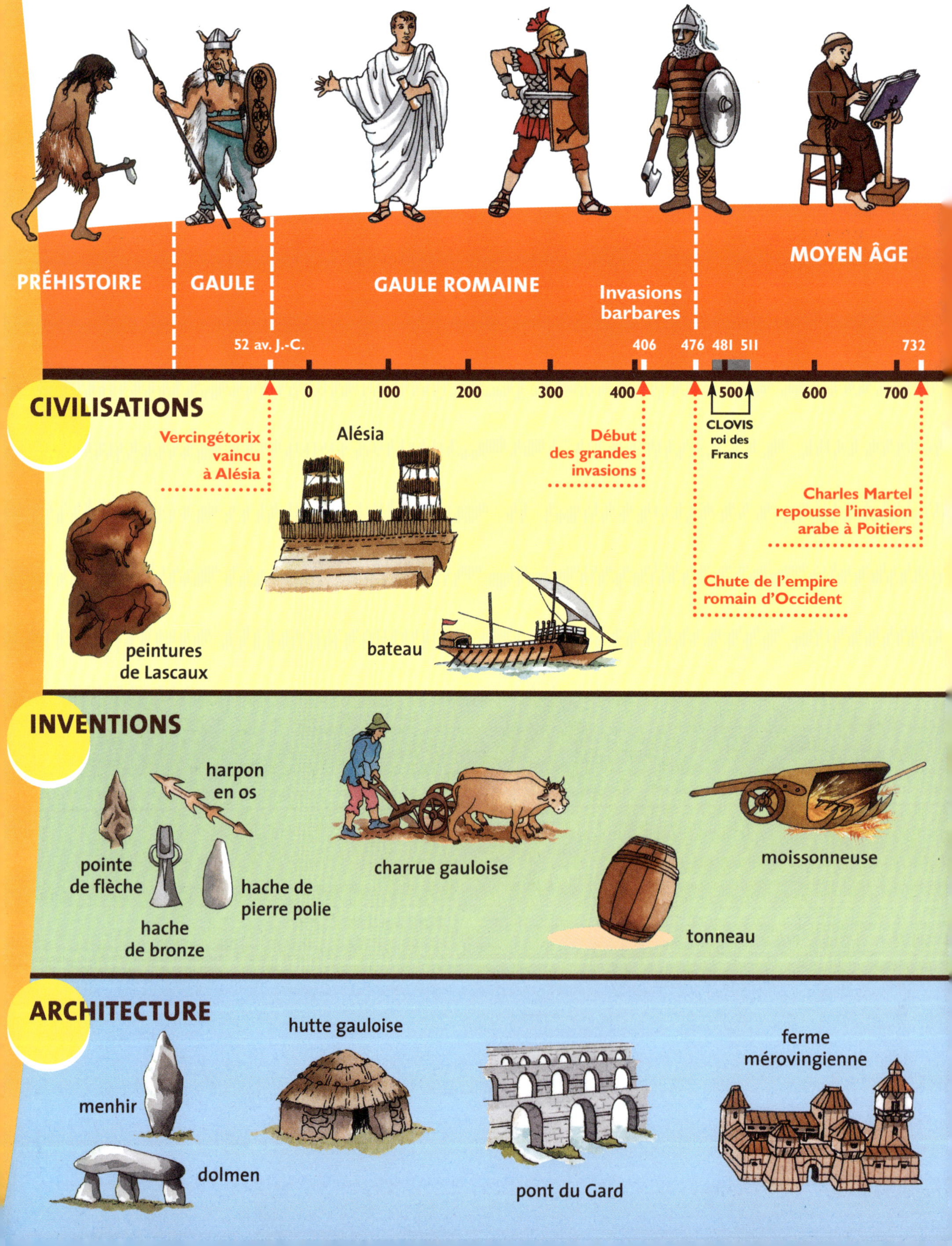